创新思维与创业基础

主　编　陈　丽　钟敏敏
副主编　刘继亮　费韵璇

北京理工大学出版社
BEIJING INSTITUTE OF TECHNOLOGY PRESS

版权专有　侵权必究

图书在版编目（CIP）数据

创新思维与创业基础 / 陈丽，钟敏敏主编. －－北京：北京理工大学出版社，2021.7（2024.1 重印）

ISBN 978-7-5682-9983-1

Ⅰ．①创… Ⅱ．①陈…②钟… Ⅲ．①大学生-创业-高等学校-教材 Ⅳ．①G647.38

中国版本图书馆 CIP 数据核字（2021）第 130836 号

责任编辑：李慧智　　**文案编辑**：李慧智
责任校对：周瑞红　　**责任印制**：施胜娟

出版发行 /	北京理工大学出版社有限责任公司
社　　址 /	北京市丰台区四合庄路 6 号
邮　　编 /	100070
电　　话 /	（010）68914026（教材售后服务热线）
	（010）68944437（课件资源服务热线）
网　　址 /	http://www.bitpress.com.cn

版 印 次 /	2024 年 1 月第 1 版第 4 次印刷
印　　刷 /	三河市天利华印刷装订有限公司
开　　本 /	787 mm×1092 mm　1/16
印　　张 /	17.5
字　　数 /	380 千字
定　　价 /	46.60 元

图书出现印装质量问题，请拨打售后服务热线，负责调换

前　言

　　为响应国家"大众创业、万众创新"的号召，帮助学生掌握基本的创新思维和创业基础知识，拓展和提高创业实践能力，具备正确的世界观、人生观、价值观，以及主动学习、敢于创新、勤于实践、坚持不懈、团结协作、勇于奉献的优秀品质，将自己的个人发展与国家需求紧密结合，为实现中华民族伟大复兴贡献自己的力量，我们编写了本书。全书按照创新创业的基本逻辑搭建内容结构，包括从中国制造到中国创造、认识创新思维、激发创新思维、探索创新机会、构建商业模式、组建创业团队、整合创业资源、撰写创业计划书、大学生创新创业大赛、改变我们生活的创业者10个部分。

　　全书引导学生从了解我国发明创造的历史和中国创造所取得的成就出发，激发学生的爱国情怀和民族自豪感，认识创新创业的重要性，逐渐熟悉创新的来源、类型、过程、原则，掌握训练创新思维的基本方法，并在此基础上敏锐感知，结合自己所有的专业、兴趣探索创新机会，构建科学的商业模式，组建合理的创业团队，有效整合各种可用的创业资源，并用创业计划书展示和呈现自己的创业计划，了解并积极参与当前主要的创新创业项目和创新创业大赛，向那些改变我们生活的创业者学习，积极创新、敢于实践。

　　每章均包括章节目标、章节导入、人物简介、拓展阅读、案例分析、脑力测验、延伸练习等模块，结构合理，深入浅出，并设计有配套课件，适合高职高专和本科学生使用。本书由四川开放大学陈丽、钟敏敏主编，华东师范大学刘继亮、四川华新现代职业学院费韵璇担任副主编，四川华新现代职业学院肖雄、上海市材料工程学校陆颖晓参编。陈丽负责第一、二章，陆颖晓负责第三章，费韵璇负责第四、五章，钟敏敏负责第六、七、八章，肖雄负责第九、十章和附录。全书由陈丽、钟敏敏统稿，刘继亮指导。

　　由于编者水平有限，书中如有不妥之处，敬请读者批评指正。

编　者

目　录

第一章　从中国制造到中国创造 ………………………………………… 1

中华民族复兴的伟大道路任重道远，中国工厂带动了GDP的提升，解决了众多劳动力的就业问题，但我们依然处于利益链的下游。为了通过自主开发技术走出一条康庄大道，推动中国工业转型升级，带领中国制造业走向高端，政府出台了一系列措施。我们既要中国工厂，也要中国制造，更要中国创造。

　　第一节　从四大发明到中国制造 ………………………………………… 2
　　第二节　从中国制造到中国创造 ………………………………………… 9

第二章　认识创新思维 …………………………………………………… 28

推进"大众创业、万众创新"，是发展的动力之源，也是富民之道、公平之计、强国之策，对于推动经济结构调整、打造发展新引擎、增强发展新动力、走创新驱动发展道路具有重要意义，是稳增长、扩就业，激发亿万群众智慧和创造力，促进社会纵向流动和公平正义的重大举措。

　　第一节　创新的来源、类型和过程 ……………………………………… 29
　　第二节　创新思维的特点、类型 ………………………………………… 40

第三章　激发创新思维 …………………………………………………… 54

每个人所具有的创新思维的类型组合、活跃程度、灵活程度、应用程度均具有一定的差异，运用特定的思维训练方法，创新思维可以得到激发和加强。

　　第一节　头脑风暴法 ……………………………………………………… 55
　　第二节　思维导图 ………………………………………………………… 64
　　第三节　六顶思考帽 ……………………………………………………… 68
　　第四节　九宫格 …………………………………………………………… 72

第四章　探索创新机会 …………………………………………………… 76

创新是一个长期的过程，探索创业机会需要个人教育经验、生活经验、实践经验的积累，更需要敏锐的思维能力和科学的创新工具给予加持。了解互联网、了解行业、了解风口、了解需求、了解痛点、调研市场对探索创新机会具有重要意义。

第一节　"互联网+"的机遇 …………………………………………… 77
　　第二节　机会识别与评估 ……………………………………………… 91

第五章　构建商业模式 …………………………………………………… 113

要创设一个企业，选择一种最适合生存的商业模式尤为重要。随着时代发展，商业模式不断更新迭代，传统的商业模式和主流的商业模式并存，新兴的商业模式不断涌现，创新一直在路上。

　　第一节　常见的商业模式 ……………………………………………… 114
　　第二节　商业模式的要素 ……………………………………………… 121
　　第三节　构建合适的商业模式 ………………………………………… 130

第六章　组建创业团队 …………………………………………………… 139

企业发展就是要发扬"狼"的精神。狼有三大特性：一是敏锐的嗅觉；二是不屈不挠奋不顾身的进攻精神；三是群体奋斗的意识。

　　第一节　创业者 ………………………………………………………… 141
　　第二节　创业团队 ……………………………………………………… 152

第七章　整合创业资源 …………………………………………………… 172

在我们每个人的身边都有用不完的资源，当你有所需要时，不妨看看你的身边，或许你所需要的就在你身边。把身边的资源充分利用起来，很多问题都会轻易解决。

　　第一节　创业需要的资源 ……………………………………………… 173
　　第二节　创业资源的获取 ……………………………………………… 179
　　第三节　创业资源的整合 ……………………………………………… 189

第八章　撰写创业计划书 ………………………………………………… 193

大学生创业最缺的是资金，企业家、投资者往往通过创业计划书来了解创业者的项目，优秀的创业计划书总是让投资者眼前一亮。

　　第一节　认识创业计划书 ……………………………………………… 195
　　第二节　撰写创业计划书 ……………………………………………… 200

第九章　大学生创新创业大赛 …………………………………………… 212

在国家"大众创业、万众创新"的背景下，各级各类创新创业大赛如火如荼。创新创业大赛是大学生展现创新创业能力、更好地提升自我和促进项目孵化的平台。积极参加各级各类创新创业大赛，有利于大学生凝练创新创业精神、提高创新创业素养。

　　第一节　中国"互联网+"大学生创新创业大赛 …………………… 212
　　第二节　"挑战杯"中国大学生创业计划竞赛 ……………………… 236

第十章　改变我们生活的创业者 239

这个时代需要企业家精神,企业家要以家国利益为重,以未来利益为重,以社会利益为重。从那些改变我们生活的创业者身上,我们可以学到很多。

　　第一节　马云:数字经济创新者 239
　　第二节　任正非:5G 生活引领者 241
　　第三节　张小龙:生活方式改变者 243
　　第四节　张一鸣:美好生活"记录者" 246
　　第五节　褚时健:农产品进军电商的"排头兵" 248
　　第六节　李彦宏:活搜索奠基人 249
　　第七节　王兴:团购生活先行者 252

附录 254

参考文献 269

第一章　从中国制造到中国创造

【章节目标】

一、知识目标

1. 了解我国古代的重要发明和代表人物。
2. 了解近代中国制造业的发展历史。
3. 了解从制造大国到制造强国转化的必要性。
4. 了解中国创造的核心要义。

二、能力目标

1. 尝试用创新意识解决生活中的问题。
2. 能够用创新的观念看待社会上的问题。
3. 能够独立思考、全面看待和客观分析问题。

三、素质目标

1. 学习创业家、实干家、大国工匠们的故事，形成对创新的正确认知，养成坚韧不拔、勇于创新的人格品质，不轻言放弃。
2. 热爱祖国，坚定用自己的学识报效祖国的信念，树立为中华民族的伟大复兴贡献力量的信心。

【章节导入】

李克强总理关于"中国制造"的"总理说"

传统的"Made in China"我们还要做，但"中国制造2025"的核心，应该是主打"中国装备"。

——李克强在 2015 年 6 月 15 日工业和信息化部座谈会上说

互联网+双创+中国制造2025，彼此结合起来进行工业创新，将会催生一场新工业革命。

——李克强在 2015 年 10 月 14 日国务院常务会议上说

中国有完备工业体系和巨大市场，德国有先进技术，应推进"中国制造2025"和"德国工业4.0"战略对接，共同推动新工业革命和业态，达成双赢。

——李克强会见德国总理默克尔时说

实施创新驱动发展战略，推动"大众创业、万众创新"，进一步发展服务业、高新技术产业、中小微企业，大力实施《中国制造2025》，提高实体经济竞争力。

——李克强在 2016 年 3 月 25 日博鳌亚洲论坛开幕式上说

"中国制造2025"突破的重点，主要应放在与"互联网+"的融合发展上，加快推动中国工业的"浴火重生"。

——李克强在 2016 年 1 月 27 日国务院常务会议上说

我们要打一场制造业的"攻坚战",用先进标准倒逼"中国制造"升级。

——李克强总理在 2016 年 4 月 6 日国务院常务会议上说

"中国制造 2025"的核心就是实现制造业智能升级。

——2015 年 9 月,李克强考察大连重工起重集团有限公司时说

中国经济要长期保持中高速,必须迈向中高端,须加速推进"中国制造 2025"。

——李克强总理 2015 年 4 月 23 日考察泉州嘉泰数控机械有限公司时说

思考:李克强总理关于中国制造发表了众多重要讲话,请认真学习以上讲话内容,分析这些讲话中蕴含的有关"中国制造"的核心内涵,并尝试用几个关键词加以概括。

(资料来源:http://www.gov.cn/zhuanti/2016/MadeinChina2025-plan/,2020/11/30)

第一节 从四大发明到中国制造

中华民族有着悠久的历史,五千多年前,伟大的祖先就在这方古老的土地上劳动、生息、繁衍,创造出了繁荣先进的文明,留下了丰富浩瀚的文化遗产。从先秦子学、两汉经学、魏晋玄学,到隋唐佛学、儒释道合流、宋明理学,经历了数个学术思想繁荣时期,这些鸿篇巨制中包含着丰富的哲学社会科学内容、治国理政智慧,为古人认识世界、改造世界提供了重要依据,也为中华文明提供了重要内容,为人类文明做出了重大贡献,是世界上最古老、持续时间最长的文明之一。经历了无数朝代的更迭和艰苦卓绝的反帝反封建斗争,1949 年,中华人民共和国诞生了,全国上下热火朝天地开展社会主义现代化建设;1979 年,中国迈开了改革开放的历史性脚步,形成经济特区—沿海开放城市—沿海经济开放区—内地这样一个全方位、多层次、宽领域的对外开放格局,为中国制造的世界地位打下了坚实基础。

一、过去:中国古代的发明创造

中华民族雄峙在亚洲大陆东部,幅员辽阔、物产丰富,勤劳勇敢的中华儿女在这片锦绣大地上创造了悠久的科学文化和璀璨的创造发明。原始社会的"石器时代"、奴隶社会的"青铜器时代"、封建社会的"铁器时代"无不代表着我们的祖先在改造自然的过程中达到的高度,早在两三千年前,就以当时较为发达的科学技术和创造发明而跻身于世界四大文明古国的行列。印刷术、造纸术、火药、指南针享誉世界,是中华民族五千年历史文化引以为豪的象征物,它们推动了中国历史的进步,也推动了世界历史的进程;李冰、鲁班、墨子等工匠闻名遐迩,留下了丰富的文化遗产。

2016 年,中科院以原创性、先进水平、世界影响为标准,遴选出 88 项中国古代重大科技发明创造并正式向社会公布。这 88 项科技发明大致分为科学发现与创造、技术发明、工程成就 3 类,其中,科学发现与创造类中包括干支、十进位值制记数法与算筹记数、小孔成

像、经脉学说、勾股容圆、天象记录、潮汐表、线性方程组及解法等；技术发明类包括水稻栽培、含酒精饮品的酿造、养蚕、温室栽培、青铜弩机、马镫、地动仪、火箭、人痘接种术等；工程成就类包括曾侯乙编钟、都江堰、长城、安济桥、应县木塔等①。

享誉世界的秦始皇陵兵马俑为秦始皇陵墓的陪葬坑，位于秦始皇陵陵园东侧1 500米处，在陪葬坑原址上建成的秦始皇陵兵马俑博物馆是中国最大的古代军事博物馆，显示出了大秦帝国的繁荣和强盛，1987年，秦始皇陵及兵马俑坑被联合国教科文组织批准列入《世界遗产名录》；长城以城墙为主体，同大量的城、障、亭、标相结合，是我国古代极其著名的军事防御工事，分布在河北、北京、天津、山西、陕西等15个省市，其修筑历史可追溯至西周时期，1987年12月被列入世界文化遗产。全长6 440千米，起自中国古代都城长安，经阿富汗、伊朗等国家而达地中海，以罗马为终点的丝绸之路被认为是联结亚欧大陆古代东西方文明的交汇之路，丝绸、瓷器等则是当时最具代表性的货物，国人精湛的纺织技术和丝绸制品惊艳世人；战国时期的大型礼乐重器曾侯乙编钟以浑铸、分铸法铸成，采用铜焊、铸镶、错金等工艺技术，以及圆雕、浮雕、阴刻、髹漆彩绘等装饰技法，每件钟均能奏出呈三度音阶的双音，全套钟12个半音齐备，可以旋宫转调……这些发明创造不仅造福了当时，对后世各国的科技进步也起到了不可忽视的促进作用。

二、现在：中国制造的世界地位

从四大发明到中国制造，我们用了几千年的时间。全球各国各种商品，都能看到"Made in China"的标签，世界工厂是我国特定历史时期的产物，促进了部分产业的飞速发展，创造了大量的就业机会，为我国的制造业走向世界创造了条件；但在这些繁荣的景象背后，却也暗潮汹涌。

（一）世界工厂的发展历史

1. 世界工厂的过去

中国封建社会始于秦汉时期，历时两千多年，主要经济结构是以土地为基础，农业与手工业相结合，以家庭为生产单位，具有自我封闭性、独立性，以满足自身需要为主的自然经济。由于地域辽阔，各个地方具有不同的气候、地理、人文和历史禀赋，催生了大量的商品交换需求和地方之间的贸易活动，地方市场很早就得以发展，各种商品追求卓越品质和一流工艺。直到明朝，不少商品的制作技术几乎完全单线从中国流向欧洲；同时，中国在造船业和航海技术、内河航运、造纸、印刷等方面都远远领先于西方和日本。

晚清时期，外国列强通过战争打开中国市场，向中国输出商品，并在东南沿海地区创办了一些船坞和工厂，一些地区"纺织""耕织"分离，大批手工业者破产，中国开始被卷入资本主义世界市场，成为世界资本主义的附庸，自然经济逐渐解体。洋务派为了利用西方先进科技改变积贫积弱的现实，维护清朝统治，积极展开自救：创办军事工业、民用工业；筹

---

① 中国科学院自然科学史研究所. 中国古代重要科技发明创造 [M]. 北京：中国科学技术出版社，2016.

划海防、扩充军备；办新式学堂、派遣留学生、培养人才。通过以上措施，引进了西方资本主义国家的一些科学技术，兴办了一批近代企业，培养了一批科技人才和技术工人，迈出了中国近代化的第一步。

受自然经济日益解体、外商企业输入、洋务运动诱导等因素影响，19世纪六七十年代，一些官僚、地主、商人开始在东南沿海地区投资创办近代企业，民族资产阶级逐渐登上历史舞台，并先后发动了维新变法运动、辛亥革命，倡导实业救国论。民族工业在民国初期出现了短暂春天，国民政府统治时期经历了曲折发展，抗日战争时期遭受到沉重打击，抗战胜利后走向萎缩，并于中华人民共和国成立后获得新生，经过改造成为社会主义经济的一部分。社会主义改造从经济上奠定中国初步工业化的基础，确立了公有制这一社会主义基本制度，实行的是生产力均衡布局，奠定了以重工业和国防工业为重点的工业化基础。至1978年，中国的国民生产总值达3 624亿元，比1965年的1 716亿元增加了一倍多，年均递增率达6.8%，并建立起了一个独立的、门类齐全的工业体系。由于制造业侧重于制造工业产品，在消费品方面只能提供基本的生活保障，且当时人民的生活水平还比较困难，消费水平较低，计划经济时代的各种票、证依然存在，产品种类匮乏，卖方在商品市场上处于主导地位。消费者主要关注能不能买到、买不买得起，并不关注产品设计、产品附加值等。

2. 世界工厂的现在

1978年12月，十一届三中全会的召开代表着中国正式开始实行对内改革、对外开放的政策；1979年7月15日，国家正式批准广东、福建两省在对外经济活动中实行特殊政策、灵活措施，先后成立深圳、珠海、汕头、厦门等经济特区，迈开了改革开放的历史性脚步；1992年，邓小平同志的南方谈话标志着中国改革进入了新的阶段；2013年，中国进入全面深化改革新时期。

改革开放极大地激发了我国的市场活力，人民的生活水平有了较大提高，消费行为随之发生变化，开始关注产品质量、品牌等。伴随着市场的开放，物质也开始丰富，市场由卖方市场逐渐转向买方市场，但市场的特点总体上仍然是供不应求。国营企业是制造业的中流砥柱，一些军工企业开始生产民用产品。一些企业为了赚取利润，靠模仿生产了大量"山寨"商品，且没有及时捕捉到市场变革的信号，在生产上仍未做出转型，质量不高的产品占据了大量库存，开始进行低价促销，最终因经营不善而倒闭。

而中国的制造业也从20世纪80年代中叶开始重新崛起，许多家庭开始购买国产的电子产品和轻工产品，电视上也开始有了各种产品广告。1988年至1997年的10年间，广东成为中国经济的龙头，江浙一带的民营经济开始活跃，沿海地区一些早期靠模仿生存的企业逐渐开始创造自己的品牌；中国开始大力兴建各类工业园区，低成本后发优势逐渐显露，巨大的中国市场吸引了大批国外制造企业进入；国内的制造业为提高市场竞争力，也开始广泛引进国外先进的产品设计和制造技术，市场活跃程度不断提高；内地和沿海地区的制造业乃至整个区域的经济实力差距逐渐拉大。中国市场逐渐由供不应求转向供大于求。

2001年12月11日，我国正式加入世界贸易组织（WTO），成为第143个成员国，取得了在国际贸易中多边、稳定、无条件的最惠国待遇，并以发展中国家的身份获得普惠制等特殊优惠待遇，对实现市场的多元化和扩大出口贸易起到了巨大的促进作用①。加入 WTO 后，全球制造业本着降低制造成本、占领中国及亚太市场的考量，大量涌进中国，形成了数以万计的外资与合资制造企业。长三角地区随着浦东新区的开发而逐渐成为中国改革开放的龙头；中国沿海地区众多出口导向型制造企业充分发挥低成本优势，逐渐形成国际竞争力，并赢得了大量的 OEM（定点生产）订单，成为国际制造业的生产外包基地。而支撑这些企业实现低成本优势的，是来自中国农村的大量低成本劳动力和沿海地区逐渐形成的专业化产业集群，尤其是在 IT 产品、玩具、服装、制鞋等产业。

随着中国的基础设施建设投资、国内消费需求的提升和国际贸易的迅速增长，2003 年后，中国的船舶、机床、汽车等产业迅速发展，进而带动了对重型机械、模具以及钢铁等原材料需求的海量增长，从而带动整个制造业产业链新一轮的迅速发展。自 19 世纪中叶迄今，经历了一个半世纪，中国又重新回到世界第一制造业大国的地位。2009 年，中国制造业增加值首次超过美国；2012 年，超过欧盟跃居世界首位，而欧、美、日三大经济体的制造业占比逐年下滑②；2013 年，我国制造业产出占世界比重达到 20.8%，并连续 4 年稳居世界第一，在 500 余种主要产品中，有 220 多种产量位居世界第一；2014 年，我国工业增加值达到 22.8 万亿元③。至此，中国已成为名副其实的制造业大国，是世界上唯一拥有联合国产业门类中全部工业门类的国家，完整的工业体系也促进着我国制造业持续向前发展。

（二）世界工厂的出路谋划

中国制造业的迅速发展得益于城镇化、人口红利和我国的资源优势，借助这些优势，中国的制造业迅速打入了国际市场；但这种低成本的运营方式在使制造业迅速增长的同时，也逐渐透支着我国的资源和环境。中国是有着世界工厂之称的全球制造业基地，也是世界第一出口大国，然而，这种发展模式背后却暗含着诸多问题，也面临着严峻挑战。中国制造亟待走出一条可持续发展的道路。

1. 中国制造业面临诸多问题

（1）利益链下游，附加值低。

全球价值链是通过将产品设计、原材料供给、半成品生产、零部件组装、成品销售等所有生产环节在全球范围内进行分工，进而形成一个覆盖世界各国和地区的生产网络和价值链条。在这条全球价值链上，每个生产环节都在创造附加值，其量的多少决定了企业在这条价值链上的地位以及所获得的收益。

我国是世界公认的制造业大国，中国制造在全球市场占有很高的比重，但中国制造给国际消费者的印象欠佳，就连许多国人都追捧外国的商品而不愿意使用国产货物。究其原因，

---

① 李志强. 加入世界贸易组织 [EB/OL]. (2019-11-08) [2021-01-04]. http://www.xinhuanet.com/politics/2019-11/08/c_1125209019.htm.
② 德勤有限公司. 2016 年世界制造业竞争力指数 [EB/OL]. (2016-04-15) [2021-01-04]. http://www.199it.com/archives/462453.html.
③ 杜品圣, 顾建党. 面向中国制造 2025 的制造观 [M]. 北京：机械工业出版社, 2017.

是因为我们的世界工厂缺乏专利技术、自主品牌,原料来自国外、产品销往国外,我国的制造企业仅仅从事代加工,在整个行业利益链条中,外商拿走了大部分的利润,而中国制造在国际价值链中处于下游。如何摆脱"贴牌"境地,如何在国际市场上寻求更多"话语权",正在成为越来越多出口企业的努力方向。

 拓展阅读1-1

在国外买一个玩具、一件衬衫、一款小家电,很可能是"Made in China"。但从这些挂着跨国公司、国外知名品牌商标的产品中,中国企业只能获得少许加工费。没有自己的品牌,受制于人的外贸增长方式成为中国诸多出口企业的心底之痛。

广交会是我国最大的对外贸易交流会,一年春秋两届的广交会成交额相当于全国一般贸易出口的1/3。在广交会各展馆,琳琅满目的各色商品显示了"中国企业"的强大实力,但能以自主品牌出口,在定价上拥有"话语权"的出口企业却寥寥无几。

目前,我国已成为世界最大的玩具生产国,但在广交会上,整个玩具馆都难见真正被海外客商认可的自有品牌,倒是"迪士尼""维尼熊""Hello Kitty"等大行其道。一个芭比娃娃在美国的零售价是9.9美元,但在芭比娃娃最大的产地珠三角地区,生产一个芭比娃娃中国企业只能获得0.35美元加工费,品牌所有者获得了利润的最大头。

中国纺织品进出口商会副会长曹新宇说,我国大部分企业出口是贴牌加工,生产方式处于加工、装配这一低附加值、低技术含量的环节,自主出口品牌薄弱。

巨大的制造能力没有带来相应的丰厚利润,接踵而来的国际贸易摩擦却让中国企业应接不暇。上个月,欧盟和美国对中国皮鞋、彩电等接连采取反倾销措施,这一系列做法的负面影响在本届广交会上得到集中显现,鞋业、纺织业和家电业的出口贸易均受到一定影响。

商务部外贸司司长鲁建华说,中国虽为制造业大国,但从总体上看贸易发展模式属于粗放型,出口增长主要依靠数量。去年外贸额增幅为7%,但外贸摩擦事件的增幅却达18%。

(资料来源:http://www.cnr.cn/caijing/cjxw/200604/t20060419_504196444.html,2006/04/19)

(2)资源倒逼,优势渐弱。

我国以重工业为主的工业结构导致能源需求强势,一些地方和企业单纯依靠大规模要素投入获取经济增长速度和经济效益,能源总体利用率偏低;随着政策的调整和科技的进步,能源消耗的结构和总量也在发生变化,但由于部分企业的生产技术和生产设备没有及时跟上科技的进步,能源消耗居高不下。因此,我国总体上GDP能耗呈逐渐下降态势,但能源利用效率和主要制造业发达国家相比仍存在较大差距,不可再生资源的大量消耗也使企业的长期发展面临着较大隐患。

此外,劳动力资源对于制造业也具有举足轻重的地位。中国拥有世界上最多的人口,改革开放以来的30年一直是劳动力供给充沛的年代。1980—2005年,我国劳动力总量从5.03

亿增加到 7.67 亿，年均增长 1 000 万人左右，劳动力供给充足、人力资本相对廉价，促进了劳动力需求量大的轻工业和制造业迅速发展，中国经济也享受了源源不断的劳动力在改革开放、加入 WTO、国际产业链转移等方面的红利。但近几年，中国的人口结构已经发生了显著变化，人口红利逐渐消失。2010 年，我国的人口抚养比开始上升，劳动力供给减少，人口结构老龄化特点显著，劳动力成本上升。在这种形势下，一些外资企业正在将生产环节转移至成本更低的东南亚国家或返回本国。

（3）产能过剩。

产能过剩是因生产产品的能力饱和导致生产出来的产品数量超出社会需要的情况，区别于产品过剩。产能过剩是相对的，是特定产品在特定时期，因供给和需求结构失衡造成的过剩。受国际金融危机的深层次影响，国际市场持续低迷，国内需求增速趋缓，我国部分产业供过于求矛盾日益凸显，传统制造业产能普遍过剩，特别是钢铁、水泥、电解铝等高消耗、高排放行业尤为突出。2012 年年底，我国钢铁、水泥、电解铝、平板玻璃、船舶产能利用率分别仅为 72%、73.7%、71.9%、73.1% 和 75%，明显低于国际通常水平。钢铁、电解铝、船舶等行业利润大幅下滑，企业普遍经营困难。值得关注的是，这些产能严重过剩行业仍有一批在建、拟建项目，产能过剩呈加剧之势。出现产能严重过剩主要受发展阶段、发展理念和体制机制等多种因素的影响。

我国政府高度重视产能过剩的问题，2013 年颁布的《国务院关于化解产能严重过剩矛盾的指导意见》，提出通过 5 年努力使产能规模实现基本合理，钢铁、水泥、电解铝、平板玻璃等行业产能总量与环境承载力、市场需求、资源保障相适应，空间布局与区域经济发展相协调，产能利用率达到合理水平①。

2. 中国制造业面临的挑战

中华人民共和国成立尤其是改革开放以来，我国的制造业飞速发展，完成了门类齐全、独立完整的产业体系，综合国力显著提升。制造业的崛起有力地支撑了我国的世界大国地位，但我国制造业在自主创新能力、资源利用效率、产业结构水平、质量管理体系、资源效益等方面与世界发达国家的差距还十分明显，多数产业处于全球价值链的下游。与此同时，中国引以为傲的人力资源优势正在慢慢丧失，企业的生产成本逐步增加，发达国家回流高端制造、中低收入国家争夺中低端制造转移同时发生，处于价值链低端环节的中国制造业面临着前所未有的挑战。

首先，德国提出工业 4.0 计划，美国等发达国家提出了"再工业化""重振制造业"的战略，通过投资高科技基础设施和教育等方面，各发达国家和先进企业正在努力进入下一个技术前沿领域。与此同时，新兴国家也将制造业列为立国之本，希望利用成本优势实现工业强国的目标。随着全球制造业发展格局的深刻变化，我国制造业面临发达国家和发展中国家"前后夹击"的双重挑战。中国要在新的格局中胜出，唯有加快实现制造业由大变强的发展目标。

---

① 中华人民共和国中央人民政府. 国务院关于化解产能过剩矛盾的指导意见［EB/OL］［2013-10-18］［2021-01-16］. http://www.gov.cn/zhengce/content/2013-10/18/content-4854.htm.

工业4.0

所谓工业4.0，是基于工业发展的不同阶段做出的划分。按照目前的共识，工业1.0是蒸汽机时代，工业2.0是电气化时代，工业3.0是信息化时代，工业4.0则是利用信息化技术促进产业变革的时代，也就是智能化时代。

这个概念最早出现在德国，2013年4月在汉诺威工业博览会上正式推出，其核心目的是提高德国工业的竞争力，在新一轮工业革命中占领先机。

"工业4.0是德国政府《高技术战略2020》确定的十大未来项目之一，是德国国家战略的一部分。"中国社科院工业经济研究所助理研究员、博士黄阳华告诉记者，德国之所以推出这样一个战略，是担心在世界快速发展的浪潮中，德国的中小企业可能会跟不上，希望借助这样一个战略让德国的中小企业与大企业一道进入世界经济发展的新阶段。

（资料来源：http://www.gov.cn/xinwen/2014-10/11/content_2763019.htm，2014/10/11）

其次，虚拟化技术、3D打印、工业互联网、大数据等技术将重构制造业技术体系，使产品的功能极大丰富，性能和价值发生质的变化，未来信息技术与制造技术的深度融合将促进制造模式、生产组织方式和产业形态的深刻变革，智能化、服务化成为制造业发展新趋势。谁抓住了科技革命的机遇，谁就能掌握发展的主动权。改革开放后，虽然我国在科技创新方面取得了显著成就，但关键核心技术受制于人的局面仍然没有得到根本改变，大量的关键零部件、系统软件和高端装备基本依赖进口，如机电产品、高新技术产品等进口额逐年增加并成为我国进口额最大的品类。与发达国家相比，我国制造企业开展技术创新的动力略显不足、活动不够活跃，尚未真正成为技术创新的主体，除少数领域处于国际领先水平外，大多数装备研发设计水平较低，试验检测手段不足，关键共性技术缺失[①]。如国内的大多数自主品牌汽车目前仍没有自主研发的核心技术，发动机、变速箱等依然靠其他品牌供应。"一旦上游断奶，主机厂的后果将无法想象。"最可怕的是，自主品牌的产品由于技术含量不高，在维修保养等售后服务方面不能留住消费者。

最后，由于创新能力不强，关键技术、核心技术受制于人，中国制造业在参与国际分工时多以资源密集型制造业或劳动密集型制造业为主，尚处于技术含量和附加值较低的"制造—加工—组装"环节，难以参加附加值较高的研发、设计、工程承包、营销、售后服务等环节，缺乏市场主导权，市场竞争压力巨大，利润空间极为有限。为了生存，制造业企业往往会采用低技术、高能耗、高污染的发展模式以尽量追求利润最大化，然而这样的举动并不能改变其在国际分工中的地位，尤其是即将到来的新一轮产业变革将使中国企业面临被低端锁定和被边缘化的风险。

---

① 苗圩. 世界制造业发展趋势和我国装备制造业状况［J］. 时事报告：党委中心组学习，2016（1）：32-43.

第二节　从中国制造到中国创造

2013年11月15日,《中共中央关于全面深化改革若干重大问题的决定》正式公布,成为新形势下全面深化改革的纲领性文件,标志着从1978年开始的改革开放从以经济体制改革为主到全面深化经济、政治、文化、社会、生态文明体制和党的建设制度改革,正式进入新阶段。中国制造在党和国家的领导下,逆流而上、攻坚克难、开拓创新,走出了一条面向未来的发展之路。

拓展阅读1-2

从"中国制造"到"中国创造"

美国商业专利数据库(IFI Claims)发布的最新报告显示,不到10年时间里,中国企业在美国获得专利数量已增至此前近10倍;特别是2017年较2016年增长28%,中国首次成为前5大美国专利获得国。

从"贴牌"到"品牌",从"制造"到"创造",从"跟跑"到部分领域实现"并跑""领跑",中国在科技创新发展方面与欧美的差距正逐渐缩小,但仍然面临诸多挑战和考验。

1. 中国首次进入拥有美国专利"前五强"

像手帕一样可折叠的柔性屏,照照指尖就能"验血"的检测仪,只认"真人"的指纹芯片……越来越多"炫酷"全球的产品,其中包含诸多属于中国企业的自主专利。

据美国商业专利数据库统计,不含台湾地区的中国企业在美国获得专利数量正以令人瞩目的速度快速增长,仅2017年,新授权专利总量就高达11 241项。这使中国首次进入拥有美国专利前5大国。华为、京东方和深圳华星光电3家中国企业进入拥有美国专利的前50大企业。

"这说明中国企业的市场意识和知识产权保护意识大幅增强。"国家制造强国建设战略咨询委委员徐佳宾说。

近年来,中国大力倡导创新创造,不断加强相关制度建设,创造公平竞争的市场环境。一大批以代工为主的企业开始研发自有技术、培育自有品牌。

美国媒体评论说,很多中国公司现在专注于创造新的尖端产品和品牌,他们凭借的是富有创新性并越来越具有影响力的想法。

事实上,中国企业不只是在美专利量上升。国家知识产权局的数据显示,2017年,我国在"一带一路"沿线国家专利申请量为5 608件,同比增长16%。

世界知识产权组织不久前发布的报告称,"中国制造"在前沿领域创新持续加快,一大批成果填补了国际空白,并"重塑"全球价值链条和产业格局。

2. 中国正改变世界创新版图

专利，是一个国家或企业创新能力的反映。

中国苏州，好孩子集团。目前中国和欧、美三大市场，每2.9辆童车里就有一辆来自这里。其每年400多款创新产品的研发速度，让德、美具有百年历史的同行叹为观止。

只需三步，约两秒钟，就可以折成杂志大小——这款集55项国内外专利于一体的小车，自上市以来即风靡世界，无数名人明星成为其粉丝。

人机交互和指纹识别的"独角兽"企业汇顶科技，近年在美国申请专利约200件。CEO张帆说："全球化的竞争需要专利'保驾护航'；我们的客户主要是国际知名终端品牌，他们对供应商的自主知识产权也非常重视。"

本月初，代表全球最高水准的美国拉斯维加斯消费电子展上，4 000名展商有1 700名来自中国。英国《金融时报》网站刊文说，如此众多的中国参展商出现，以至于一些代表戏称这个展会如今成了"中国电子展"。

中兴通讯的折叠智能手机、华为的智能手表、阿里巴巴的刷脸支付、京东方携手海思等推出的全球首款75英寸8K超高清智能终端……专利，不仅让中国企业展示出令人惊艳的"黑科技"产品，更逐渐改变着世界的创新版图。

3. "中国创造"依然任重道远

尽管中国主要创新指标进入世界前列，已成为具有全球影响力的"科技大国"，但无论企业家还是专家学者，对面临的挑战都保持着相当的清醒和理性。

"我们的创新能力与发达国家相比，总体还有较大差距。"国务院发展研究中心研究员方晋说。

徐佳宾则认为，未来的开放创新应该是双向的。中国应加大知识产权保护和违法打击力度，创造更公平的市场环境，提升中国企业的竞争力和创新水平。

（资料来源：http://www.xinhuanet.com/2018-02/02/c_1122359437.htm，2018/02/02）

一、工匠精神在"互联网+"时代的体现

词条释义1-2

工匠精神

"工匠精神"是2016年政府工作报告新词。目的是促进消费品工业增品种、提品质、创品牌，更好满足群众消费升级需求。

李克强总理在2016年《政府工作报告》中首提"工匠精神"，国务院常务会新闻通稿中首次使用"品质革命"这一提法。

2016年12月14日，"工匠精神"入选《咬文嚼字》公布的2016年十大流行语。

工匠精神是一种严谨认真、精益求精、追求完美、勇于创新的精神。党的十八大以来，习近平总书记多次强调要弘扬工匠精神。党的十九大报告提出"弘扬劳模精神和工匠精神"。党的十九届四中全会提出"弘扬科学精神和工匠精神"。在新时代大力弘扬工匠精神，对于推动经济高质量发展、实现"两个一百年"奋斗目标具有重要意义。

（资料来源：http://theory.people.com.cn/n1/2020/0420/c40531-31679527.html，2020/12/16）

（一）工匠精神的重塑

2016年，"工匠精神"首次被写入政府工作报告中，它既是劳动者爱岗敬业、甘于奉献、不骄不躁的"工匠"态度，也是精益求精、勇于创新、追求卓越的"工匠"素养。

1. 工匠态度：爱岗敬业、甘于奉献、不骄不躁

态度是个体对特定对象所持有的稳定的心理倾向，蕴含着个体的主观评价以及由此产生的行为倾向性，影响着行为的效果以及目标的实现程度。工匠态度是热爱岗位、敬重职业的品质，是不求回报、不计得失的精神，是不恃才而骄、不妄自菲薄的心境。工匠态度是个体的思想道德观念在工作和职业上的体现，有利于个体更好地适应职业岗位，形成职业认同感和职业幸福感。

2. 工匠素养：精益求精、勇于创新、追求卓越

工匠素养是工匠态度的外在体现，精益求精是一丝不苟、知行合一的制造精神，勇于创新是与时俱进、推陈出新的创造精神，追求卓越是精益求精、勇于创新的最终目的。工匠素养不等同于职业素养，但却是职业素养中最为核心的内容，良好的工匠素养能够激励个人更好地发挥主观能动性，激发个人潜能，坦然面对困难，敢于接受挑战，在工作中克服畏难情绪，不断实现新的成就。

工匠精神是中国人从古至今都孜孜以求的，我们称有着高超制造工艺的人为匠人，匠人们以打造精品为追求，力争使生产出来的每件作品都尽善尽美。古代工匠们独具匠心，将对自然的敬畏、对作品的虔敬、对使用者的将心比心，通过自己的揣摩感悟和一双双巧手，创造出了灿烂的中国古代文明。如果没有工匠精神，这些艺术珍品是绝对不可能达到享誉国际的地位的。因此，中华儿女的血液里并不缺乏工匠精神的基因，在"互联网+"的时代背景下，我们更需要重塑工匠精神，用创新创造为中华民族的伟大复兴贡献自己的力量。

（二）工匠精神与"互联网+"时代的融合

1. "互联网+"时代呼唤工匠精神

"互联网+"是把互联网的创新成果与经济社会各领域深度融合，推动技术进步、效率提升和组织变革，提升实体经济创新力和生产力，形成更广泛的以互联网为基础设施和创新要素的经济社会发展新形态。2015年7月1日，国务院发布《国务院关于积极推进"互联网+"行动的指导意见》（国发〔2015〕40号），意见指出：在全球新一轮科技革命和产业变革中，互联网与各领域的融合发展具有广阔前景和无限潜力，已成为不可阻挡的时代潮流，正对各国经济社会发展产生着战略性和全局性的影响。积极发挥我国互联网已经形成的比较优势，把握机遇，增强信心，加快推进"互联网+"发展，打造"大众创业、万众创新"和增加公共产品、公共服务"双引擎"，主动适应和引领经济发展新常态，形成经济发展新动能，实现中国经济提质增效升级①。

拓展阅读1-3

近年来，我国在互联网技术、产业、应用以及跨界融合等方面取得了积极进展，已具备加快推进"互联网+"发展的坚实基础，但也存在传统企业运用互联网的意识和能力不足、互联网企业对传统产业理解不够深入、新业态发展面临体制机制障碍、跨界融合型人才严重匮乏等问题，亟待加以解决。发展大规模个性化定制。支持企业利用互联网采集并对接用户个性化需求，推进设计研发、生产制造和供应链管理等关键环节的柔性化改造，开展基于个性化产品的服务模式和商业模式创新。鼓励互联网企业整合市场信息，挖掘细分市场需求与发展趋势，为制造企业开展个性化定制提供决策支撑。

（资料来源：《国务院关于积极推进"互联网+"行动的指导意见》）

工匠精神与创新、创造精神在本质上是一致的，二者具有高度的融合性②。"互联网+"时代是追求创新创造的时代，需要工匠精神引领时代主流。

2. 工匠精神在"互联网+"时代的体现

工匠精神在"互联网+"时代首先表现为传统文化通过互联网得以发扬光大，并得到新的发展。我国的传统手工艺在历史长河中沉淀、积累，在工业化时代遭遇了工业产品带来的严重冲击，市场竞争激烈，有些慢慢退出了人们的视野。"互联网+"依托自身的平台优势和渠道优势赋予了这些老行当以新的生机。

拓展阅读1-4

"互联网+老行当"更易传承"工匠精神"

打开手机，能看到有人在出售景德镇清官窑里烧出来的罗汉碗，有人在拍卖一把缂丝蝴蝶团扇，还有人在展示煅烧、淬火等一连串的铸剑工艺……传统手工艺，这个听起来似乎与互联网背道而驰的行当，如今也触网尝鲜儿。借助"东家""拾翠""老字号"等一批互联网平台，传统手工艺尝试告别古旧、老掉牙的刻板印象，走进更多消费者的生活。

---

① 中华人民共和国中央人民政府. 国务院关于积极推进"互联网+"行动的指导意见［EB/OL］.（2015-07-04）［2021-01-09］. http://www.gov.cn/zhengce/content/2015-07/04/content_10002.htm.
② 张小强. 匠心制造［M］. 广州：广东人民出版社，2018.

在我们的固有认知里，老行当代表着传统，预示着守旧；而互联网则代表着时尚，预示着潮流，两者很难产生交集，甚至说也没有必要产生交集。但是随着"东家""拾翠""老字号"等一批手机App的出现，景德镇官窑、工艺铸剑、缂丝蝴蝶团扇等传统手工艺纷纷"触网"，并且与互联网发生了微妙的化学反应，让我们看到了无比新奇的效果。

通过手机App或是其他互联网平台，网友不但可以直接购买这些传统手工艺品，同时还能以图文并茂、现场视频的方式看到这些手工艺品制作的过程，看到这些具备"工匠精神"的传统手工艺人，是如何一针一线、一刀一刻地制作出这些精美绝伦的手工艺品的。当然了，如果你愿意，或者是有兴趣，还可以直接和这些手工艺人进行沟通与交流，向他们请教，给他们提出自己的意见和建议。

所以说，"互联网+老行当"，不但赋予了这些传统的手工艺以全新的生命，而且对于传承与弘扬"工匠精神"同样大有裨益。说到传统手工艺人，说到匠人，我们脑海里下意识地就会浮现出那些不问世事，甚至不食人间烟火，只顾埋头于自己手中的活计或作品的形象。但这多少都有些误解，匠人自有匠人的情操，但匠人也有商人的属性，他们同样需要穿衣吃饭，养家糊口，所以他们也必须通过出售、贩卖自己制作的手工艺品来换取柴米油盐。

而"互联网+老行当"的模式，无疑从市场与商业的角度，给了这些传统手工艺人，也给了传统手工艺行业以更多的机会，可以让他们能够通过自己制作的手工艺品维持自己或一家人的生计，如果某种手工艺品受到了市场的欢迎，借此发家致富也不是没有可能。这绝非是传统手工艺和传统手工艺人向金钱靠拢，向铜臭妥协，而恰恰是为了让这些传统手工艺后继有人，得到传承。

（资料来源：http://opinion.southcn.com/o/2016-05/20/content_148033951.htm? from = groupmessage，2016/05/20）

工匠精神在"互联网+"时代还体现为一大批有志青年发扬坚持不懈的创业精神，坚守初心、把控品质，以品质赢市场、以品质谋发展。工匠精神在"互联网+"时代还表现为匠人们在自己的岗位上日复一日、年复一年、兢兢业业地工作，在平凡的岗位上创造不平凡的价值；在自己的领域里潜心钻研、攻坚克难，解决技术难题、开发新产品、创造新技术，推动行业变革和产业升级。

拓展阅读 1-5

核动力事业产研用"三线金牌"领跑者王广金

王广金用了八个字"敬业、精益、专注、创新"阐述了他对工匠精神的理解。今年41岁的王广金，是中国核动力研究设计院一名年轻的"科研狂"，中国共产党第十九次全国代表大会代表，主要从事核电厂关键设备的研制、产业化和工程供货等工作，被授予多项国家级荣誉。

2005年，王广金博士毕业，来到中国核动力研究设计院反应堆工程研究所，加入了核电电气贯穿件的研发团队。王广金平时喜欢跑马拉松，他坦言这是在享受挑战极限、为目标而行动、执着坚持的过程。他说："这样的过程正是核电电气贯穿件研发历程的真实写照。"

13年来，他累计获得授权发明专利5项，国防发明专利5项，实用新型专利16项。先后主持完成了10余项核电技术关键设备的研制和工程应用，推动了包括"华龙一号"使用的系列核电专用设备与俄罗斯、西班牙、巴基斯坦等国家的国际合作，为中国核电设备"走出去"战略的实施做出了积极贡献。

王广金在产品设计、制造、供货"三线"辗转忙碌的同时，并没有停下核电电气贯穿件国产化前进的步伐，他积极利用各种渠道，创造条件，展开了三代核电电气贯穿件的研制，向科研成果产业化的技术纵深迈进。

目前，王广金带领一个专业化、年轻化的30余人的科研团队，冲在最前线（如图1-1所示），扎在最基层（如图1-2所示），与发达国家展开技术长跑竞争，从无到有，从有到优，取得具有里程碑意义的丰硕成果。

图1-1　王广金进行仪控产品调试

图1-2　王广金与同事交流经验

（资料来源：http://photo.china.com.cn/2018-03-30/content_50776844_5.htm，2018/03/30）

二、未来：中国创造的浩瀚星空

中国创造以自主设计、自主品牌、自主核心技术为本质特征，是中国从制造大国走向制造强国的必由之路，是把我国建成富强、民主、文明、和谐、美丽的社会主义现代化强国的必然要求。为实现这一宏伟目标，提高我国制造业在国际产业链中的地位，2015年，国务院出台《中国制造2025》。

（一）"中国制造2025"

《中国制造2025》由百余名院士专家着手制定，是中国制造业2015—2025年10年的顶层规划和设计路线图，经国务院总理李克强签批，由国务院于2015年5月印发。它是部署全面推进实施制造强国的战略文件，是中国实施制造强国战略第一个十年的行动纲领，旨在通过努力实现中国制造向中国创造、中国速度向中国质量、中国产品向中国品牌三大转变，推动中国到2025年基本实现工业化，迈入制造强国行列①。

1. "中国制造2025"提出的背景

（1）全球制造业格局面临重大调整。

新一代信息技术与制造业深度融合，正在引发影响深远的产业变革，形成新的生产方式、产业形态、商业模式和经济增长点。各国都在加大科技创新力度，推动3D（三维）打印、移动互联网、云计算、大数据、生物工程、新能源、新材料等领域取得新突破。基于信息物理系统的智能装备、智能工厂等智能制造正在引领制造方式变革；网络众包、协同设计、大规模个性化定制、精准供应链管理、全生命周期管理、电子商务等正在重塑产业价值链体系；可穿戴智能产品、智能家电、智能汽车等智能终端产品不断拓展制造业新领域。我国制造业转型升级、创新发展迎来重大机遇。

全球产业竞争格局正在发生重大调整，我国在新一轮发展中面临巨大挑战。国际金融危机发生后，发达国家纷纷实施"再工业化"战略，重塑制造业竞争新优势，加速推进新一轮全球贸易投资新格局。一些发展中国家也在加快谋划和布局，积极参与全球产业再分工，承接产业及资本转移，拓展国际市场空间。我国制造业面临发达国家和其他发展中国家"双向挤压"的严峻挑战，必须放眼全球，加紧战略部署，着眼建设制造强国，固本培元，化挑战为机遇，抢占制造业新一轮竞争制高点。

（2）我国经济发展环境发生重大变化。

随着新型工业化、信息化、城镇化、农业现代化同步推进，超大规模内需潜力不断释放，为我国制造业发展提供了广阔空间。各行业新的装备需求、人民群众新的消费需求、社会管理和公共服务新的民生需求、国防建设新的安全需求，都要求制造业在重大技术装备创新、消费品质量和安全、公共服务设施设备供给和国防装备保障等方面迅速提升水平和能力。全面深化改革和进一步扩大开放，将不断激发制造业发展活力和创造力，促进制造业转型升级。

我国经济发展进入新常态，制造业发展面临新挑战。资源和环境约束不断强化，劳动力等生产要素成本不断上升，投资和出口增速明显放缓，主要依靠资源要素投入、规模扩张的粗放发展模式难以为继，调整结构、转型升级、提质增效刻不容缓。形成经济增长新动力，塑造国际竞争新优势，重点在制造业，难点在制造业，出路也在制造业。

（3）建设制造强国任务艰巨而紧迫。

经过几十年的快速发展，我国制造业规模跃居世界第一位，建立起了门类齐全、独立完整的制造业体系，成为支撑我国经济社会发展重要基石和促进世界经济发展的重要力量。持续的技术创新大大提高了我国制造业的综合竞争力。载人航天、载人深潜、大型飞机、北斗卫星导航、超级计算机、高铁装备、百万千瓦级发电装备、万米深海石油钻探设备等一批重大技术装备取得突破，形成了若干具有国际竞争力的优势产业和骨干企业，我国已具备了建

---

① 周苏，王硕苹. 创新思维与方法［M］. 北京：中国铁道出版社，2016.

设工业强国的基础和条件。

但我国仍处于工业化进程中，与先进国家相比还有较大差距。制造业大而不强，自主创新能力弱，关键核心技术与高端装备对外依存度高，以企业为主体的制造业创新体系不完善；产品档次不高，缺乏世界知名品牌；资源能源利用效率低，环境污染问题较为突出；产业结构不合理，高端装备制造业和生产性服务业发展滞后；信息化水平不高，与工业化融合深度不够；产业国际化程度不高，企业全球化经营能力不足。推进制造强国建设，必须着力解决以上问题。

建设制造强国，必须紧紧抓住战略机遇，积极应对挑战，加强统筹规划，突出创新驱动，制定特殊政策，发挥制度优势，动员全社会力量奋力拼搏，更多依靠中国装备、依托中国品牌，实现中国制造向中国创造的转变，中国速度向中国质量的转变，中国产品向中国品牌的转变，完成中国制造由大变强的战略任务。

2. 中国制造的核心要义

2015年《政府工作报告》中首次提出实施"中国制造2025"，坚持创新驱动、智能转型、强化基础、绿色发展，加快从制造大国转向制造强国。此后，"中国制造2025"一直是贯穿国务院工作部署的关键词之一。2016年，国务院办公厅发布《关于开展消费品工业"三品"专项行动营造良好市场环境的若干意见》，促进消费品工业迈向中高端；国务院总理李克强在主持召开的国务院常务会议上明确指出要对接"中国制造2025"。2017年7月，李克强总理主持召开国务院常务会议，部署创建"中国制造2025"国家级示范区，加快制造业转型升级，联合国两位高级官员撰文称赞，《中国制造2025》路线图正在引导中国的工业现代化进程。

科技是第一生产力，而制造业水平则体现了一个国家的科技水平。为实现伟大复兴的中国梦，中国需要实现从农业大国到工业大国，再到工业强国的转变。为实现打造制造业强国的目标，"中国制造2025"通过"三步走"实现制造强国的战略目标：第一步，到2025年迈入制造强国行列；第二步，到2035年中国制造业整体达到世界制造强国阵营中等水平；第三步，到中华人民共和国成立100年时，综合实力进入世界制造强国前列。

《福布斯》杂志认为，实施"中国制造2025"将助力中国制造业保持国际竞争力。世界经济论坛主席施瓦布称，得益于智能制造业的迅速发展，"中国将成为第四次工业革命的领军者"。第一次工业革命使英国成为世界强国，第二次工业革命使德国、美国成为世界强国，第三次工业革命成就了西方发达资本主义国家。

（二）中国创造的内涵

中国创造以自主品牌、自主研发、智能制造为核心内涵。

1. 自主品牌

品牌是拥有者的产品、服务区别于同类产品的功能性利益和情感性利益，利用抽象化的、特有的、能识别的概念来表现其差异性，具有经济价值的无形资产。现代营销学之父科特勒将品牌定义为销售者向购买者长期提供的一组特定的特点、利益和服务，能够给拥有者带来溢价、产生增值的一种无形资产。美国营销大师阿尔里斯说，世界上最富有的国家的经济是建立在品牌之上的，而非建立在商品之上。因此，企业要摆脱靠加工订单来赚取微薄利润的境地，跻身产业价值链的上游，就需要实施积极的品牌战略，精心培育品牌，着力打造品牌，增强品牌的知名度和美誉度，提高品牌价值。

拓展阅读 1-6

福耀集团（全称福耀玻璃工业集团股份有限公司）1987年成立于中国福州，是专注于汽车安全玻璃的大型跨国集团，集团矢志为中国人做一片属于自己的高质量玻璃，当好汽车工业的配角，秉承"勤劳、朴实、学习、创新"的核心价值观，坚持走独立自主、应用研发、开放包容的战略路线。经过30余年的发展，福耀产品得到全球知名汽车制造企业及主要汽车厂商的认证和选用，包括宾利、奔驰、宝马、奥迪等，为其提供全球OEM配套服务和汽车玻璃全套解决方案（如图1-3所示），并被各大汽车制造企业评为"全球优秀供应商"。

福耀集团是"工业4.0"的积极探索者和实践者。公司以智识引领发展，以创新为驱动，通过智能制造，为客户提供一片有"灵魂"的玻璃，其信息技术与生产自动化方面位居全球同行业前列。近年来，福耀集团先后荣获"中国质量奖提名奖""智能制造示范企业""国家创新示范企业""国家级企业技术中心"等各类创新荣誉、资质。

福耀集团多年蝉联《财富》中国500强、中国民营企业500强等社会殊荣。2018年，董事长曹德旺入选"改革开放40年百名杰出民营企业家"；于2009年荣膺企业界的"奥斯卡"——安永企业家全球奖；于2016年荣获全球玻璃行业最高奖项——金凤凰奖，评委会称"曹德旺带领福耀集团改变了世界汽车玻璃行业的格局"。

图 1-3 福耀集团汽车玻璃解决方案

伴随国家对民族品牌的重视和企业自身的内功修养逐渐加强，一批知名民族品牌在市场中脱颖而出，并在国际竞争中占据着有利地位，如阿里巴巴、京东、格力、海尔、联想、小米、华为、奇瑞、比亚迪、福耀玻璃、大唐电信等。根据2020年3月品牌财富发布《2020年全球最具价值品牌500强报告》，中国有华为、平安、国家电网、腾讯、茅台酒、中国石油、淘宝、天猫、碧桂园、恒大、京东、美的、百度、伊利、小米、携程、吉利等76个品牌入选，入选品牌数量居世界第二位。

拓展阅读 1-7

600 多个知名自主品牌讲中国品牌故事

品牌是一个企业、一个城市乃至一个国家竞争力的综合体现，代表着供给结构和需求结构的升级方向。2016 年 6 月，国务院要求设立"中国品牌日"，大力宣传知名自主品牌，讲好中国品牌故事，提高自主品牌影响力和认知度。2017 年 5 月，国务院批准 2017 年起，5 月 10 日为"中国品牌日"。2018 年 5 月 10 日，首届"中国品牌日"系列活动在上海开幕，主题为"中国品牌世界共享"。

中国石油的模型集中展示了天然气产业链（如图 1-4 所示），包括天然气勘探生产和处理设施、输气管网、LNG（液化天然气）接收站、亚马尔 LNG 项目，以及南海可燃冰试采。中船集团展出的包括了民用船舶和海洋工程领域的品牌产品（如图 1-5 所示），主要包括 17.4 万方 LNG 船、LNG 加注船、38 800 吨智能船舶、22 000 箱集装箱船等。中铁工业展出了我国自主研制的最大直径的"彩云号"硬岩掘进机模型（如图 1-6 所示），该设备已经应用于亚洲第一铁路长隧——大瑞铁路高黎贡山隧道项目。

图 1-4　天然气产业链

图 1-5　中船船舶

图 1-6　硬岩掘进机

（资料来源：https://www.sohu.com/a/231161853_114986，2018/05/10）

2. 自主研发

中国创造的最大特点是重视技术研发，坚持自主开发与创新，提高核心竞争力。它要求企业根据市场情况和用户需求，或针对原有产品存在的问题，从根本上探讨产品的层次与结构，进行有关新技术、新材料和新工艺等方面的研究，并在此基础上开发出具有核心技术和识别要素的新产品。工匠精神要求设计师和工人们专注产品灵魂，将产品的技术指标、工艺水平、外观细节等做到极致。

在创新驱动战略引领下，社会创新要素不断向企业聚集，工业企业研发投入快速增长，自主创新能力显著增强。在经过模仿创新、集成创新、引进消化吸收再创新等多个阶段后，我国工业领域技术创新要素在总量上逐步接近世界前列，在水平上与发达国家的差距逐渐缩小，产业总体创新能力明显增强，正在由跟随式创新向引领式创新转型。我国科技经费投入也保持增长，投入强度在新兴发展中国家中居于领先地位[1]。

---

[1] 杜品圣，顾建党. 面向中国制造 2025 的制造观 [M]. 北京：机械工业出版社，2017.

拓展阅读 1-8

深圳市大疆创新科技有限公司成立于 2006 年，如今已发展成为空间智能时代的技术、影像和教育方案引领者，在无人机（如图 1-7、图 1-8 所示）、手持影像系统、机器人教育等多个领域成为全球领先的品牌，以一流的技术产品重新定义了"中国制造"的内涵，并在更多前沿领域不断革新产品与解决方案。

图 1-7　大疆无人机

图 1-8　大疆无人机

大疆创新在品牌建设与质量管理上追求极致，先后入选国家技术创新示范企业及全国质量标杆；2018 年被认定为中国驰名商标，2019 年荣获中国品牌强国盛典十大年度新锐品牌。大疆创新重视发展自主知识产权，多次获得国家级知识产权奖项。截至 2020 年 5 月，大疆创新累计申请专利 12 900 余件，其中 PCT（专利合作条约）国际申请 4 260 件，连续四年 PCT 专利申请量居国内前十；全球商标布局 57 个国家和地区，注册 1 500 余件。

2020 年，大疆无人机占据全球及国内市场份额分别超 80% 和 70%。《2020 胡润全球独角兽榜》显示，其估值达到 1 000 亿元，并列排名第十四位。

3. 智能制造

智能制造（Intelligent Manufacturing，IM）是基于新一代信息技术，贯穿设计、生产、管理、服务等制造活动各个环节，具有信息深度自感知、智慧优化自决策、精准控制自执行等功能的先进制造过程、系统与模式的总称，具有以智能工厂为载体，以关键制造环节智能化为核心，以端到端数据流为基础、以网络互联为支撑等特征，可有效缩短产品研制周期、降低运营成本、提高生产效率、提升产品质量、降低资源能源消耗。

2015 年，工业和信息化部印发《2015 年智能制造试点示范专项行动实施方案》（下称《实施方案》），正式启动实施智能制造试点示范专项行动。在石化、化工、冶金、建材、纺织、食品等流程制造领域开展以智能工厂为代表的流程制造试点；在机械、汽车、航空、船舶、轻工、家用电器及电子信息等离散制造领域开展以数字化车间为代表的离散制造试点；在高档数控机床、工程机械、大气污染与水治理、文物保护装备等领域开展以信息技术深度嵌入为代表的智能装备和产品试点；在家用电器、汽车、电力装备等行业开展以个性化定制、网络协同开发、电子商务为代表的智能制造新业态新模式试点；开展以物流信息化、能源管理智慧化为代表的智能化管理试点；在工程机械、输变电、印染等行业开展以在线监测、远程诊断与云服务为代表的智能服务试点。通过以上举措，促进工业转型升级，加快制造强国建设进程①。

拓展阅读1-9

　　北京精雕科技集团有限公司（以下简称"北京精雕"）成立于1994年，是一家专注于精密数控机床研发和制造的民营企业，是首批获得认证的国家级高新技术企业，经过20多年的不懈努力，现已构建了完善的研发、生产、销售体系，并于2019年被认定为国家企业技术中心。

　　北京精雕建立了完善的产品体系。作为主营产品的精雕高速加工中心（如图1-9所示），其核心部件均为精雕自主研发和制造，可稳定实现"0.1μm进给，1μm切削，nm级表面粗糙度"的加工效果。正是由于具备如此高精度的加工性能，精雕高速加工中心被广泛应用至精密超精密加工、精密模具加工、精密磨削加工、金属零件批量加工等多个领域。精密数控机床品质的稳定性依赖于制造企业的精益化生产能力。在20多年的发展历程中，北京精雕累计投入超过40亿元，在北京、廊坊、宁波建成了规模化生产、精细化管理的精密数控机床制造基地，具备年产12 000台中型精雕机和16 000支精雕主轴的生产能力和交货能力。基地以"μ级管控"为原则，应用精雕机测量技术和信息化管理技术，精准管控零配件生产制造的每个环节，确保精雕机以高品质走向市场。

　　集团立足北京，着眼全国，积极开拓海外市场，在美国、德国、越南、马来西亚成立了分支机构，以满足海外客户的需求。

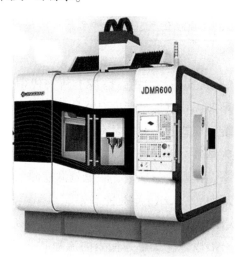

图1-9　精雕高速加工中心

---

① 工业和信息化部. 关于开展2015年智能制造试点示范专项行动的通知［EB/OL］.（2015-03-20）［2021-01-09］. http://www.gov.cn/xinwen/2015-03/20/content_2836524.htm.

三、中国创造的崛起

拓展阅读1-10

"中国创造"绽放异彩

2018年1月9日至12日,2018年国际消费电子展(CES)在美国内华达州的拉斯维加斯举行。国际消费电子展是全球最大、影响最广的消费类电子产品和技术展览会,今年的展会吸引了世界各地3 900多家厂商参展,其中中国的厂商达1 300多家,仅次于东道主美国。

美国消费技术协会总裁兼首席执行官加里·夏皮罗评价,国际消费电子展向世人展示当今世界最前沿的新产品、新技术。这些技术将改变我们星球的未来,让人们的生活变得更加美好。

1. 科技盛宴:"汽车"会飞,电视能"长"

中国企业中兴通讯推出的一系列高新产品吸引了不少参观者,尤其是中兴天机Axon M受到高度关注。这款已在美国、日本上市的折叠智能手机,采用了可折叠的双屏设计。日常携带时,可以将双屏背靠背折叠在一起,轻松放入口袋或随身包中。

2. 中国创造:企业众多,实力超凡

令人欣喜的是,展会上来自中国的企业不仅为数众多,而且显示了超凡的实力。深圳不愧是闻名世界的创新之城,一下子来了500多家企业。走在拉斯维加斯会展中心周围,TCL、华为、海信等企业的巨幅广告不时映入眼帘。

华为展台位于品牌馆中央,占地面积特别大,展示产品众多,智能手机、笔记本电脑、运动手环、智能手表、平板电脑以及智能家居用品应有尽有。智能手机新品十分抢眼,引来了许多前来问询的观众。

零售业巨头苏宁别出心裁,以无人店为原型打造的展区吸引了众多参观体验者。无人店采用智能技术识别用户所购商品,自动刷脸支付,同时还匹配了客流分析系统,可以分析用户的活动轨迹、浏览商品细节等,成为智慧零售的高科技"眼睛"。苏宁总裁办公室品牌部品牌总监陈建光告诉记者,苏宁无人店已开始规模化复制,计划未来2~3年在中国开设200家左右。

阿里巴巴有一个漂亮的展区。展区内,刷脸支付、刷脸取件、刷脸登录等技术颇为吸引眼球。阿里巴巴还新增了一个"设计与采购"展馆,目的是促进尖端电子技术和现代生活的紧密结合,帮助更多的中小企业参与到"全球买、全球卖"的进程中。

中国企业的创新产品赢得各方人士称赞。美国电子消费协会副总裁布赖恩·穆恩说,从实体零售成功向科技创新转型,苏宁这样的公司表现得十分了不起。中国电子联合会执行秘书长高素梅评价,以大数据、云计算、人工智能、量子通信等为代表的新一代信息技术正在引发新一轮科技革命和产业变革,中国企业正通过创新来提高"中国创造"核心竞争力。中国企业正在让更多"中国创造"在世界市场上大放异彩。

3. 初创公司：产品新奇，创意不俗

今年有 900 多家初创公司参展，凸显这一领域"长江后浪推前浪"的蓬勃生机。

中国企业拜腾在汽车行业虽然名不见经传，但发布的首款智能电动概念车引起了不小的轰动。这款车主打电动化、联网化、自动化和共享化特征，采用全新的设计语言和人机交互系统，勾勒出未来汽车的模样。

上海润米科技有限公司牵手美国赛格威公司推出名为"90 分"的智能旅行箱。这一概念版旅行箱，可以通过遥控器轻松控制旅行箱行进，还能够设置自动跟随模式，在 20 米内一键召唤旅行箱。该公司产品经理吴迪非对记者说，在旅途中用上这样一个行李箱，就像是在遛一条可爱的小狗，少了拉行李的劳累，甚至还会有几分惬意。

深圳诚信通达电子科技有限公司的展台很小，但展出的产品真不少：无线移动电源、数据线、车充、蓝牙音响等。公司参展人员熊慧敏说："国际消费电子展我们已参加了 5 届，每回都是满载而归。"

（资料来源：http://www.gov.cn/guowuyuan/2018-01/15/content_5256623.htm，2018/01/15）

（一）中国创造大放异彩

新一代信息技术与制造技术的革命性突破和交叉融合，促进制造模式、生产组织方式和产业形态的深刻变革，对全球制造业产生颠覆性的影响。自有品牌、自主研发、智能制造助力中国制造业转型升级，各大企业纷纷把增强原始创新能力摆在更加突出的位置，加强关键核心技术攻关，加速科技成果产业化，提高关键环节和重点领域的创新能力，走创新驱动的发展道路。在互联网和传统工业的交叉融合上不断创新，聚合互联网新理念、新技术、新产品、新服务、新应用、新模式，以提高生产率，创造更多价值。在国家的高度重视和政策引导下，中国涌现出一批具有世界领先水平的创造成果，中国创造大放异彩。

1. 5G 时代的领导者

（1）中国在 5G 领域的地位。

5G 网络是数字蜂窝网络，在这种网络中，供应商覆盖的服务区域被划分为许多被称为蜂窝的小地理区域，其主要优势在于数据传输速率远远高于以前的蜂窝网络以及较低的网络延迟（更快的响应时间），主要可以运用在云 VR/AR、车联网、智能制造、智慧能源、无限家庭娱乐、联网无人机、社交网络、个人 AI 辅助、智慧城市等场景中。

英特尔公司高级副总裁 Sandra Rivera 在 2018 年世界移动通信大会上接受媒体采访时表示："韩国和日本在 5G 时代的领先优势得益于奥运会的举办，其间很多新技术得以应用，但是我认为中国是 5G 时代的领导者。"[①] 2020 年 6 月 30 日，由中国电信牵头制定的全球首个《5G SA 部署指南》正式发布；2020 年，通信企业加快 5G 网络共建共享和商业应用转

---

① 赵超，毕磊. 中国是 5G 时代领导者 [N]. 深圳商报, 2018-02-28.

化，全年完成固定资产投资 3730.7 亿元，同比增长 9.9%[①]；2021 年 1 月 11 日，《西班牙人报》网站刊发题为《全球移动通信系统协会：中国赢得 5G 技术全球领导者地位》的报道[②]；2021 年 1 月 13 日，工信部发布《关于印发〈工业互联网创新发展行动计划（2021—2023年）〉的通知》，指出未来 3 年，新型基础设施进一步完善，基本建成国家工业互联网大数据中心体系。伴随国家、地方政府的高度重视和大力投入，5G 在各行业的运用也逐渐朝着纵深发展。

（2）5G 的运用场景。

六安市经济技术开发区的瀚海公司正在实施"5G+工业互联网"项目，一期已经搭建了集设备采集与监控、数据集成和共享、质量问题溯源、设备联动、降本增效、智能分析决策等于一体的"5G+工业互联网"平台，实现对"人、机、料、法"等数据的全面实时采集、产品质量问题的快速溯源定位、生产设备的预测性维护及故障自动预警[③]。

在杭州汽轮集团的操作车间，一名工作人员正用一台精密的电子扫描设备对着一台汽缸的设备进行立体扫描（如图 1-10 所示），车间的另一边，一台计算机设备的屏幕上同时显现了实体扫描的三维模型，通过与标准模型的比对，计算机可以实时判断该产品误差率是否在正常范围内。这是由浙江移动与杭州汽轮集团合作打造的 5G 三维扫描建模检测系统，可以精确快速获取物体表面三维数据并生成三维模型，通过 5G 网络实时将测量到的海量数据传输到云端，由云端服务器快速处理比对，确定实体三维模型是否和原始理论模型保持一致。

图 1-10　杭州汽轮集团操作车间场景

该系统使检测时间从 2~3 天降低到 3~5 分钟，使产品从抽检变为精准的全量检测[④]。

杭州湘湖边，停放了一辆像极了科幻片中的"时空胶囊"的汽车，它没有驾驶座、没有方向盘、没有油门刹车。这辆 5G 智能网联无人车是国内率先融合移动 5G 远程驾驶技术的 L4 级自动驾驶汽车，也是国内率先在景区开放道路上实现的 5G 智能网联驾驶车辆。它可实现包括循迹自动驾驶、行人识别和动态避障、区域动态限速、交通信号灯通行、超视距、车辆动态调度等场景，同时还具有远程驾驶功能，可完成网联后台的监控与管理的功能场景[⑤]。

---

① 国资委. 2020 年 5G 固定资产投资 3 730.7 亿元 [EB/OL]. （2021-01-20）[2021-02-01]. http://5gcenter.people.cn/n1/2021/0120/c430159-32006241.html.

② 卫嘉. 外媒：中国确立 5G 发展领先优势 [EB/OL]. （2021-01-13）[2021-02-01]. http://www.cankaoxiaoxi.com/china/20210113/2432002.shtml? bshbid=5580210957.

③ 李东林. "5G+"！六安开发区的又一个风口 [N]. 安徽日报，2020-12-28.

④ 张帆. 打开 5G 应用蓝海，浙江发布首批 5G 工业互联网试点应用 [EB/OL]. （2019-03-22）[2021-01-19]. https://www.sohu.com/a/303117903_114731? sec=wd.

⑤ 5G 带来哪些全新应用 [N]. 钱江晚报，2019-04-28.

2. 中国高铁

从桥梁、隧道、无砟轨道等线路工程，到牵引供电和列车运行控制系统，再到高速列车的研制，中国的高速铁路走出了一条独具特色的创新之路，推动中国在这一领域占据世界领先地位。从一无所有，到构建起完备、成熟的技术体系，这一切既坎坷曲折，又波澜壮阔。当中国迈入高铁时代，高速铁路不仅为人们构筑起生活新时空，也为社会提供了优质的公共产品，并成为经济社会发展的强大推动力。

20多年前，绿皮车（如图1-11所示）在中国随处可见，1997年4月1日到2007年4月18日，中国铁路共进行了6次大提速，纵横全国的主要干线时速相继提升到120公里、160公里乃至200公里以上，但直到2002年，中国火车平均时速只能跑50多公里。

图1-11 曾经随处可见的绿皮火车

20世纪末，中国开始一步一步打通建设高铁的可能性。第一步是改造广深铁路，在1998年第一次实现了全线电气化，告别内燃机，提速成为准高铁。接下来，为高铁建造做了中长期铁路网规划，设计出超过1.2万公里的四纵四横铁路网。2004—2005年，中国南车青岛四方、中国北车长客股份和唐车公司先后从加拿大庞巴迪、日本川崎重工、法国阿尔斯通和德国西门子引进技术，联合设计生产高速动车组。

2008年6月24日，是"中国速度史"上一个载入史册的日子。那一天，从北京到天津的国产动车组"和谐号"第一次开动。2017年，"复兴号"中国标准动车组惊艳问世，并在京沪高铁以350公里时速投入运营，使我国成为世界上高铁商业运营速度最快的国家。2018年3月9日，我国首列时速350公里的长编组"复兴号"中国标准动车组，正式开始型式试验，这也是我国最新加长版"复兴号"的首次亮相。在同等的运行速度下，它是目前全球最长的高铁列车。从"和谐号""复兴号"到一个又一个的"突破"和"之最"，这一切是中国高铁从无到有、中国制造震惊世界的逆袭之路。中国高铁从无到有，从全面引进、亦步亦趋到自我消化、推陈出新，中国已成为世界高铁市场的领跑者，在一些关键技术和设备领域，更实现了弯道超车。我国自主研发的"复兴号"高铁就大量采用中国国家标准，在254项重要标准中，中国标准占84%，是真正的"中国造"动车，且"复兴号"采用的多项技术已领跑世界舞台。

从2012年开始，中国铁路总公司开展了"中国标准"动车组研制工作。短短几年时间，中国铁路人孜孜以求，成功解决了适应多种环境、多种气候下高铁安全运行的问题，被极寒、雾霾、柳絮、风沙"淬炼"出的"中国标准"正逐渐超越过去的"欧标"与"日标"，成为世界上独有的核心竞争优势。时速350公里、温度亮度可控的"复兴号"高铁，进一步验证了中国标准动车组整体技术性能，标志着我国已全面掌握高速铁路核心技术，达到世界领先水平。安全快捷、平稳舒适的中国高铁，为世界高速铁路商业运营树立了新的标杆，中国高铁愈发成为一张崭新、响亮的"中国名片"。

在国际社会的一片赞誉之下，越来越多的国家开始向中国下订单，希望中国为他们修高铁。目前，中国的高速列车（如图1-12所示）已经销往100余个国家和地区。

图1-12 高速列车

中国高铁的意义已经远远超出了运输工具的范畴，更是我们国家装备制造业的领先标志，展现了"中国制造"的华丽转身，激励着各行各业去拼搏、去创新，实现更多的领先和一流，展示了"中国制造"向"中国创造"转变迈出的坚定步伐①。截至2020年年底，我国高速铁路运营里程达3.79万公里，而2015年年末的运营里程为1.98万公里，相当于在"十三五"期间翻了近一番，稳居世界第一②。

（二）中国创造催生隐形冠军的发展

有研究发现，德国经济和国际贸易的真正基石不是那些声名显赫的大企业，而是那些在各自所在的细分市场默默耕耘并成为全球行业领袖的中小企业，我们称之为隐形冠军。它们是在某一细分市场领域处于绝对领先地位、年销售额不超过50亿美元且隐身于大众视野之外的中小企业。中国创造的崛起，不仅需要行业巨头，更需要这些隐形冠军。"隐形冠军"的力量实际上就是专注的工匠精神和企业家精神，是一种追求卓越的创新精神，是民族振兴的动力源泉。

2016年10月14日，"2016中德制造业峰会"在中国人民大学逸夫会议中心隆重举行。论坛上，《经理人》杂志发布了"2016中国制造隐形冠军榜"，并隆重举行了颁奖仪式，给入榜的隐形冠军企业代表授奖。2016年开始，工业和信息化部与中国工业经济联合会就开始了隐形冠军企业的评选活动，2016—2019年，经过4次评选，一共评出了256家单项冠军企业和90家待培育的单项冠军企业，还评出了161家单项冠军产品。

---

① 从制造到创造，中国高铁10年逆袭领跑世界[EB/OL].（2018-03-21）[2021-01-19].https://baijiahao.baidu.com/s? id=1595544117510179744&wfr=spider&for=pc.
② 陆娅楠，丁怡婷，邱超奕.高速里程五年倍增[N].人民日报，2021-01-24.

词条释义 1-3

隐形冠军

"隐形"是指这些企业几乎不为外界所关注;而"冠军"则是说,这些企业几乎完全主宰着各自所在的市场领域,它们占有着很高的市场份额,有着独特的竞争策略,往往在某一个细分的市场中专心致志地进行着耕耘。这一词汇由德国作家赫尔曼·西蒙在2005年5月出版的《隐形冠军》中提出。

隐形冠军通过雄心、专注、客户、创新、对标、完美等成就,多体现出经营专业化与地域多元化相结合、只关注客户关注的东西、将注重技术与贴近客户相结合、依靠自身的技术能力、企业与员工之间建立相互依赖的关系等特点。

(资料来源:赫尔曼·西蒙著,《隐形冠军》,经济日报出版社2005年版)

1. 泰伦特生物工程股份有限公司——有机器转动的地方,就有泰伦特

泰伦特公司自1993年创立以来,一直致力于环保型金属加工工艺品及工业废液处理循环再生利用的研究、开发和生产,是通过航空航天和国防组织质量管理体系认证的高新技术企业,是美国波音公司、欧洲空中客车工业公司的核心配套企业的优秀供应商。

泰伦特拥有高素质的研发团队和先进的研发技术交流实验室,拥有完善的科学管理制度及先进的研发设备。泰伦特多年来一直为用户提供高端产品及专业服务,秉持着"打造民族品牌,振兴民族工业"的初心,坚持诚信、品质、创新、融合的企业理念,不断提升产品品质,并积极参与行业标准的制定工作。

泰伦特金属加工润滑、金属防护、工艺清洁、表面处理、生物水处理、设备维护品六大系列产品广泛应用于航空航天、智能制造、汽车船舶、机车车辆、钢铁电力等行业,已为万余家企业提供了系统解决方案。

2. 江苏海鸥冷却塔股份有限公司

海鸥股份从事工业冷却塔(如图1-13、图1-14、图1-15所示)的研发、设计、制造及安装业务,并依托产品和技术优势提供工业冷却塔相关的技术服务,主要产品为机力通风冷却塔。海鸥股份系第一批制造业单项冠军培育企业、江苏省服务型制造示范企业、美国CTI(美国冷却塔协会)会员,产品通过欧盟CE认证。海鸥股份作为主要参编单位之一参与起草了中国冷却塔行业标准CCTI TL001—2014和ZTXB 100.001—2016等。

海鸥股份设有江苏省超大型高效节能冷却塔工程技术中心,涵盖工程热力学、工程流体力学、给水排水工程、化工设备等专业,具备工艺、电气、空气动力等综合性专业设计能力和经验。海鸥股份总公司及子公司共获得76项专利,多个系列产品获得高新技术产品认定,在节能节水技术、消雾技术、降噪技术、海水循环技术等领域获得多项研究成果。海鸥股份继续大力发展环保节能型冷却塔业务,开发符合市场需求、产品附加值高、具有国际先进水平的环保节能冷却塔技术和产品,使公司及产品的核心竞争力不断得到增强。

图 1-13　海水冷却塔　　　图 1-14　玻璃钢结构冷却塔　　　图 1-15　闭式冷却塔

海鸥股份充分利用境外全资子公司海鸥亚太、控股公司台湾太丞以及参股公司马来西亚 TRUWATER 等国际化业务平台，积极推进外延式的国际化扩张战略，大力拓展境外市场，力求建立全球化服务体系，使海鸥股份成为具有国内竞争力及品牌国际影响力的工业冷却塔设计、研发、制造企业。

3. 宁德新能源科技有限公司（ATL）——全球最可信赖的锂电池供应商

宁德新能源科技有限公司是世界领先的锂离子电池（如图 1-16 所示）生产者和创新者，以提供高质量可充电式锂离子电池的电芯、封装和系统整合方案为己任，技术、产能、服务均处于全球尖端水平。服务对象为知名的智能手机、笔记本和平板电脑原厂制造商、各类无人机、智能机器人和电动工具制造厂家，以及各种智能家居、虚拟、增强现实和可穿戴电子产品的先锋领导者。

图 1-16　ATL 电池包

ATL 凭借巨大的研发投入和专业人才优势，持续推动技术的先进性，通过材料、结构、工艺、充电方法、系统设计等技术优势，实现业内领先。自 2012 年起 ATL 软包聚合物锂电池出货量连年位居全球第一。据 ATL 掌握的数据显示，公司保持全球最大单月产能，可一次性接纳 1 000 万个电池生产订单。

第二章　认识创新思维

【章节目标】

一、知识目标

1. 了解创新的7个来源。
2. 熟悉创新的5种类型。
3. 了解熊彼特创新理论的基本观点。
4. 了解创新的过程。
5. 了解创新思维的特点。
6. 熟悉创新思维的类型和典型的创新思维。
7. 了解发挥和提高创新思维能力的注意事项。

二、能力目标

1. 尝试运用创新思维分析生活问题和社会现象。
2. 尝试用不同的方法看待问题，运用创新思维解决实际问题。
3. 尽可能客观、全面、系统地分析事物。

三、素质目标

1. 树立积极正确的人生观、价值观、就业观、创业观，把个人发展和国家需要、社会发展相结合。
2. 具有乐观的人生信念，能正确认识创新、创造过程中遇到的困难和挫折，不气馁、重坚持，并持之以恒。
3. 塑造淡然的品格，正确面对生活中取得的成功，不骄纵、不自满，勇于在自己的专业领域继续钻研，争取新的成功。

【章节导入】

推进大众创业、万众创新，是发展的动力之源，也是富民之道、公平之计、强国之策，对于推动经济结构调整、打造发展新引擎、增强发展新动力、走创新驱动发展道路具有重要意义，是稳增长、扩就业，激发亿万群众智慧和创造力，促进社会纵向流动和公平正义的重大举措。

按照"四个全面"战略布局，坚持改革推动，加快实施创新驱动发展战略，充分发挥市场在资源配置中的决定性作用和更好发挥政府作用，加大简政放权力度，放宽政策、放开市场、放活主体，形成有利于创业创新的良好氛围，让千千万万创业者活跃起来，汇聚成经济社会发展的巨大动能。不断完善体制机制、健全普惠性政策措施，加强统筹协调，构建有利于"大众创业、万众创新"蓬勃发展的政策环境、制度环境和公共服务体系，以创业带动就业、创新促进发展。

思考："大众创业、万众创新"，创业和创新哪一个的创新程度更高？并说明原因。

（资料来源：《国务院关于大力推进大众创业万众创新若干政策措施的意见》）

第一节　创新的来源、类型和过程

2021年1月23日，北京市市长陈吉宁做政府工作报告，指出北京成为全球创新创业最活跃的城市之一；山西省提出"突出创新核心地位，加快产业高质量发展"；山东省提出，要进行基于实体产业的科技创新；深圳市龙岗区六届五次党代会提出，要建成具有全球影响力的创新强区。在"互联网+"信息技术加速更新迭代的时代，创新已经成为人们耳熟能详的热门词汇，人们无时无刻不在感受到创新给衣食住行带来的变化。

一、创新的来源

创新是利用现有的知识和物质，在特定的环境中本着理想化需要或为满足社会需求提出有别于常规或常人思路的见解，改进或创造新的事物、方法、元素、路径、环境，并获得一定有益效果的行为。

"现代管理学之父"彼得·德鲁克（Peter F. Drucker）提出了创新的7个来源。

人物简介 2-1

彼得·德鲁克（1909—2005年），现代管理学之父，其著作影响了数代追求创新以及最佳管理实践的学者和企业家们，各类商业管理课程也都深受彼得·德鲁克思想的影响。彼得·德鲁克1909年出生于维也纳，祖籍为荷兰，后移居美国。

彼得·德鲁克先后在奥地利和德国受教育，1929年后在伦敦任新闻记者和国际银行经济学家，于1931年获法兰克福大学法学博士。他1937年移民美国，曾在一些银行、保险公司和跨国公司任经济学家与管理顾问，1943年加入美国籍。彼得·德鲁克曾在贝宁顿学院任哲学教授和政治学教授，并在纽约大学研究生院担任了20多年的管理学教授。

1946年，彼得·德鲁克在《公司概念》一书中首次提出"组织"的概念，奠定了组织学的基础。

1954年，彼得·德鲁克出版《管理的实践》一书，提出了一个具有划时代意义的概念——目标管理。从此将管理学开创成为一门学科，从而奠定了他管理学大师的地位。

后陆续出版《卓有成效的管理者》《管理：任务、责任、实践》《巨变时代的管理》《创新与企业家精神》《21世纪的管理挑战》等巨著。

(一) 意外事件

意外事件是指被人们不自觉地忽略、非有意识地做出的对结果具有正面效用的客观现实，被彼得·德鲁克称为最容易利用、成本最低的创新机会。万豪酒店最早成立的时候，是做连锁餐饮。有一年他们在华盛顿州开的一家餐馆，生意意外的火爆。后来一了解，原来餐馆对面是机场，那时候飞机上不提供吃的，很多乘客就来餐馆买快餐带到飞机上。这么一来，万豪就意外地发现了新机会，开始和航空公司合作，搞航空餐厅，取得了成功。因此，认真分析意外事件背后的原因，就有可能发现新的机会。

(二) "不协调的事件"

"不协调的事件"是指有些做法明明从逻辑上、道理上应该可行，但实际结果却无法达到预期或完全不能发挥作用的情况，分析这种"不协调的事件"产生的原因，就可能产生创新，集装箱（如图2-1所示）的发明就是如此。20世纪50年代之前，航海公司都在使劲购买好货船、招聘好船员，他们的想法是，只有船跑得更快、船员业务更熟练，航运效率才会更高，公司才能赚钱。这听起来很有道理，但结果却不尽如人意，海运业的成本依然居高不下，整个行业都快干不下去了。后来人们才发现，原来影响效率的最大因素不是船和船员，而是轮船在港口闲置、等待卸货、卸货装货的时间太长。为了解决这个问题，就有人想到了用能装载包装货或无包装货，并便于用机械设备进行装卸搬运的集装箱来提高货物装卸的速度，航运总成本一下子下降了60%，整个航运业才起死回生。

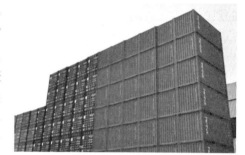

图2-1　集装箱

(三) 程序需求

程序需求是寻找现有流程中的薄弱环节，从现有程序中挖掘并满足没有被人们意识到的需求，发现创新机会。巴西的阿苏尔航空公司机票价格很低，但乘客却不怎么多，公司经过调研发现，这是因为乘客到机场很不方便，坐出租车很贵，而坐公交或地铁又没有合适线路。换言之，"从家到机场"是顾客出行流程的一部分，但没有得到有效的满足，进而影响了乘客的出行决策。于是，阿苏尔航空开通了到机场的免费大巴，生意一下就好了，成为巴西成长最快的航空公司。

(四) 行业和市场变化

行业是由许多同类企业构成的群体，行业变化是运行状况、产品生产、销售、消费、技术、行业竞争力、市场竞争格局、行业政策等行业要素的变化；市场是社会分工和商品生产的产物，具有自发性、盲目性、滞后性，购买者、购买力、购买欲望决定着市场的规模和容量。行业和市场的变化会导致一些企业走向消亡，但及时把握并顺应这些变化能使企业获得快速创新发展。

柯达是世界上最大的影像产品及相关服务的生产和供应商，在影像拍摄、分享、输出和显示领域曾长时间处于世界领先地位。柯达1883年发明了胶卷，1888年推出相机，百余年来帮助无数的人留住美好回忆、交流重要信息、享受娱乐时光。数码技术的出现，让影像行业发生了很大变化，与价格高昂、设备笨重、污染严重、保存不易、查找麻烦的胶卷比起来，数据拥有价格更低、设备轻巧、可永久保存、查找方便等优势。当时的柯达占领了全球2/3的胶卷市场，并在1975年发明了第一台数码相机，柯达公司察觉到了这个行业变化，却一心只想着如何保护自己的传统优势，没有看到这个行业变化带来的创新机会，并适应这个变化。在数据技术的冲击下，传统胶片业务受到了致命影响，柯达多次尝试转型也没有找到新的业务增长点，2012年1月19日，柯达提交破产保护申请。

（五）人口结构变化

人口结构是将人口以不同的标准划分而得到的一种结果，反映着一定地区、一定时点人口总体内部各种不同质的规定性的数量比例关系，如年龄结构、性别结构、民族结构、教育结构、职业结构、收入结构、家庭结构等。人口老龄化带来了对养老、护理等方面的需求，也给医疗保健、旅游、金融、教育带来了新的创新机会。受国家计划生育政策的影响，全面二胎政策为婴幼儿行业带来了新的生机，家庭在教育、医疗、住房等方面的消费都会加大。这些就是人口结构的变化可能带来的创新机会，企业只要能够及时抓住这些机会，就能够在风口起飞。

（六）认知变化

意料之外的成功和失败能产生创新，其根本原因就在于它能引起认知上的变化。认知变化是指尽管事实本身并没有发生改变，人们却改变了对该事实的看法，进而导致事实的意义发生改变。认知变化可能存在于各种不同的领域，同一种认知变化也可能被不同的行业加以利用，成为创新的契机。

1902年，一位美国人在自己的住宅内制成了第一个无线电话装置，这部无线可移动通信的电话就是人类对"手机"的最早探索；1938年，美国贝尔实验室为美国军方制成了世界上第一部"移动电话"手机；1958年，苏联工程师列昂尼德·库普里扬诺维奇发明了ЛК-1型移动电话；1973年，美国摩托罗拉工程师马丁·库帕发明了世界上第一部商业化手机；1993年，中国推出了第一部国产手机——熊猫手机。手机的功能从最初的移动通话逐渐增加至上网、聊天、娱乐、购物等，手机的外观、做工、性能等也朝着更强大和更人性化的方向发展，这些都来自人们对手机认知的变化。

（七）新知识

彼得·德鲁克发现，在所有创新来源中，新知识的创新可利用和获利的时间最长。基于知识的创新所需的时间很长，从新知识的出现到成为可应用的技术之间往往会有很长的时间跨度，从可应用的新技术转变为运用了新技术的产品（服务）往往又需要很长一段时间；

基于新知识的创新需要对相关知识和所有必需要素有足够深入的了解，能够做到新知识的融合。如喷气式发动机早在 1930 年就发明出来了，但应用到商业航空领域是在 1958 年波音公司研制出波音 707 客机，中间隔了 28 年。

二、创新的类型

1912 年，熊彼特（Joseph Alois Schumpeter）出版了《经济发展理论》一书，提出"创新"及其在经济发展中的作用，轰动了当时的西方经济学界。该著作提出了新的经济发展理论，即经济发展是创新的结果。

（一）创新的 5 种情况

> 熊彼特（1883—1950 年）1901—1906 年在维也纳大学攻读法学和社会学，1906 年获法学博士学位，是一位有深远影响的美籍奥地利政治经济学家，在早期受到了奥地利学派的深刻影响。其后移居美国，一直任教于哈佛大学，被誉为"创新理论"的鼻祖，代表作有《经济发展理论》《资本主义、社会主义与民主》《经济分析史》等，其中《经济发展理论》是他的成名作。
>
> 近年来，熊彼特在中国大陆声名日隆，特别是一谈到"创新"，熊彼特的"五种创新"理念时常被人引用和提及，几乎到了"言创新必称熊彼特"的程度。不仅仅是中国，作为"创新理论"和"商业史研究"的奠基人，熊彼特在西方世界的影响也正在被"重新发现"。据统计，熊彼特提出的"创造性毁灭"，在西方世界的被引用率仅次于亚当·斯密的"看不见的手"。

"创新"不是一个技术概念，而是一个经济概念，它严格区别于技术发明，而是把现成的技术革新引入经济组织，形成新的经济能力。熊彼特认为，生产意味着在我们力所能及的范围内把东西和力量组合起来，每种生产方法都意味着某种这样的特定组合，不同的生产方法只有通过组合的方式才能加以区别，即是说或是根据所组合的客体，或是根据它们的数量之间的关系①。创新就是建立一种新的生产函数，也就是说，把一种从来没有过的生产要素和生产条件的"新组合"引入生产体系。这种新组合包括 5 种情况，分别为产品创新、技术创新、市场创新、资源配置创新、组织创新。

1. 采用一种新产品

消费者还不熟悉的产品或某种产品的一种新的品质。新产品以消费者未被关注到的需求为出发点，在某种程度上引导着消费者的需求，对企业的发展具有重要意义。

---

① 约瑟夫·熊彼特. 经济发展理论 [M]. 北京：商务印书馆，1990.

拓展阅读 2-1

> 在洗发水之前，人们主要以肥皂、香皂等清洗头皮和头发，其后用椰子油皂制成液体香波，但是以皂类为基料的洗发用品有许多缺点，如在硬水中遇到钙、镁离子会形成黏腻的沉淀物，在头发上留下不易清洗的残渣，使头发发黏、没有光泽、不易梳理等。
>
> 20 世纪 40 年代初期，以月桂醇硫酸钠为基料制成的液体乳化型洗发水和膏状乳化型洗发水问世。相比香皂、肥皂，洗发水有几大优势：起泡和清洁能力较强，即使在水质较硬的情况下，也能产生丰富的泡沫；易于清洗，不会留下不必要的沉淀物残渣；较皂类产品更温和。
>
> 伴随科技的进步和人们生活水平的不断提高，后来又陆续产生了具有不同功效的洗发水以及护发素等相关产品。
>
> （资料来源：刘玮、张怀亮著，《皮肤科学与化妆品功效评价》，化学工业出版社 2005 年版）

2. 采用一种新的生产方法

有关的制造部门在实践中尚未知悉的生产方法。这种新的方法绝不需要建立在科学上新的发现的基础之上，并且，它也可以存在于在商业上对一种商品进行新的处理。新的生产方法往往可以起到优化流程、提高效率、增加产量的目的。

案例分析 2-1

1973 年，以袁隆平为首的科技攻关组完成了三系配套并成功培育杂交水稻，实现了杂交水稻的历史性突破。1986 年，袁隆平提出"两系法亚种间杂种优势利用"的发展观点，经 6 年艰难攻关，与研究人员成功地突破了两系杂交稻关键技术并推广应用，取得了良好的增产效果。1997 年，袁隆平提出"杂交水稻超高产育种"的技术路线，在国际上引起高度重视，并先后于 2000 年、2004 年、2011 年、2014 年、2020 年实现了超级稻亩产 700 千克、800 千克、900 千克、1 000 千克、1 500 千克的目标，被称为"杂交水稻之父"。

2020 年 10 月 14 日，袁隆平"海水稻"团队传来佳音，由袁隆平"海水稻"团队和江苏省农业技术推广总站合作试验种植的耐盐水稻在江苏如东栟茶方凌垦区进行测产，袁隆平"超优千号"耐盐水稻平均亩产量达 802.9 千克，创下盐碱地水稻高产新纪录。2021 年 1 月 15 日，袁隆平"海水稻"团队在第五届国际海水稻论坛上宣布目前已在全国签约 600 万亩盐碱地改造项目，今年将正式启动"海水稻"的产业化推广和商业化运营，拟用 8~10 年实现 1 亿亩盐碱地改造整治目标，实现"亿亩荒滩变良田"。

思考：杂交水稻从观点提出到推广应用历经了 6 年的时间，并在种植中不断改良，对我国的水稻种植和人民生活产生了巨大的影响。袁隆平带领团队不断攻坚克难，在"海水稻"领域也取得了重大突破。从这个案例中可以看出，袁隆平及其团队的创新属于哪种类型？

（资料来源：https://m.thepaper.cn/baijiahao_10804899，2021/01/25）

3. 开辟一个新的市场

有关国家的某一制造部门以前不曾进入的市场,这个市场以前可能存在也可能不存在。因此,开辟的新市场可能是已经存在但没有被关注或没有企业进入的,也可能是根本不存在的,是由于科技、生活方式等的转变而催生的新领域。

案例分析 2-2

共享充电宝是企业提供的充电租赁设备,用户使用移动设备扫描设备屏幕上的二维码交付押金,即可租借一个充电宝,充电宝成功归还后,押金可随时提现并退回账户。它是在市场的迫切需求下产生的,据统计,截至 2016 年 12 月,中国网民规模达 7.31 亿,智能手机的普及应用催生了许多户外的临时充电需求。共享充电宝是在"共享"风口下的全新细分市场,其核心就是通过网络的便利性架设整个充电宝租赁体系,通过特制的装充电宝的机柜,集成一个充电站。

共享充电宝作为短时付费租赁的应急充电设备,顺应时代发展的需求,所有的手机客户都是其潜在用户,且可替代性较弱,尽管在发展过程中也出现了一些挫折,但总体而言发展态势良好,在国内基本形成了以街电、小电、来电和怪兽充电为代表的行业格局。

思考:共享充电宝的出现是因为关注到了用户的什么需求?其成功的原因是什么?

4. 获得原材料或半成品的一种新的供应来源

不论这种供应来源是否已存在,而过去没有注意到或认为无法进入,还是需要创造出来。如果企业能够在原材料或半成品的供应来源上独辟蹊径,往往能够起到降低成本或提高生产效率的作用,进而提高在市场的竞争力和地位。

拓展阅读 2-2

1986 年,一则消息引起了国内外微生物学界,甚至科学界的震动。由中科院微生物所和北京制药厂联合研究发明的用于维生素 C 生产的二步发酵法新技术,以 550 万美元的价格转让给国际著名制药公司——瑞士 Roche 公司。这一技术的出口交易额创造了当年中国最大的单项技术出口交易额纪录。用于维生素 C 生产的二步发酵法技术的成功转让,不仅为祖国争了光,也使研究所上下人心大振,科研信心倍增。

维生素 C 是人体营养必需的一种维生素,生理作用广泛,它不仅作为重要的医药产品用于治疗多种疾病,也广泛应用于食品、饲料及化妆品中。传统生产维生素 C 的方法是 1933 年德国人发明的"莱氏化学法",包含 5 道工序(一步发酵、酮化、氧化、转化和精制),连续操作有困难,生产中不仅伴有大量有毒气体和"三废"的产出,而且对生产环境有严格的防火防爆安全要求。

20 世纪 60 年代末,北京制药厂有关技术人员向微生物所提出了改革维生素 C 生产老工艺的迫切需求。经过短暂准备后,1969 年 2 月,微生物所的科研人员开始向这个难题发起挑战。科研人员利用一切可利用的时间,查阅了大量的国内外文献资料,通过分析,决定另辟蹊径，走一条以生物氧化代替化学氧化的全新工艺路线：以第一步发酵所得的L-山梨糖为原料，采用一株氧化葡萄糖酸杆菌（"小菌"）和一株假单胞杆菌（"大菌"）形成的大小两种菌的自然组合进行第二步发酵，生成2-酮基-L-古龙酸，再进行转化精制得到维生素C。1980年4月，二步发酵法生产维生素C中间体-2-酮基-L-古龙酸的方法大大减少了化工原料污染，改善了工人劳动条件，缩短了流程，并使生产成本明显降低。由于该工艺具有巨大的经济效益和社会效益，从而使我国一跃成为世界生产维生素C的大国，在国际市场上我国占85%的份额，也在1983年被国家科学技术委员会评为国家发明奖二等奖。

（资料来源：http://news.sciencenet.cn/sbhtmlnews/2008/12/213464.html，2008/12/02）

5. 实现任何一种工业的新组织

造成一种垄断地位，或打破一种垄断地位①。垄断是一种市场结构，是指一个行业里有且只有一家公司（或卖方）交易产品或服务，是竞争发展的必然结果，其出现又抑制了竞争；多由市场决定，但在某些特定行业里，也会出现自然垄断的现象。

拓展阅读 2-3

2019年12月9日，国务院国有资产监督管理委员会监管的国有重要骨干企业国家石油天然气管网集团有限公司成立大会在京举行。李克强做出重要批示，指出，组建国家石油天然气管网集团有限公司是深化油气行业改革、保障油气安全稳定供应的重大举措。韩正表示，组建国家石油天然气管网公司是深入贯彻落实习近平总书记"四个革命、一个合作"能源安全新战略，深化石油天然气体制改革和国资国企改革的重要举措，对于提高油气资源配置效率，促进油气行业高质量发展，保障国家能源安全，更好为经济社会发展服务，意义重大、影响深远。

（资料来源：http://www.xinhuanet.com/politics/2019-12/09/c_1125326731.htm，2019/12/09）

（二）熊彼特创新理论的基本观点

不协调为创新提供了契机，旧秩序中的不协调既可能存在于系统的内部，也可能产生于对系统有影响的外部。创新是对原有秩序的破坏，并创造一种新的能够实现平衡的秩序。创新理论包括以下基本观点：

1. 创新是生产过程中内生的

熊彼特认为：发展是经济生活内部自行发生的变化，是从体系内部发生的，不能用外部数据的影响来加以说明的，这种发展就是"创新"。尽管投入的资本和劳动力数量的变化能够导致经济生活发生改变，但这并不是唯一的经济变化；因为还有另外一种存在于体系内部的经济变化，而这种内部经济变化是外部经济生活发生变化的原因。

---

① 约瑟夫·熊彼特. 经济发展理论 [M]. 北京：商务印书馆，1990.

2. 创新是一种"革命性"变化

熊彼特曾做过这样一个形象的比喻：你不管把多大数量的驿路马车或邮车连续相加，也绝不能得到一条铁路。"而恰恰就是这种革命性变化的发生，才是我们要涉及的问题，也就是在一种非常狭窄和正式意义上的经济发展的问题。"这就充分强调了创新的突发性和间断性的特点。

创新的革命性变化还体现在创新是不断打破旧结构、建立新结构的过程。企业家为了获得潜在利润而进行创新活动，创建新组合和新的生产函数，改变原来的经济运行轨迹，提高企业利润率，并促使个别企业获取高额利润，从而吸引更多的企业或投资者跟风模仿。高利润促使越来越多的新企业和资本涌入创新行业，促进整个经济体系的繁荣发展，直至新产品的大量涌现引发价格下跌、利润稀薄、无利可图，此时没有新的创新活动出现，经济逐渐萧条，企业优胜劣汰，一段时间之后新的创新活动会再次出现……

3. 创新同时意味着毁灭

一般来说，"新组合并不一定要由控制创新过程所代替的生产或商业过程的同一批人去执行"，即并不是驿路马车的所有者去建筑铁路，而恰恰相反，铁路的建筑意味着对驿路马车的否定。所以，在竞争性的经济生活中，新组合意味着对旧组织通过竞争而加以消灭。在完全竞争状态下的创新和毁灭往往发生在两个不同的经济实体之间；而随着经济的发展和经济实体的扩大，创新将更多地转化为一种经济实体内部的自我更新。

4. 创新必须能够创造出新的价值

熊彼特认为，先有发明，后有创新；发明是新工具或新方法的发现，而创新是新工具或新方法的应用。"只要发明还没有得到实际上的应用，那么在经济上就是不起作用的。"因为新工具或新方法最重要的意义就是能够创造出新的价值。把发明与创新割裂开来，有其理论自身的缺陷；但强调创新是新工具或新方法的应用，且必须产生出新的经济价值，对于创新理论的研究具有重要意义。

5. 创新是经济发展的本质规定

熊彼特力图引入创新概念以便从机制上解释经济发展。他认为，可以把经济区分为"增长"与"发展"两种情况。如果经济增长仅仅是由人口和资本的增长所导致的，则不能称作发展。"因为它没有产生在质上是新的现象，而只有同一种适应过程，像在自然数据中的变化一样。""我们所意指的发展是一种特殊的现象，同我们在循环流转中或走向均衡的趋势中可能观察到的完全不同。它是流转渠道中的自发的和间断的变化，是对均衡的干扰，它永远在改变和代替以前存在的均衡状态。我们的发展理论，只不过是对这种现象和伴随它的过程的论述。"

6. 创新的主体是"企业家"

熊彼特把"新组合"的实现称为"企业"，那么以实现这种"新组合"为职业的人们便是"企业家"。因此，企业家的核心职能不是经营或管理，而是组建和执行这种"新组合"，这就使"充当一个企业家并不是一种职业，一般说也不是一种持久的状况，所以企业家并不形成一个从专门意义上讲的社会阶级"。熊彼特对企业家的这种独特的界定，其目的在于突出创新的特殊性，说明创新活动的特殊价值。

案例分析 2-3

小黑裙瑜伽聚焦扎根瑜伽生态闭环，从BC两端解决行业痛点，一边整合中国上万家瑜伽馆提供从选址、设计、装修、系统、运营、老师、获客营销等一站式瑜伽产业服务，一边继续致力于千万级瑜伽爱好者，提供精品优质的瑜伽课程习练服务和泛健康服务，围绕瑜伽开拓了瑜伽馆设计装修、课系统、拓客引流、运营管理等多种业务。

小黑裙瑜伽是大数据驱动下的线上融合线下互联网瑜伽连锁品牌及综合的瑜伽SAAS系统服务商，凭借着无推销、单次收费、全自助预约、小班教学、无人智能门店等特色，颠覆性创新重构了瑜伽行业。从最初的直营开馆，到逐步的类直营连锁加盟，小黑裙走出总部杭州，现已发展成为覆盖北京、上海等十余个一二线城市近100家线下实体瑜伽馆的全国性互联网瑜伽连锁品牌，并且仍在快速扩张中，扩张的速度和规模已经领跑整个瑜伽行业。小黑裙瑜伽正致力于成为面向都市22~35岁女性为主的健康生活方式倡导者。

思考：小黑裙瑜伽的成功体现了熊彼特创新理论的哪些基本观点？是创新的5种情况中的哪一种？并说明原因。

三、创新的过程

（一）寻找机会

经济、社会、生活中存在着这样或那样的不协调，这些不协调可能是物质、文化需求没有被满足，也可能是需求被满足的程度没有达到消费者预期；这些不协调可能是已经激化的矛盾，可能是被人们所忽略的一些客观存在，还有可能是行动没有达到预期目的。与不协调相伴的即是机会，能够敏锐地观察到这些不协调是创新的第一步。

拓展阅读 2-4

最后一公里的痛点

伴随电子商务的发展，快递行业的规模在近年来得到了快速增长。这样的场景曾经很常见：在高校、企事业单位门口，各大快递公司的快递员在特定区域把当天到达的包裹依次排开，再逐个打电话或发短信通知收件人前来取件，快递员的电话始终没断过，有收件人说指定时间无法前来，有收件人要求快递员送到指定位置，也有其他地方的用户在催件……一个派送点快递员可能就需要耗费 3 小时甚至更长的时间，结束后马上又要赶往下一处；收件人也需要穿梭于各个快递点，才能取完自己的所有包裹。

小区派件的量不是很大，且用户往往下班后才有时间，快递员常常会与小区门口的商铺合作，将包裹放置在商铺内，由商铺老板代为处理派件。于是，不时就会遇到包裹丢失、破损的情况，以及因收件人很长时间后才取包裹引发的商品变质而提出索赔等情况。不管对于末端快递员，还是客户，取件、寄件都是一件伤神的事情，没有得到好的体验。

2014 年开始，菜鸟驿站、小麦公社、蓝店、智能快递柜等物流末端解决方案应运而生，并逐渐发展壮大。这一方面提高了快递员的送货、通知客户的效率，另一方面也为消费者提供了便利。截至 2020 年 12 月，全国共有 85 000 家菜鸟驿站，覆盖人群超 3 亿人。

（二）提出构想

敏锐地观察到了不协调现象后，还需要探析现象产生的原因，并分析和预测不协调的未来变化趋势，估计他们可能给组织带来的积极或消极后果，并在此基础上，充分利用不协调带来的机会、将威胁转换为机会或降低威胁的负面影响。这时，就需要采用头脑风暴法、德尔菲法、思维导图法等方法找到解决问题的最佳方案，消除不协调，使系统实现更高层次的平衡。

拓展阅读 2-5

去除电线上的积雪

有一年，美国北方格外严寒，大雪纷飞，电线上积满冰雪，大跨度的电线常被积雪压断，严重影响通信。过去，许多人试图解决这一问题，用刀刮、砸，用扫帚扫，用铁锹铲，甚至用木头撞，但都未能如愿以偿。

电信公司经理应用奥斯本发明的头脑风暴法，尝试解决这一难题。他召开了一种能让头脑卷起风暴的座谈会，参加会议的是不同专业的技术人员。大家七嘴八舌地议论开来：用电热来化解冰雪、用振荡技术来清雪、乘坐直升机去扫电线上的雪、设计一种专用的电线清雪机……对于这种"坐飞机扫雪"的设想，大家心里尽管觉得滑稽可笑，但在会上也无人提出批评。相反，有一位工程师在百思不得其解时，听到用飞机扫雪的想法后，大脑突然受到冲击，一种简单可行且高效率的清雪方法冒了出来。他想，每当大雪过后，出动直升机沿积雪严重的电线飞行，依靠高速旋转的螺旋桨即可将电线上的积雪迅速扇落。他马上提出"用直升机扇雪"的新设想，顿时又引起其他与会者的联想，有关用飞机除雪的主意一下子又多了七八条。不到一小时，与会的10名技术人员共提出90多条新设想。

会后，公司组织专家对设想进行论证。专家们认为设计专用清雪机，采用电热或电磁振荡等方法清除电线上的积雪，在技术上虽然可行，但研制费用大，周期长，一时难以见效。那种因"坐飞机扫雪"激发出来的几种设想，倒是一种大胆的新方案，如果可行，将是一种既简单又高效的好办法。经过现场试验，发现用直升机扇雪真能奏效，一个久悬未决的难题，终于在头脑风暴会中得到了巧妙的解决。

（三）迅速行动

市场环境瞬息万变，机会总是稍纵即逝，因此，创新成功的关键在于迅速行动。构思在最开始的时候往往是不完美的，只有在实践的过程中得到验证、证伪，才能逐渐修正完善；如果等到构思的各种细节都全部落实，市场机会或许已经消失，抑或市场份额已经被其他公司占据，此时再行动已失去了意义。

案例分析 2-3

从事保险业务的约翰，最喜欢做的事就是带着鱼竿和猎枪，到森林里去，在那儿劳累几天之后，再走回来，虽然全身污泥，但他很愉快。

他在这种业余活动中产生了一种不着边际的想法：他假定有一些人住在荒野的地方，而这些人又需要保险，那么，他就能在野外开展工作。的确，约翰发现了这样一群人：他们在野外从事修建阿拉斯加铁路的劳动，他们住在分散的工段房子里，绵延在几百公里长的铁路沿线上。如果向这些人兜售保险单效果一定会很好。

约翰当天就制订了计划。他请教了一位旅行代理人，然后就开始打行李包，做准备工作。为了使自己不对这个想法产生怀疑，立即乘船到了阿拉斯加的西沃德半岛。

约翰在铁路沿线往返了好多次，人们称他为"徒步约翰"。他成了受这些孤独家庭所欢迎的人，他向他们推销保险单。所有的时候，他都是做他想要做的事：踏遍群山，打猎，钓鱼——如他所说，"过着约翰式的生活！"

思考：如果约翰在产生了向野外从事劳动的人销售保险的想法后，没有立刻行动，可能会产生哪些后果？

（四）坚持不懈

创新只有通过应用才能创造价值，在尝试应用的过程钟，构思可能越来越完善，方案也越来越成熟，但尝试也会伴随着风险和损失。没有人可以保证尝试的结果，但是没有尝试是绝对没有结果的。因此，创新的过程是不断尝试、不断失败、不断调整、不断提高的螺旋上升、周而复始的过程，这也是工匠精神在创新过程中的重要体现。因此，创新者在开始行动以后，为取得最终的成功，不能过分计较短期得失，只要大方向没有问题，就应该坚持不懈地走下去。

拓展阅读 2-6

> 早在1821年，英国的科学家戴维和法拉第就发明了一种叫电弧灯的电灯。这种电灯用炭棒做灯丝，虽然能发光，但是光线刺眼、耗电量大、寿命不长，爱迪生决定制造出物美价廉的电灯。
>
> 他开始试验作为灯丝的材料：用传统的炭条做灯丝，一通电灯丝就断了；用钌、铬等金属做灯丝，通电后亮了片刻就被烧断；用白金丝做灯丝效果也不理想。就这样，爱迪生试验了6 000多种材料。一次次的试验，一次次的失败，很多专家都认为电灯的前途黯淡。英国一些著名专家甚至讥讽爱迪生的研究是"毫无意义的"。一些记者也报道："爱迪生的理想已成泡影。"爱迪生面对失败，面对所有人的冷嘲热讽，都没有退却。他明白，失败乃成功之母，每一次的失败，都意味着又向成功又走近了一步。
>
> 最终，在经过无数次的失败和尝试后，爱迪生选择了竹丝作为灯丝。将竹丝通过高温密闭炉烧焦，再加工，得到炭化竹丝，装到灯泡里，再次提高了灯泡的真空度，电灯竟可连续点亮1 200个小时。从此，电灯才开始慢慢走进万千百姓家。
>
> （资料来源：http://www.lizhigushi.com/mingrengushi/a4660.html，2021/01/26.）

第二节　创新思维的特点、类型

思维是人的各种理性的认识活动，创新思维是不受现成的常规思路约束，寻求对问题的全新的、独特的解答或解决方案的思维过程，区别于思维定式（Thinking Set）。

一、思维定式

思维定式这个概念是由心理学概念"定式"发展而来的。德国心理学家穆勒和舒曼将定势定义为对某一特定知觉活动的直接准备性（1893年），《中国大百科全书：心理学卷》将定式定义为某人对某一对象心理活动的倾向，是接受者接受前的精神和心理准备状态，这种状态决定了后继心理活动的方向和进程。

脑力测验 2-1

一位公安局局长在路边同一位老人谈话，这时跑过来一位小孩，急促地对公安局局长说："你爸爸和我爸爸吵起来了！"老人问："这孩子是你什么人？"公安局局长说："是我儿子"。

请问：这两个吵架的人和公安局局长是什么关系？

思维定式，也称"惯性思维"，是指由先前的活动造成的一种对活动的特殊的心理准备状态，或活动的倾向性，即个体以生活过程中所积累的经验、教训、知识等为基础，在反复使用中逐渐形成的比较稳定、固化的思维路线、方式、程序、模式，具有趋向性、常规性、程序性的特点。无意识目标冲突可以减少思维定式的程度，是在意志行为中个体既没有意识到多个目标的激活与其之间的冲突性，也没有意识到目标启动任务对其后继行为表现的影响①。

拓展阅读 2-7

大象是一种力大无穷的动物，可是拴在一根细细的竹竿就不会乱跑，世界上许多的驯象人都是这么做的。在象很小的时候，就被拴在竹竿上，小象虽然拼命挣扎，却无力逃脱，最后他们只好放弃努力，并逐渐形成"竹竿是我无法挣脱的"观念。渐渐地，象长大了，虽然已经有了很大的力量，别说竹竿，甚至连一棵树也能连根拔起，但它却不知道自己可以挣脱竹竿，它连尝试都没有。拴住大象的，并不是竹竿，而是"我无法逃脱"的想法。

二、创新思维

创新思维是打破固有的思维模式，不受顺序、层次，甚至方向等的影响，从新的角度，用新的方式去分析和思考问题，并得出有别于常人的、具有新意的结论的思维模式。它是人类特有的一种高级思维形式，也是人们进行创新活动的动因和源泉，创新思维在发生过程中受脑生理基本因素、心理基本因素以及基本智能因素等多种因素影响，需要这些因素相互协作运行②。

创新思维具有能动性、变通性、独特性、敏感性的特点。能动性是指个体结合自己的兴趣、特长主动地观察事物、分析事物，并尝试得出解决方案，在此过程中，个体都是主动作为的主体，因此，创新从来都不是被动发生的；变通性是指个体在分析和解决问题的过程中，不是必须、一定要怎么做，或者一定要得出一个特定的结果，而愿意用不同的思路、不

---

① 郑雨. 无意识目标冲突对思维定式的影响研究 [D]. 北京：中国地质大学, 2016.
② 家蕊. 创新思维的基本因素探究 [D]. 长春：吉林大学, 2018.

同的方法、不同的视角去尝试，进而得出不一样的结论，促使最佳方案的产生；独特性是指利用创新思维分析问题的过程、得出的观点、解决问题的思路、形成的决策都和常规的方法、路径、模式不一样，具有让人意想不到的优势；敏感性则是指具有创新思维的人善于关注那些还没有被人们所关注的矛盾（不协调、冲突），对机会和威胁有着特殊的嗅觉，往往能够先人一步。

拓展阅读 2-8

美国科普作家阿西莫夫从小就很聪明，年轻时多次参加智商测试，得分总在 160 分左右，属于天赋极高者之列，他一直为此扬扬自得。直到有一次，他遇到一位汽车修理工，修理工给他出了道题目。有一位聋哑人，想买几根钉子，来到五金商店，对售货员做了这样一个手势：左手两个指头立在柜台上，右手握拳头做出敲击的样子。售货员见状，先给他拿来一把锤子，聋哑人摇摇头，指了指立着的那两根指头，于是售货员就明白了，聋哑人想买的是钉子。聋哑人买好钉子，刚走出商店，接着进来一位盲人，这位盲人想买一把剪刀，请问，盲人会怎么做？

阿西莫夫顺口回答："盲人肯定会这样。"一边说一边伸出食指和中指，并做出剪刀的形状。汽车修理工一听，笑了："笨蛋，盲人想买剪刀，只需要开口说我买剪刀就行了，干吗要做手势呢？"

案例分析 2-4

在一个化学实验室里，一位实验员正在向一个大玻璃水槽里注水，水流很急，不一会儿就灌得差不多了。于是，那位实验员去关水龙头，可万万没有想到的是水龙头坏了，怎么也关不住。

如果再过半分钟，水就会溢出水槽，流到工作台上。水如果浸到工作台上的仪器，便会立即引起爆裂，里面正在起着化学反应的药品，一遇到空气就会突然燃烧，几秒钟之内就能让整个实验室变成一片火海。实验员们面对这一可怕情景，惊恐万分，他们知道谁也不可能从这个实验室里逃出去。那位实验员一边去堵住水嘴，一边绝望地大声叫喊起来。这时，实验室里一片沉寂，死神正一步一步地向他们靠近。

就在这时，只听"啪"的一声，大家只见在一旁工作的一位女实验员，将手中捣药用的瓷研杵猛地投进玻璃水槽里，将水槽底部砸开一个大洞，水直泻而下，实验室一下转危为安。

思考：

(1) 试分析案例中思维定式和思维创新的表现。

(2) 为什么不同的人在面对同样问题的时候，解决问题的速度和产生的解决方案都不一样？

三、有关创新思维的代表性学说

(一)"三过程论"

美国著名心理学家西尔瓦诺·阿瑞提在其代表作《创造的秘密》一书中,在对以往有关创造力理论的批判性回顾的基础上,对创造力的心理成分做出了独到的分析,并别开生面地将创造过程划分为原发、继发、审美三个过程(如图2-2所示)。其中,原发是人们对于事物相似性的联想,它是最基础的创造的起源;继发是把概念中的相似性进行联系的过程;审美则是审视已建立基于相似性的联系并加以修正完善的阶段。阿瑞提认为这三个过程是依次递进并以相似性的存在为前提的。

图 2-2 创新思维"三阶段论"

(二)"四阶段说"

国际上对"创造力"的研究可以追溯到100多年以前。一般认为,英国生理学家高尔顿于1869年发表的《遗传的天才》一书是最早的关于创造力研究的系统科学文献;但是作为创造力核心的创造性思维,真正被运用科学方法进行系统研究,则始于美国心理学家约瑟夫·沃拉斯(Joseph Wallas)于1945年发表的《思考的艺术》一书。在该书中,沃拉斯首次对创造性思维所涉及的心理活动过程进行了较深入的研究,并提出了包含准备、孕育、明朗和验证等四个阶段的创造性思维一般模型,即创新思维的发生"四阶段说"(如图2-3所示)。

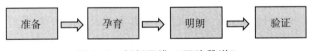

图 2-3 创新思维"四阶段说"

第一阶段是准备,中心点在问题,解决问题是创新思维主体进行创新活动的根本目的,为了给解决问题做准备,这一阶段应做好调研,搜集研究成果、经验教训、知识材料;第二阶段是孕育,主要任务是针对拟解决的具体问题,围绕准备阶段已经搜集到的相关资料、事实提出不同的解决方案,并利用实验等方式尝试解决问题;第三阶段是创新思维发生的重要阶段,此时,创新主体已经拥有丰富的知识和实践经验,能够利用新旧方法的融合探索出适合问题的解决方案,我们称之为"明朗";第四阶段是检验,又称作验证,这一阶段的主要任务是对第三阶段得到的新理论(新方法)加以验证。

(三)"五阶段论"

五阶段论的代表人物有美国实用主义教育家杜威、社会心理学家艾蔓贝尔和苏联学者戈加内夫等。

美国实用主义教育家杜威将解决问题的过程分为意识到问题存在、找出问题、提出假说、接受或抛弃假说、得出结论并评价5个步骤；美国社会心理学家艾蒙贝尔从信息加工的角度出发，指出创造过程分为提出问题或任务、准备、产生反应、验证反应、结果5个阶段，且这些阶段相互联系、系统循环；苏联学者戈加内夫也从提出问题、努力解决、潜伏、顿悟、验证等5个阶段来说明创造过程。

（四）"七步骤论"

将创新过程划分为7阶段的代表人物有加拿大学者塞利尔、罗斯曼和"创造工程之父"奥斯本。

罗斯曼（Joseph Rossman）通过考察710名发明者的创造过程并在沃拉斯"四阶段说"的基础上提出了创新的"七步骤论"（如图2-4所示）。

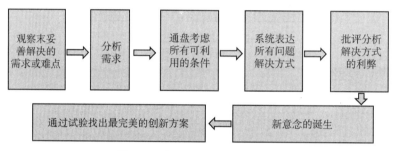

图2-4 创新思维"七步骤论"

（五）"六因素说"

心理学家罗伯特·斯滕伯格（Robert J. Sternberg）在继承其他学者研究结论的基础上提出了"智力观"的观点，主张"智力观"包含智力维、认知方式维、人格特质维。个体的认知因素非常重要，但并不能说明全部问题，必须考虑人格和环境等其他因素。斯滕伯格根据信息加工的理论，进行实验验证，在求证过程中设置多组研究实验，最后得出知识、智力、人格特征、思维、动机和环境6种因素共同影响创新思维发生的结论。人的心理结构的协调、稳定、积极的运行形成了人的创新心理活动，其中具有明确目标的创新动机，广泛、集中和稳定的兴趣，坚韧坚定的创新意志以及积极饱满的创新情感是促进创新思维发生与发展的有效因素。这些因素的相互影响、协同运行，推动创新思维产生、运行和发展。

 拓展阅读2-9

> 高尔基童年在食品店干活，曾碰到一位刁钻的顾客，买9块蛋糕，装在4个盒子里，每个盒子至少装3块蛋糕。其他店员束手无策，高尔基却很快想到了办法：先将9块蛋糕分装在3个盒子里，每盒3块；然后再把这3个盒子一起装在1个大盒子里，用包装袋扎好。

四、创新思维的类型

根据思维路径的不同,创新思维可分为方向性思维与形象思维两大类,前者是因为思维方向不同而产生创新,包括发散思维、收敛思维、逆向思维等,后者则是因为思维的形式不同引发创新,包括想象思维、联想思维、直觉思维、灵感思维等。

(一)方向性思维

1. 发散思维

发散思维又称拓展式思维,即思维从一个点出发,预先没有非常明确的既定目标,而是任意向四面八方辐射出去,多角度、多层次、多方位地去寻找导致问题产生的原因和解决问题的最优方案,以达到解除束缚、拓展思路、扩大视野的目的,从而实现"思绪万千、新意无穷"的效果。发散思维不受常规和习惯的影响,思维视野广阔,自由灵活,可以产生许多可能性;在尽可能短的时间内生成并表达出尽可能多的思维观念以及较快地适应、消化新的思想概念,体现其速度和数量特征;借助横向类比、跨域转化、触类旁通,使发散思维朝着不同的方面和方向扩散,表现出极其丰富的立体特征,如发散思维与个体情感相联系,更能发挥其显著效用。

脑力测验 2-2

(1) 地上有一根长棍,路过的每个人都想跨过它,但都没有成功,请问是为什么呢?

(2) 扔出一个网球,你如何才能让它又飞回你的手里?

(3) 耐克工厂在非洲遇到了麻烦,有很多人从工厂里偷鞋,在不升级安保的情况下,如何才能阻止这种状况呢?

(4) 什么时候我们看着数字 2 却会说成 10?

(5) 请尽可能多地说出像三角形的物体。

每个人都具有发散思维,避免标准答案或唯一答案,创造宽松的活动氛围,以引导代替评判,有利于发散思维的成长。

2. 收敛思维

"发散"与"收敛"是相互区别但又紧密联系的整体,在创新活动中相互依存、共同作用。收敛思维又称聚合思维或集中思维,与发散思维恰好相反,是指在解决问题的过程中,尽可能利用已有的知识和经验,将按发散思维拓展出去的思路再收拢回来集中到某些核心思考点上,最终得出一个符合需求的规范结论。

收敛思维具有封闭性、连续性、求实性的特征。其中,封闭性是指收敛思维是将发散的结果集合起来,选择一个最好答案;连续性是指收敛思维在解决问题的过程中具有较强的逻辑性,环环相扣;求实性是指在方案筛选过程中以是否实用、可行为标准。

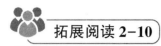

拓展阅读 2-10

欧里希的 606

20世纪初，化学家开始把发明新药的目光投向化学合成。化学家能够通过对物质的化合、分解，制出各种新的物质，这些新的物质有新的用途，只要不断地筛选，就有可能认识新的性能，有些可以得到新的药物，用来治病。

德国化学家欧里希也在研究通过化学合成制备新的药物。当时，化学家发明了一些染料，能够用来给细胞染色。细胞染色后，在显微镜下就能更清楚地观察。当然，细胞被染色以后，就失去了生命。因此，染色剂也就是杀菌剂。

欧里希想，染料染色的同时，也在杀灭着微生物，用它来消灭危害人类健康的锥虫病，会取得怎样的效果呢？欧里希试图用染色剂来杀灭锥虫，但是，试验了许多次，都失败了。

1907年的一天，他从一本化学杂志上看到：用化学品阿托什尔能杀死锥虫，治好昏睡病。但是，被救活的病人命运也很悲惨，因为阿托什尔会使视神经受到损坏，造成双目失明，病治好后病人将在黑暗中生活一辈子。这篇文章给欧里希以极大的启发。阿托什尔能治好锥虫病，说明它的基本元素和基本结构对致病微生物有一定的抑制作用。能不能在这个基础上加以改进呢？沿着这条思路，欧里希研究了这种药物，发现阿托什尔是一种含有砷元素的药，含砷药物一般都有较强烈的毒性。

欧里希心想，物质的结构变了，化学性质也会发生变化。与阿托什尔结构相似的化学物质，也许既能杀虫，而且毒性又较小。他开始与同事们不断地合成新的物质，不断地改变阿托什尔的结构，一次又一次地试验它们的生化功能。终于在失败了605次以后，研制成了一种叫砷凡纳明的新药，它与阿托什尔有相似的结构，也有相似的性能，只是它没有那么强的毒性，用它可以治疗昏睡病和梅毒。为了纪念它成功的艰难历程，就给这种新药取名为606。欧里希进行收敛思维找到研制新药的具体思路，通过606次实验获得了成功。

3. 逆向思维

逆向思维是对司空见惯的似乎已成定论的事物或观点反过来思考的一种思维方式，让思维向对立面的方向发展，从问题的相反面深入地进行探索，产生新观点的思维形式。任何事物都包含既相互依存又相互对立的两个方面，人们在认识事物的过程中，实质上与两个方面都产生了联系，但由于人们的惯性思维、模式思维，往往只看到其中的一方面，而忽视了另一方面；如果能够逆转常用的思路，从相反的方向出发思考问题，通常能得出一些创新性的设想。

逆向思维并不主张人们在思考时违背常规，不受限制地胡思乱想，而是训练一种关注小概率可能性的思维；是发现问题、分析问题、解决问题的重要手段，有助于克服思维定式的局限性，是决策思维的重要方式。

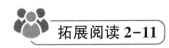
拓展阅读 2-11

反复印机

日本资源贫乏，崇尚节俭。当复印机大量吞噬纸张的时候，他们将一张白纸的正反两面都利用起来，一张顶两张，节约了一半。日本理光公司的科学家不以此为满足，他们通过逆向思维，发明了一种"反复印机"，已经复印过的纸张通过它以后，上面的图文消失了，重新还原成一张白纸。

这种反复印机的运行过程是利用热力、压力、特殊要求，借助滚筒将使用过的复印纸张上的碳粉除去并烘干，于是使用过的复印纸便能恢复洁白。这样一来，一张白纸可以重复使用许多次，不仅创造了财富，节约了资源，而且使人们树立起新的价值观：节俭固然重要，创新更为可贵，符合环保概念。

摘下女士的帽子

印度有一家电影院，常有戴帽子的妇女去看电影。帽子挡住了后面观众的视线。大家请电影院经理发一则场内禁止戴帽子的通告，经理摇头说：这不太妥当，只有允许她们戴帽子才行。大家听了，不知何意，感到很失望。第二天，影片放映之前，经理在银幕上打出了一则通告：本院为了照顾衰老有病的女客，可允许她们照常戴帽子，在放映电影时不必摘下。通告一出，所有女客都摘下了帽子。

哈桑借据法则

一位商人向哈桑借了2 000元，并且写了借据。在还钱的期限快到的时候，哈桑突然发现借据丢了，这让他焦急万分，因为他知道，丢失了借据，向他借钱的这个人是会赖账的。哈桑的朋友知道此事后对哈桑说：你给这个商人写封信过去，要他到时候把向你借的2 500元还给你。哈桑尽管没想通，还是照办了，并很快收到了回信，借钱的商人在信上写道：我向你借的是2 000元，不是2 500元，到时候就还你。

岛屿上的推销员

两个推销人员到一个岛屿上去推销鞋。一个推销员到了岛屿上之后，气得不得了，他发现这个岛屿上每个人都赤着脚。他气馁了，没有穿鞋的，推销鞋怎么行，这个岛屿上是没有穿鞋的习惯的。他马上发电报回去，不要把鞋运来了，鞋在这个岛上是没有销路的，这里每个人都不穿鞋。这是第一个推销员。第二个推销员来了，高兴得几乎昏过去了，这个岛屿上鞋的销售市场太大了，每个人都不穿鞋啊，要是一个人穿一双鞋，不得了，那要销售出去多少双鞋啊。他马上发电报：空运鞋来，赶快空运鞋来。

（二）形象思维

形象思维是以被研究的客观事物的形象特征为主要思考对象的一种思维方式，与抽象思维形成一个鲜明的对比。抽象思维即逻辑思维，把被研究的客观事物的形象特征去掉，而把属于形象特征以外的其他特征抽取出来，形成某种概念，然后再对这些概念按照逻辑思维所规定的规则、定律、公式、定理等进行分析、比较、推理、归纳、演绎、判断的过程；形象思维重视客观事物的表象，鼓励个人充分想象、联想、类比、模仿，允许虚构和幻想，从而构造出一个栩栩如生的形象等。形象观念是形象思维的逻辑起点，其内涵是蕴含在具体形象中的某类事物的本质，形象思维强调以具体的形象或图像为思维内容的形态，是人的一种本能思维。

1. 想象思维

想象思维是人体大脑通过形象化的概括作用，对脑内已有的记忆表象进行加工、改造或重组的思维活动，是形象思维的具体化，是人脑借助表象进行加工操作的最主要形式，是人类进行创新及其活动的重要的思维形式。想象分为有意想象和无意想象，有意想象是受主体意识支配的想象，对创新具有更重要的意义。

拓展阅读 2-12

科学的翅膀

1895 年，16 岁的爱因斯坦徒步登上一座小山，找到一处理想的地方躺下，他半眯着眼睛，眼望天空，阳光穿过他的睫毛，射在他的眼睛上。他想着，如果自己骑在一束光上去旅行，那将是什么样子呢？如果这时在出发地有一座时钟，从自己所处的位置看，它的时间会怎样流逝呢？自己能同时看到过去、现在和将来吗？经过多次实验后，爱因斯坦提出了相对论。

2. 联想思维

联想思维是将所观察到的某种现象与自己所要研究的对象加以联结思考，从而获得新知识的没有固定思维方向的思维形式，联想由某种诱因激发，导致原本没有直接联系的不同表象之间发生某种特定联系，在人们的创造活动中具有重要的作用。

拓展阅读 2-13

"卡介苗"的诞生

20 世纪初的一天，法国细菌学家卡默德和介兰一起来到一个农场。他俩看见地里长着一片低矮的玉米，穗小叶黄，便向农场主问道："这玉米为什么长得这么差呀？是缺肥料吗？"农场主回答说："不是。这种玉米引种到这里，已经十几代了，已经有些退化了。"

卡默德和介兰听后不约而同地陷入了沉思，他们都马上联想到了自己正在研究的结核杆菌。

他们想：毒性强烈给人类带来了巨大危害的结核杆菌，如果将它一代一代地定向培育下去，它的毒性是不是也会退化呢？如果也会退化，那么将这种退化了的结核杆菌注射到人体内，它不是就能使人体产生免疫力了吗？他们二人花费了整整13年时间，培育了230代结核杆菌，研究终于获得成功。为了纪念这两位功勋卓著的科学家——卡默德和介兰，世人便将他们所培育出来的人工疫苗称为"卡介苗"。

卡默德和介兰听说地里的玉米长得差是由于玉米种子的退化，便联想到了自己正研究的结核杆菌，这是因为这两位科学家知道，玉米与结核杆菌虽然属于不同的领域，但可能存在着一致的物种退化的机理。由玉米种子的特性一代比一代退化，从而推想出结核杆菌的毒性也可能一代一代地逐步退化。他们思考这个问题运用了联想思维方法。

煤油替代汽油

早些年，人们对用煤油代替汽油在内燃机中使用，一直持怀疑态度，因为煤油不像汽油那么容易汽化。后来，有个人看到一种长着红色叶子的野花，能够在早春季节的雪地里开放。由此他进行了大跨度的联想：因为煤油吸收热量比汽油慢，所以煤油不像汽油那样容易汽化。野花能依靠红色叶子在微寒的早春雪地里快速地吸收热量而存活，如果把煤油染上红色，也许也会像红叶那样更快地吸收热量。

经过试验之后，结果正如他所料，煤油汽化的难题解决了。这样煤油就可以同汽油一样在内燃机中使了。从现象上来看，煤油与野花没有任何联系，但是通过异因同果把它们联系起来，却取得了意想不到的成果。

3. 直觉思维

直觉思维是在对问题未经逐步深入分析的情况下，仅依据内因的感知迅速地对问题答案做出判断、猜想、设想。直觉思维具有自由性、灵活性、自发性、偶然性、不可靠性等特点，个体往往根据已掌握的知识经验从整体上考察对象，通过丰富的想象做出敏锐的假设，并"跳跃性"地得出可能不可行或不可靠的结论，这往往是创新的关键环节。直觉的生成必须要有相关知识的积累和特定的情境。

拓展阅读2-14

蜈蚣走路

蜈蚣有许多条腿，每条腿各司其职，走起路来虎虎生风，壁虎见了很好奇，问："蜈蚣，你这么多条腿，走路的时候先迈哪条，再迈哪条呢？"蜈蚣一愣，心想，我走路这么快，但从来没有注意到这个问题啊。于是，蜈蚣开始注意自己走路时候的脚步，但总觉得不论先迈哪条腿都不对，没有办法再像以前自然地走路。时间长了以后，蜈蚣就忘记了该如何走路。

4. 灵感思维

灵感是过去从未有过的新思想、新念头、新主意、新方案，产生于大脑对接收到的信息的再加工，激发储存在大脑中沉睡的潜意识，凭直觉领悟事物的本质。灵感思维是一种潜意识与显意识之间相互作用、相互贯通的创造过程，是一种高级、复杂的创造性思维理性活动形式和逻辑性与非逻辑性相统一的理性思维整体过程。

拓展阅读 2-15

挂钟与密码

第一次世界大战期间，德国女间谍玛塔·哈丽奉德军情报部的命令去"接近"法军最高统帅部的机要官莫尔根将军，窃取他所保管的英国19型坦克设计图。莫尔根是一个丧偶多年的老者，哈丽没用多久时间便在莫尔根家中充当起了类似家庭主妇的角色。哈丽很快就发现在一张巨幅古典油画的后面有一个保险柜，但却不知道保险箱密码锁的密码。在德军情报部给哈丽完成任务限期的最后一个晚上，她决心竭尽全力做最后一次拼搏。

她深知，如不能按时完成任务将会有什么样的后果在等待着她。她用安眠药使莫尔根熟睡后，先是以极快的速度试按了一些数字，但她很快就明确了不能采取这样的笨办法。哈丽估计记忆力已衰退的莫尔根，一定会想出个什么办法来帮助自己记住密码锁上的6个数字的密码，可是该从什么地方去寻找这方面的线索呢？她在焦急、紧张而又惊恐的心情下，眼睛向整个房间的四周和各个角落不断地搜索。当她的目光接触到墙上的挂钟时，她突然意识到，密码是数字，钟面上也有数字，莫尔根很可能利用钟面上的数字来记忆密码。她发现，钟早已停摆，这时钟面上的时、分、秒三针所指示的时间，合起来是9点35分15秒。93515才5个数字，还差一个数字。在她差一点就要放弃这一努力的时候，脑中又突然闪过一个念头：晚上9点，不就是21点吗？将"9"换为"21"，不就成了6个数字了吗？怀着极其兴奋喜悦的心情，她在密码锁上按下213515这6个数字，只听见"嗒"的一声，保险柜被打开了，哈丽取出设计图，按时完成了任务。哈丽创造了世界间谍史上的一个奇迹。她的这次成功被公认为是全世界经典性的著名间谍案例之一。

案例分析 2-5

有一家生产牙膏的公司，产品优良、包装精美，深受广大消费者的喜爱。前10年每年营业额增长率为10%~20%，不过业绩进入第十一年、第十二年时，则停滞下来；董事会对此感到不满意，试用了多种传统营销方法，增加投资、广告宣传、折扣促销但都毫无起色。董事会便召开全国高层销售经理会议，商讨对策。

在会议上，有一名年轻的销售经理建议：将现有的牙膏开口扩大1毫米。最终，总裁采纳了他的建议并下令更换新的包装。这个决定使该公司第十三年的营业额增加了32%。

思考：
（1）请问这名年轻的销售经理提出的解决方案属于哪种创新类型？
（2）试根据创新的过程步骤，分析这名销售经理是如何提出将现有的牙膏开口扩大1毫米的解决方案的。

 延伸练习2-1

（1）利用下列两个三角形、两个圆形和两条直线进行有意义组合，你能组合多少个图案？

（2）尽可能多地想出形状与半圆相似的东西。
（3）一位学生打算在元旦节从成都去北京爬长城，一共只有5 000元预算，请帮他安排好行程并做好费用预算。
（4）某工厂办公楼原是一片2层建筑，占地面积很大。为了有效利用地皮，工厂新建了一幢12层的办公大楼，并预备拆掉旧办公楼。员工搬进新办公大楼不久，便开始抱怨大楼的电梯不够快、不够多，尤其是在上下班高峰期，他们得花很长时间等电梯。于是，大家想出了几个解决方案。
①上下班高峰期，让电梯分奇数楼层和偶数楼层停。
②安装几部室外电梯。
③把公司各部门的上下班时间错开，避免拥挤的情况。
④在所有电梯旁边的墙面上安装镜子。
⑤搬回旧办公楼。
面对以上这些方案，你会选择哪一个？
（5）有一家公司招聘管理人员，给每位应聘者发了一根米尺，要求测出这幢20层大楼的高度。请问你会怎么做？
（6）工人在山腰上挖了一个大洞，洞深10米，宽1.5米，高2米。请问：洞里面有多少立方米的土？

四、发挥创新思维的注意事项

（一）保持稳定良好的心态

创新需要时刻保持健康、积极、向上的心态，要有利用自己的发明创造改造自然、改变世界的决心；要有面对无数次的挫折，但是依然坚信一定能够成功、不轻言放弃的信心；要有付出一切终其一生为实现目标而奋斗的恒心；要有面对艰难环境、流言蜚语不畏惧、不妄自菲薄，保持淡然、自信的勇气；更有面对赞誉不骄躁，在创新道路上继续前行的品格。

拓展阅读 2-16

> 有一位高中数学老师"唰唰唰"地在黑板上写下了4道题目作为家庭作业，让大家回去做。有位学生做第一道题的时候很轻松就做出来了；第二道题稍微难一点，但也做出来了；第三道题确实有点难，花的时间较长，但是不到一个小时也完成了；第四道题却卡住了，想了很久也找不到思路，他想着，家庭作业不应该非常难吧？我得回忆下老师是怎么讲的，熬了大半个晚上，终于成功解答出来了。第二天，这位同学把作业交给老师，老师第一个打钩，第二个打钩，第三个打钩，第四个虽然也打钩，但是打得非常凝重。
>
> 老师惊呆了：你怎么把这个题做出来了?! 因为老师没有注意，他把一道目前世界上都没有人能够解答的世界难题当成家庭作业写在了黑板上。如果自己提前说，这是一道世界难题，全世界目前是没有人能解的，那么，或许根本不会有学生去尝试解这道题目，因为心里都是对世界难题的畏惧。

（二）加强交流与合作

通过交流能够产生创新的火花，当和他人交流自己对某些事物的看法、观点的时候，思想在你一言我一语中会发生碰撞，个体可以从他人的思想中汲取养分，也能够从他人的意见中获得思路从而修正、完善自己的方案。因此，在创新的过程中，不能因为担心交流会泄露自己的研究而拒绝沟通，如果这样，个人就会处于一种思维封闭的状态，思维难以得到激荡和升华。同时，在创新的过程中，应秉承合作的态度。每个人擅长的领域有限且具有差异性，而创新在很多时候需要多学科知识的整合才能实现，基于此，个体在发明创造的过程中，应保持开放、包容的态度，听取他人的意见，与相关领域专家保持密切合作，发挥团队优势。

拓展阅读 2-17

> 华东理工大学杜文莉教授领衔的"石油化工过程智能制造"团队获评2018年科技部先进制造领域重点领域创新团队。该团队拥有院士1人、"杰青"3人、"973首席"1人、"优青"3人等，专业涉及化学工程、自动化、计算机等领域，形成了多学科交叉协同的创新团队。该团队长期以来围绕国家制造业发展重大需求，研发了系列资源/能源高效利用的集成优化控制技术和系统，取得了一批国内外有重要影响的标志性成果和核心专利技术，推动了我国石化工业的智能转型发展。

名言名句 2-1

（1）基于聪明的设想出现的创新数量极大，哪怕成功的百分比比较小，仍然成为开辟新行业、提供新职业、给经济增添新的活动面的相当巨大的源泉。

——彼得·德鲁克

（2）对于创新来说，方法就是新的世界，最重要的不是知识，而是思路。

——郎加明

（3）如果你从肯定开始，必将以问题告终；如果从问题开始，则将以肯定结束。

——培根

（4）为了产生创新思想，必须具备必要的知识、不怕失误不怕错误的态度、专心致志和深邃的洞察力。

——斯威尼

（5）提出一个问题往往比解决一个问题更重要，因为解决一个问题也许仅是一个科学上的实验技能而已。而提出新的问题、新的可能性，以及从新的角度看旧的问题，却需要有创造性的想象力，而且标志着科学的真正进步。

——爱因斯坦

第三章　激发创新思维

【章节目标】

一、知识目标

1. 熟悉头脑风暴法的基本原则、程序。
2. 熟悉思维导图六步法，了解思维导图的基本展示形式。
3. 了解"六项思考帽"创新思维方法的内涵和要求。
4. 了解九宫格创新思维方法的内涵和基本要求。

二、能力目标

1. 能够运用头脑风暴法解决具体问题。
2. 能够运用自己熟悉的方式画出清晰的思维导图解决实际问题。
3. 尝试使用"六项思考帽"创新思维方法分析和解决实际问题。
4. 尝试使用九宫格创新思维方法分析和解决实际问题。

三、素质目标

1. 树立积极正确的人生观、价值观、就业观、创业观，把个人发展和国家需要、社会发展相结合。
2. 形成对个人客观、全面的认知，并将科学的方法论运用在实际生活中。
3. 养成积极向上的人格品质，乐观对待挫折，勇于跨越挫折，超越自我。
4. 培养逻辑思维，发展创新思维，响应国家"大众创业、万众创新"的号召，结合自己所学专业和个人兴趣，敏锐把握社会痛点，并尝试解决。

同一个苹果，在艾萨克·牛顿的手中成就了万有引力，在史蒂夫·乔布斯的手中变成了"高精尖"科技产品的象征，每件事物在不同人的眼里也都不一样。一面墙，在普通人的眼里，是具有挡风功能的物体，是房屋的组成部分；在艺术家的眼里，是一张充满了无限可能的画布；在3岁孩童的眼里，是一面可能集合自己所有理想玩具的游戏区域；在梦想家的心中，则可能是通往新世界的大门。

不同的个体，生活经历、教育背景、家庭环境、性格兴趣等都具有差异性，思维方式也各具特色，同一个问题，极少能够得出同样的解决方案。在众多解决方案中，有传统的、常见的，也有独特的、少见的，这些具有新意的方法在解决问题的过程中往往会起到节省时间、人力、物力的作用。每个人所具有的创新思维的类型组合、活跃程度、灵活程度、应用程度均具有一定的差异，运用特定的思维训练方法，创新思维可以得到激发和加强。

脑力测验 3-1

准备一个普通的一次性纸杯，请想一想，以这个杯子为原型，可以做成什么其他物品（如图 3-1 所示）。

提示：能不能稍微变化，改变它的颜色、形状、外形，增加新的用途？能不能缩小、取消、变小、压缩、变薄？能不能组合，如合金材料的组合、装配组合、部件组合、目的组合、方案组合等？

图 3-1 一次性杯子的变化

第一节 头脑风暴法

头脑风暴法（Brain Storming）由亚历克斯·奥斯本创立，又称智力激励法、BS 法、自由思考法，是指刺激并鼓励一群知识渊博、知悉风险情况的人员畅所欲言，开展集体讨论，以形成丰富的解决策略，并在此基础上产生最优方案的方法。该方法主要由小组人员在正常融洽、不受限制的气氛中以会议的形式进行讨论、座谈、交流，积极思考、打破常规、畅所欲言、充分碰撞、激发火花。

人物简介 3-1

亚历克斯·奥斯本（如图 3-2 所示）：创造学和创造工程之父、头脑风暴法的发明人，美国 BBDO 广告公司创始人、前 BBDO 公司副经理，是美国著名的创意思维大师，创设了美国创造教育基金会,开创了每年一度的创造性解决问题讲习会,并任第一任主席。他的许多创意思维模式已成为家喻户晓的常用方式,所著《创造性想象》(如图 3-3 所示)的销量曾一度超过圣经的销量。

图 3-2　亚历克斯·奥斯本

图 3-3　《创造性想象》

一、头脑风暴法的基本原则

头脑风暴法有能够产生新思路、新思维、新设计的方案,在使用该方法的时候,应遵循四个基本原则:自由奔放的思考、会后评判、以量求质、见解无专利。

(一) 自由奔放的思考

在头脑风暴的过程中,需要集中注意力,围绕会议讨论的中心问题,解放思想,不被束缚地去表达自己所想到的内容,可以是问题产生的原因、与问题相关的其他问题、解决问题的思路和方案,不着边际、异想天开的设想往往是好创意的原型。因此,参与者在讨论过程中,有什么想法都可以说出来,无须顾虑想法是否正确或方案是否成熟。

 拓展阅读 3-1

组长:我们的任务是多、快、好地砸核桃,大家说说有什么好办法吧。
甲:平常在家里我们用牙磕、用锤子砸,有时候找不到锤子也用手,还用钳子夹,也可以放在门缝用门压。
组长:核桃少的话,这些方法都没有问题,核桃多怎么办呢?
乙:根据核桃大小分类,分别放在压力机上砸。
丙:可以从里面把核桃破开,把核桃钻个孔,往里面打气加压。

丙：可以把核桃沾上粉末一类的东西，使它们成为差不多大的圆球，全部一起在压力机上砸，这样就可以不用分类。

丁：沾上粉末可能带磁性，在压力机上砸后，核桃壳可能脱掉，只剩下核桃仁。

组长：很好，大家再想想用什么样的力才能把核桃砸开。

甲：应该加一个集中的挤压力，用某种东西冲击核桃，就能产生这种力，或者相反，用核桃冲击某种东西。

乙：可以用气枪往墙壁上射核桃，比如，可以用射软木塞的儿童气枪。

丙：当核桃落地的时候，可以利用地球引力产生力。

丁：核桃壳很硬，可以先用溶剂加工，使它们软化、溶解，或者经过冷冻使它们变得很脆。

组长：动物是怎么解决这个任务的呢？

甲：鸟儿用嘴啄，或者飞得很高，把核桃扔在硬地上，我们应该可以把核桃从飞机、气球上往水泥地上扔。

乙：可以把核桃放在液体容器里，借助水力冲击把核桃破开。

组长：是否可以用发现法，如认同、反向……解决问题呢？

丁：可以把核桃放在空气室里，往里面打气，使空气室内压力锐减，内部压力就会使核桃破裂，或者可以急剧增加和减少空气室压力。

甲：应该挖口深井，在井底放一块钢板，在核桃与深井之间开几道沟槽，核桃从树上掉下来，顺着沟槽滚到井里，摔在钢板上就会摔破。

（二）会后评判

在头脑风暴的过程中，每个参与者产生的任何想法都可能以直接或间接的方式对最后方案的形成产生或多或少的影响，都存在着特定价值。因此，在会议进行过程中，应不评论他人的观点，不带任何怀疑的表情、动作、神色，也不与其他人讨论他人想法的是非、科学、可行、适用等；反之，可能导致与会者之间的矛盾，影响与会者产生思维碰撞的心态，进而对会议的整体进程、交流氛围、预期目标造成不利影响。

案例分析3-1

几名同寝室的大三学生学习成绩优秀，老师建议他们组队参加"互联网+"创新创业大赛，但是过了很久他们都没有确定参赛项目。A同学开了淘宝店，销售家乡的特色农产品；B同学课余时间在学校里面的书店做兼职，负责新书推介；C同学想要考研究生，除了上课就是看书准备考试；D同学是学生会副会长、学校徒步协会会长，擅长活动策划和组织；E同学人缘非常好，是班级里的小灵通。

他们决定利用头脑风暴法开个讨论会，看能不能把参赛项目给确定下来。D同学自告奋勇担任主持人，由于大家对这个话题都有了一定的了解，上课的时候老师也讲过了使用头脑风暴法的基本原则，讨论会在寝室开展。为了营造良好的氛围，他们还提前准备了瓜子、水果之类的小零食，计划了讨论会时长。

A 同学：我觉得要不行就做个农产品销售的项目好了，适合现在精准扶贫的大环境，还满足人们对生态农产品的需求。

E 同学：这类项目现在一抓一大把，再拿这种项目去参赛，怕是不行吧？我觉得还是得想一些有新意的，比如户外运动、亲子徒步活动之类的，成本也不高，主要就是设计路线，吃的、住的，再保证安全就可以了。

A 同学：户外项目也遍地都是好吧？农产品项目虽然多，但是我们销售的东西只要足够有特色，并且和当地的农业合作社之类的做联合推广，也是很不错的点子。

（10 分钟后，两人依然没有达成一致意见）

D 同学：E 同学、A 同学，你们两个先不要争论，我们先听下 B 同学和 C 同学有没有什么其他的想法。

B（C）：我们尊重大家的意见。

思考： 几位同学在使用头脑风暴法的过程中违背了哪些基本原则？带来了哪些不良影响？

（三）以量求质

在头脑风暴的过程中，个体容易受到他人发言的影响，形成新观念堆，为创造性地解决问题提供更多的可能性；在热情、激烈、放松的环境中，每个人都会不由自主地受到这种良好氛围的影响，有展示自己的愿望，为保证这一过程的顺利进行，参与者不得批评他人的发言，甚至不许有任何怀疑的表情、动作、神色。这就能使每个人畅所欲言，提出大量的新观念。头脑风暴法需要大量设想，无论好坏，无论质量，参与者们则需要在这些设想的基础上结合自己已有的知识、经验，不断地改进和完善自己的方案，并产生新构思、新方案。量变是实现质变的保障。

案例分析 3-2

露西亚是一家健康诊所的经理，她的一项关键任务是提高患者的满意度。在经过多次讨论也没有达到目的后，团队成员不愿意再在讨论上花费时间了，她决定采用一些创造性解决问题的方法，以一种新的方式让团队会议变得更有趣、更吸引人，更为重要的是，激发出一些比平常所谓的"好创意"更多的，别人还没有采取行动的想法。

为了准备这次会议，露西亚仔细思考了需要解决的问题，并写下问题说明："我们如何提高病人的满意度？"接着她对问题陈述进行了翻转："病人的不满来自哪里？"

会议中，团队成员不仅运用了与患者交流的相关经验，也充分借助了自己在其他场合作为患者或客户的亲身经历。针对"病人的不满来自哪里？"团队生成了一长串解决方案清单,包括:重复预约挂号、移除候诊室的椅子、搁置或遗忘患者的咨询电话、让患者等候在外面的停车场、在公众场合谈论患者病情……

接下来,针对这些问题,再提出具体的解决方案,如"我们不会将患者留在外面的停车场,但在早上正式营业前,仍有患者需要在外面等候。""第一次预约确实非常麻烦,如果能有方法可以便利一些肯定更好""我们可以在门廊下面放置舒适的椅子,再安装空调,这样患者即便在我们开门前到了也不用等在停车场了。"

思考:到底需要做好哪些准备才能用好头脑风暴法?

(资料来源:http://www.e-how.cn/reverse-brainstorming/,2021/01/29.)

(四)见解无专利

见解无专利是指在讨论的过程中,可以大胆地在别人设想的基础上产生新的想法,无须担心占用别人的创意,要利用自己想到而他人没有想到的视角和切入点去完善、丰富创意。正如诺贝尔文学奖得主萧伯纳所说:"倘若你有一个苹果,我也有一个苹果,而我们彼此交换,那么,你和我仍然是只有一个苹果。但是,倘若你有一种思想,我也有一种思想,而我们彼此交流,我们每个人将各有两种思想。"

拓展阅读 3-2

烤面包机的故事

有一位负责清洁的老太太问:有没有能抓老鼠的烤面包机?它们老是来吃烤面包机掉下的面包屑。某面包机公司便决定在内部征集新型烤面包机的设计方案。于是公司在新设计的烤箱最下层装上一个抽屉,用于收集掉下来的面包屑,产品一上市立即受到了广大用户的欢迎。这就是运用创新性思维发明的新产品,创意无处不在。

脑力测验 3-2

主题:一个空的易拉罐瓶子有什么作用?
时间:30分钟
分工:主持人1人、记录员1~2人、参与人员若干。
分享:
(1) 是否得到了关于问题的相对丰富的答案;
(2) 参与讨论成员的参与情况;
(3) 讨论过程对解决问题带来的帮助;
(4) 讨论活动中有哪些细节需要再优化。

二、头脑风暴法的程序

头脑风暴法力图通过一定的讨论程序与规则来保证创造性讨论的有效性,由此,讨论程序构成了头脑风暴法能否有效实施和达到预期目标的关键因素。头脑风暴法主要包括确定议题、确定人选、会前准备、明确分工、头脑风暴、整理构思、会后评价等程序(如图3-4所示)。

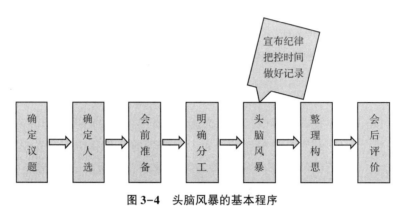

图3-4 头脑风暴的基本程序

(一)确定议题

头脑风暴法的良好运用从对问题的准确阐明开始。因此,必须在之前确定一个目标和主题,使与会者明确通过这次会议需要解决什么问题,同时不要对可能的解决方案的范围做出限制。一般而言,比较具体的议题能使与会者较快产生有针对性的设想,主持人也较容易掌握和把控节奏;比较抽象和宏观的议题引发设想的时间较长,也可能导致设想过于分散,但设想的创造性也可能较强。

(二)确定人选

参加头脑风暴主题讨论的人数不宜过多,一般以8~12人为宜,以防止人数过多引发控场问题,以及整体讨论时间过长带来疲劳感或会场整体氛围受到影响;与会者人数太少也不利于交流信息和激发思维。如因特殊需要,与会者人数也可略有增减,控制在5~15人。

(三)会前准备

为了使头脑风暴讨论会的效率更高、效果更好,应在会前做好相关准备工作。如将确定的议题事先通知与会者,涉及会议背景和议题背景的材料可先提供给与会者参考,请与会者提前做好相关准备,避免会议现场因议题不明确或与会者准备不充分导致的无果状态;会前还应提前设计好会议议程,妥善计算各环节所需要的时间;提前布置好会场,为营造轻松的氛围,最好将会场布置为方形(如图3-5所示)、圆形(如图3-6所示)、椭圆形(如图3-7所示)、U形(如图3-8所示)等不会有明显的视角遮挡的样式,以利于与会者的交流,会议过程中如需要白板、记号笔、签字笔、草稿纸、计时器等办公用品,也应提前做好准备。

图 3-5　方形会场　　　　图 3-6　圆形会场　　　　图 3-7　椭圆形会场

图 3-8　U 形会场

（四）明确分工

头脑风暴需要确定 1 名主持人，1~2 名记录员。主持人的作用主要是在头脑风暴讨论会正式开始前介绍议题（拟解决的问题），重申讨论纪律，并在会议进程中启发引导、控制时间、掌握进程，如在会议中途通报会议进展情况，归纳发言的核心内容；及时拉回完全偏离主题的发言；制止与会者对其他发言发表评论；活跃会场气氛；让大家静下来认真思索片刻再组织下一个发言高潮等。记录员应将每轮与会者所提到的设想都进行简要记录，并随时提出自己的设想，切忌持旁观态度。

（五）头脑风暴

1. 规定纪律

根据头脑风暴法的原则，可规定几条纪律，要求与会者遵守。如要集中注意力积极投入，不消极旁观；相互尊重、平等相待，不相互褒贬；不私下议论，以免影响他人的思考；发言针对目标、开门见山、有的放矢，不做过多解释；每个人每轮发言原则上应控制在多少时间内，尽量言简意赅，要在规定时间内表达个人观点的核心要旨。

2. 掌握时间

会议时间由主持人根据讨论现场情况掌握，不宜在会前完全确定。一般来说，以 40 分钟左右为宜。时间太短与会者难以畅所欲言，太长则容易产生疲劳、倦怠，影响会议效果。经验表明，创造性较强的设想一般会在会议开始 10~15 分钟后逐渐产生；美国创造学家帕内斯指出，会议时间最好安排在 30~45 分钟。倘若需要更长时间，就应把议题分解成几个小问题分别进行专题讨论，不宜为了进度直接延长整体时间。

3. 做好记录

记录员可根据个人擅长或习惯的方式选择记录载体，如计算机、纸笔等。记录员之间应有明确分工，如记录员 A 负责记录单号发言者的发言，记录员 B 负责记录双号发言者的发言，以避免出现发言者说话过快导致记录者无法做好完整记录的情况。同时，如果会议现场布置了白板或黑板，记录员也应将各位发言者发言的核心内容用关键词的方式写在黑板上，每轮发言之间用不同颜色做出区分，用词、书写应规范；会议结束后，应立即对所有记录进行分类整理，并加以补充。

（六）整理构思

在头脑风暴的过程中，往往会产生许多奇奇怪怪、不切实际的想法。头脑风暴结束后，通常会要求与会者对提出的每个设想都进行质疑和全面评价，以重新梳理产生的构想，去掉可行性不高、普通常见的选项，从可行性、应用效果、经济回报率、紧急性等多个角度考虑，保留、完善、丰富具有可行性、创新性、经济性的方案。

（七）会后评价

会议结束后的一两天内，主持人应再召集会议，根据设计好的可识别性、创新性、可实施性等备选标准进行筛选，经过多次反复比较和优中择优，最后确定 1~3 个最佳方案。这些最佳方案往往是多种创意的优势组合，是集体智慧综合作用的结果。

三、头脑风暴法的延伸利用

（一）默写式智力激励法

头脑风暴法虽规定严禁评判，提倡自由奔放地提出设想，但有的人对于当众说出见解犹豫不决，有的人不善于口述，有的人见别人已发表与自己的设想相同的意见就不发言了，因此，德国学者鲁尔巴赫根据德意志民族善于沉思的性格，以及众多人争着发言易使点子遗漏的缺点，对奥斯本的头脑风暴法进行改造，创立了用默写代替口述的默写式智力激励法，又称"635 法"。

1. 默写式智力激励法的基本程序

（1）与会的 6 个人围绕环形会议桌坐好，每人面前放有一张画有 6 个大格的纸，每个大格内各有 3 个小格，共计 18 个小格（如图 3-9 所示）。

（2）主持人公布会议主题，与会者对主题进行重新表述，重新表述结束后，正式开始计时。

（3）第一个 5 分钟内，每人在自己面前的纸上的第一个大格的 3 个小格内写出 3 个设想，设想的表述应尽量简洁明了，每个设想写在 1 个小格内。

（4）第一个 5 分钟结束后，每人将自己面前的纸顺时针（或逆时针）传递给左侧（或右侧）的与会者（如图 3-10 所示），在紧接着的第二个 5 分钟内，每人再在下一个大方格内写出自己的 3 个设想；新提出的 3 个设想，最好是受纸上已有的设想所激发的，但又不同于纸上现有的或自己已提出的设想。

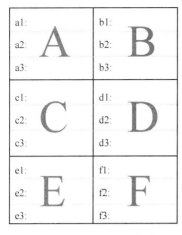

图 3-9 "635 法"卡片

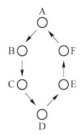

图 3-10 卡片转移顺序

（5）按上述方法进行下一个 5 分钟，直至第六个 5 分钟，共计 30 分钟。这时，每张纸上写满了 18 个设想，6 张纸共 6×3×6＝108 个设想。

（6）整理分类归纳这 108 个设想，找出可行的、先进的、创新的解决方案。

2. 默写式智力激励法的特点

（1）不能说话，思维活动应尽量自由奔放。

（2）6 个人同时进行作业，作业时不可相互影响。

（3）不因参加者地位、性格、学识、背景等差异影响表达效果，但由于缺乏讨论，激励不够充分。

（4）卡片的尺寸相当于一张 A4 纸，被分成 6 个区域，每个区域分隔成 3 个小区域，并分别编号。

脑力测验 3-3

1. 会前准备

确定主题；每一小组 6 个人参与讨论；选择主持人 1 名；每组发 6 张已经设计好的 18 小格 A4 纸。

2. 讨论阶段

步骤（1）：主持人公布会议主题，与会者对主题进行重新表述，重新表述结束后，正式开始计时。

步骤（2）：第一个 5 分钟内，每人一张卡片，提出 3 个设想；第二个 5 分钟内，将卡片传给右手边的人，开始第二轮设想，按上述方法进行共 6 个 5 分钟。

3. 整理阶段（10~20 分钟）

主持人与参与者共同整理、分析、评价方案，初选出 1~3 个优秀方案。

（二）卡片式智力激励法

卡片式智力激励法是由日本创造开发研究所所长高桥诚根据奥斯本的头脑风暴法改良而成的一种创造技法，与会者3~8人，在1小时左右的时间内借助卡片进行分享、质疑、优化，以创造新设想的做法。其特点是可对每个人提出的设想进行质询和评价。

1. 卡片式智力激励法的基本程序

（1）独奏阶段（10分钟）：与会者围绕会前所提示的主题展开设想，并把设想写在卡片上，每张卡片写1个设想，每人提出5个以上的设想。

（2）质疑阶段（30分钟）：与会者按座位次序轮流发表自己的设想，每人每次只宣读一张卡片，宣读后，其他人可以提出质询，也可以将受启发得出的新设想及时填入备用卡片中。

（3）激荡阶段（20分钟）：将内容相似的卡片集中起来，并加上标题，将同类卡片摆在一起。到会者相互交流和探讨，各自提出设想，以期从中再诱发出新的设想来。

2. 卡片式智力激励法的特点

（1）会前明确会议主题，每次会议由3~8人参加，每人持50张名片大小的卡片，桌上另放200张卡片备用。

（2）议题应明确，且范围在与会者关心的范围内。

（3）讨论气氛自由、轻松、但应避免太乱而无秩序。

（4）主持人应注意控制时间。

第二节　思维导图

思维导图是一种将发散思维思考具体化的方法，它借助可视化手段促进人们灵感的产生和创造性思维的形成。思维导图又叫心智图、概念图，是表达发射性思维的有效图形思维工具，是一种革命性的思维工具。思维导图运用图文并重的方法，将各级主题的关系用相互隶属与相关的层级图表现出来，让主题关键词与图像、颜色等建立记忆链接，思维导图充分运用左右脑的机能，利用记忆、阅读、思维的规律，协助人们在科学与艺术、逻辑与想象之间平衡发展，从而开启人类大脑的无限潜能。

一、思维导图六步法

（一）白纸横铺

白纸横铺会扩大同样大小纸张的可利用空间，在一定程度上有助于人们拓展横向思维，更好地进行思维发散和创新开拓，绘制出来的图会更加美观、饱满。

（二）根据焦点原则将关键词或图形写或标注在白纸中心

焦点是需要解决问题的关键词或中心词，每张思维导图都是围绕焦点展开的，焦点原则是指集中精力抓住事物的要点和中心。从中心出发，沿着思维发展的方向绘制思维导图，能够让你的思维向任意方向发散，自由地、自然地表达所思所想，这是一种典型的中心思考法。思维导图的中心即各分支的根源，可以令人集中精力，明确主题，展开联想。

关键词是整个思维导图想传达的内容和意义的浓缩。确定关键词后，将它写在白纸的中央，用自己喜欢的颜色、喜欢的形状将它标注出来。

（三）根据联想要素从焦点引出 3~7 条主线，并尽可能地使用多种颜色

联想要素是由关键词所衍生的一系列联想，根据联想要素从焦点向外引出 3~7 条主线，线条要略粗，将联想要素用一个词写在主线上，或用图形标注在主线上。为尽量拓宽思路，产生创新，联想应天马行空、无拘无束，无须考虑过多的可行性和实施难度。思维导图不是一下子就能完成的，可以在一定的时间内反复地完善和修改，因此，如果能够联想到的要素不丰富，可以先留足空白线条，以刺激大脑去完成暂未完成的事情。各主线条之间以平行关系为主，可用不同颜色加以区分。如果主线条数量过多，说明分类过细，应将联想要素用字母、数字、序号等加以区分，以增加层次感，并为拆分主线上的关键词做好准备。

（四）每条主线拆分出 3 条以上分线

在主线的基础上，需要根据不同的情况将主线进行拆分，并尽量使用丰富的图形和不同的颜色让你的思路更加发散。拆分几条分线取决于思维拓展和分析问题的需要。

（五）用箭头或其他提示性符号标识分点之间的联系

思维导图的前四步就是通过想象、联想进行创造，此刻，图中已经呈现了不同颜色、不同标注、不同层级的主线和分线，不同主线的领域、功能、价值存在差异，也可能存在不同的联系，有些问题可能是不同主线都存在的同性问题。因此，这一步的具体做法是用箭头或线条连接有联系的关键词，并在箭头上标注对联系的理解或产生的新认识，以对现有思路进行组合式思考，因此，这一步对合并重复要点、化简思维导图、厘清核心思路等都有着重大的作用。

（六）进行方案决策

思维导图是一种发散的思维工具，通过发散思维，可以产生多个解决方案，然而备选方案的增多也增加了决策难度。思维导图的第六步就是结合选择过多的背景收拢发散思维。基本做法是将各个解决方案中的最外层关键词（不再进行细分的关键词）根据评分标准进行打分，并汇总各方案的最终得分，得分最高的方案即为最佳方案。

延伸练习 3-1

请从下列任务清单中任选一个任务,制作一张思维导图,并做出决策。
(1) 一个月内帮你的好友脱离单身。
(2) 一周内赚到 500 元。
(3) 获得"互联网+"大学生创新创业大赛校赛一等奖。
(4) 帮父母买一个按摩椅。

二、思维导图的基本类型

常见的思维导图有几种不同的类型:圆圈图、气泡图、双重气泡图、树状图、流程图、多重流程图、括号图等。

(一)圆圈图:定义一件事情

圆圈图(如图 3-11 所示)主要用于把一个主题展开来进行联想或描述细节。一般有两个圆圈,里面的小圆圈是主题,外面的大圆圈里放的是和这个主题有关的细节、特征。

(二)气泡图:描述事物的特征

气泡图(如图 3-12 所示)主要用于描绘事物的特征,与圆圈图的本质区别在于圆圈图是定义一个概念,而气泡图是用描绘性词语来描述中间泡泡内的主题。

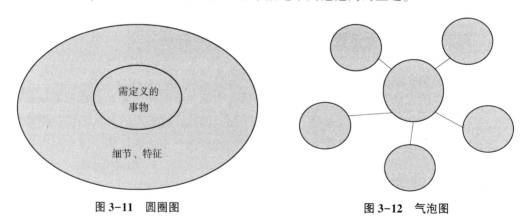

图 3-11 圆圈图   图 3-12 气泡图

(三)双重气泡图:比较和对照

双重气泡图(如图 3-13 所示)是两个气泡图的结合版,它的用处在于分析两个事物的共同点以及不同点。图中,与两个中心气泡相连的小气泡中表示的就是两个事物的共同点,其余气泡为两个事物的不同点。

（四）树状图：分类和归纳

树状图（如图 3-14 所示）是学会分类思考的最佳方法。它就像一棵树一样可以分门别类地将物体有条不紊地列出来。树状图的上方是树干，下方密密麻麻的是它的树根，同一树根下面是同类的事物。

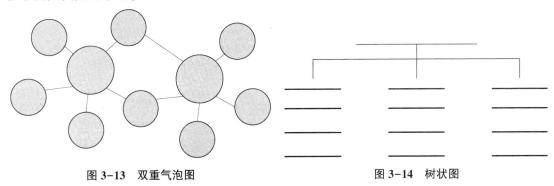

图 3-13　双重气泡图　　　　　图 3-14　树状图

（五）流程图：弄清先后顺序

利用流程图（如图 3-15 所示）可以分析事物的发展、内在逻辑，有先后顺序和内在发展逻辑的事物都可以使用流程图进行呈现。

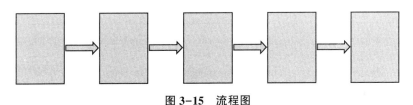

图 3-15　流程图

（六）多重流程图：分清因果关系

多重流程图（如图 3-16 所示）又称因果关系图，用于分析导致事件发生的原因以及后果。中间的格子是发生的事件。左边的格子是事件发生的原因，右边的格子是事件发生的结果。

（七）括号图：整体和局部的关系

括号图（如图 3-17 所示）多用于表示整体和局部的关系，也是日常用得最多的一类图，通常情况下，左边表示整体，右边表示局部，括号图可根据需要进行扩展和延伸。

这些图的基本形式和应用都很简单，但是厘清思维并不简单。随着思维越来越严密，图也会变得越来越复杂，应用起来也有无穷变幻。画图不是目的，厘清思维才是目的。而要厘清思维，真正的功夫，其实是在图外的。通过使用工具培养新的思维方式，这才是思维导图的意义。

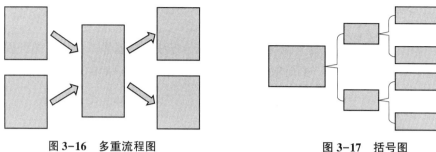

图 3-16　多重流程图　　　　　　　图 3-17　括号图

三、常用的思维导图软件

为实现思维导图的更好效果，人们也常常使用软件绘制思维导图，如 GitMind、Mind+思维导图、MindMaster、MindManager、XMind、iMindMap、MindMapper、百度脑图等。

表 3-1　常见思维导图软件下载地址

序号	软件名称	下载地址
1	GitMind	https://gitmind.cn/
2	Mind+思维导图	https://www.mindyushu.com/
3	MindMaster	https://www.edrawsoft.cn/mindmaster/ad.html？channel＝baidu
4	MindManager	https://www.mindmanager.cn/xiazai.html
5	XMind	https://www.xmind.cn/
6	iMindMap	https://www.imindmap.cc/
7	MindMapper	https://www.mindmapper.cc/

第三节　六顶思考帽

六顶思考帽是"创新思维学之父"爱德华·德·博诺（Edward de Bono）博士开发的一种思维训练模式和创新思维开发方法，提供了"平行思维"的工具，强调的是"能够成为什么"，而非"本身是什么"，避免将时间浪费在互相争执上。运用爱德华·德·博诺的六顶思考帽，将会使混乱的思维变得清晰，使团体中无意义的争论变成集思广益的创造，使每个人的创新思维能力得以提高。

人物简介 3-2

爱德华·德·博诺（如图 3-18 所示），1933 年出生于马耳他，牛津大学心理学、医学博士，剑桥大学医学博士，曾任职于牛津大学、伦敦大学、哈佛大学和剑桥大学，被誉为"20 世纪改变人类思考方式的缔造者"，是举世公认的创造思维学领域和思维训练学领域的权威，被尊为"创新思维学之父"。

爱德华·德·博诺博士第一次把创造性思维的研究建立在科学的基础上，欧洲创新协会将他列为人类历史上贡献最大的 250 人之一。他是横向思维理论的创立者，出版 62 部著作，其中，《我对你错》一书受到三位诺贝尔奖得主推荐；代表作《六项思考帽》（如图 3-19 所示）、《水平思考》（如图 3-20 所示）被译成 37 种语言，行销 54 个国家，他的名字已经成为创造力和新思维的象征。

图 3-18 爱德华·德·博诺

图 3-19 《六项思考帽》

图 3-20 《水平思考》

一、什么是六项思考帽

六项思考帽（如图 3-21 所示），是指使用 6 种不同颜色的帽子代表 6 种不同的思维模式。任何人都有能力使用这 6 种基本思维模式（如表 3-2 所示）。6 项思考帽所强调的是一个非常简单的概念，它只允许思考者在同一时间内做一件事情，思考者应学会将逻辑与情感、创造与信息等区分开来，戴上任意一顶帽子都代表着一种特定类型的思考方式。

图 3-21 六项思考帽

表 3-2 六顶思考帽的思维特点

序号	帽子颜色	思维特点
1	白色思考帽	代表中立和客观，关注客观事实和数据
2	绿色思考帽	代表创造力和想象力，具有创造性思维等功能
3	黄色思考帽	代表价值与肯定，从正面考虑问题，表达积极乐观的、满怀希望的、建设性的观点
4	黑色思考帽	代表否定与怀疑，从负面去考虑问题，表达合乎逻辑的批判
5	红色思考帽	代表情绪和情感，从直觉、感受、预感等方面进行表达
6	蓝色思考帽	代表整体和全局，规划和管理、控制和调节整个思维过程，并做出结论

六顶思考帽是人际沟通的操作框架，更是让团队成员集思广益，提高团队整体效能的方法，给人以热情、勇气、创造力，让每次会议、每次讨论、每份报告、每个决策都充满新意和生命力，能够帮助人们聆听别人的观点，提出建设性的建议，尝试从不同角度思考同一个问题，并创造高效的解决方案。

二、六顶思考帽的应用

对六顶思考帽的应用关键在于使用者用何种方式排列帽子的顺序，也就是组织思考的流程。只有合理科学设计思考的流程，才是真正掌握了六顶思考帽的应用方法。六顶思考帽不仅仅定义了思维的不同类型，而且设计了思维的流程结构对思考结果的影响。六顶思考帽不仅是团队协同思考的工具，也对个人思维训练和发展具有巨大的价值。

（一）六顶思考帽提高团队的整体效能

在多数团队中，团队成员被迫接受团队既定的思维模式，限制了个人和团队的配合度，不能有效解决某些问题。运用六顶思考帽模式，团队成员不再局限于某一单一思维模式，思考帽代表的是角色分类，是一种思考要求，而不是代表扮演者本人。六顶思考帽代表的六种思维角色，几乎涵盖了思维的整个过程，可以促进团队的整体活动。

六顶思考帽在团队应用中最常见的情境是会议，尤其是具有讨论和决策性质的会议，因为这类会议是思维碰撞、观点对接、火花溅射的平台。在这类会议中，人们往往因为对他人观点的极度不认同难以达成一致。六顶思考帽就成为特别有效的沟通框架，所有人要在蓝帽的指引下按照框架的体系组织思考和积极发言，不仅可以有效避免冲突，压缩会议时间，而且可以就一个话题讨论得更加充分和透彻，加强讨论的深度，同时也可以激发团队成员的创意，对提高团队的整体效率以及工作成效具有重要意义。

"六顶思考帽"还可以用于分析和解决工作中存在的问题（如图 3-22 所示），由于每个方向与一顶特别颜色的"思考帽"相对应，可以通过假想式的戴上或转换"帽子"，聚焦或转换思考方向，提高沟通的作用。首先，运用"白色思考帽"来思考、搜集各环节的信息，收取各个部门存在的问题，找到基础数据；戴上"绿色思考帽"，组织各层次的管理人员和工作人员跳出固有的思维模式,用创新的思维来考虑这些问题,并提出各自的解决办法;接着,分别戴上"黄色思考帽"和"黑色思考帽",对所有的想法从"光明面"和"阴暗面"进行逐个分析,找出最佳切合点;然后,戴上"红色思考帽",从经验、情感、直觉上,对已经过滤的问题进行分析、筛选,并做出决定。同时,在思考的过程中,随时运用"蓝色思考帽"对思考的顺序进行调整、控制,或及时刹车。

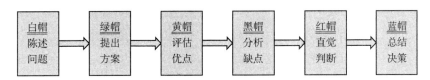

图 3-22　六顶思考帽在会议中的典型步骤

六顶思考帽也可以作为书面沟通的框架,用六顶思考帽的结构来管理电子邮件、公文系统,利用其框架结构进行报告(文件)草拟、讨论、审核等过程。在家庭生活中使用六顶思考帽也经常会取得某些特别的效果,如购房、买保险、择校、装修、去旅行时,如果家庭成员看法不一致,可以召开家庭会议,利用六顶思考帽进行讨论。

(二)六顶思考帽提升个体的思维能力

当一个人需要考虑某个任务或计划时,有两种状况是他最不愿面对的,一是头脑之中一片空白,无从下手;另外就是头脑极度混乱,过多想法交织在一起造成淤塞。六顶思考帽可以帮助他设计一个思考提纲,按照一定的次序思考和实施。六顶思考帽能够帮助个人厘清思路、激发敏捷思维、提出创意构思。

拓展阅读 3-3

　　"六顶思考帽"被许多国际知名的大公司青睐和采用,改变了他们的工作效率和企业文化,微软、摩托罗拉、松下、麦当劳、可口可乐、IBM、西门子、雀巢等都是"六顶思考帽"创新思维的受益者。

　　1996 年,欧洲最大的牛肉生产公司 ABM 公司由于疯牛病引起的恐慌一夜之间丧失了 80% 的收入。借助爱德华·德·博诺的"六顶思考帽",12 个人用 60 分钟想出了 30 个降低成本的方法和 35 个营销创意,将它们用黄色帽子和黑色帽子归类,筛掉无用的后还剩下 25 个创意。靠着这 25 个创意,ABM 公司度过 6 个星期没有收入的艰苦卓绝的日子。

　　全球最大的保险公司 Prudential 长期运用"六顶思考帽",其总部的地毯就是用彩色的"六顶思考帽"图案编织而成。公司运用六顶思考帽把传统的人寿保险投保人死亡后支付保险金改为投保人被确诊为绝症时即可拿到保险金,这种方法目前已经被许多国家的保险公司效仿,被认为是人寿保险业 120 年来最重要的发明。

　　(资料来源:https://wenku.baidu.com/view/4a41278d0622192e453610661ed9ad51f11d5451.html,2019/12/11)

三、六顶思考帽的基本原则

（一）以问题转换思维方向

人的思维是通过提问来引导的，一个人是积极还是消极，取决于他自己提的问题。雨天，积极的人问："哇，终于下雨了，我可以做些什么有意义的事情呢？今天一定是很棒的一天。"于是，他可能会戴着耳机听着音乐，通过窗户观看马路上五颜六色的雨伞，十字路口红绿灯的变化；或者穿着自己新买的雨鞋去草地上看看爬出来的各种昆虫，感受鞋子"吧唧吧唧"踩在湿答答的路上的声音，看看雨水顺着树枝往下流的痕迹；再不然，他重启尘封已久的旧相册，翻阅那些有一定年代的老照片，追忆自己曾经年轻的岁月。消极的人说："唉，又下雨了，衣服老不干，怎么办？"于是，他把门窗关好，不让雨水飘进来，打开房间里的除湿机，把衣服都放进烘干机。

（二）人不能同时戴两顶帽子

在整个沟通中，一个人在同一时刻不可能戴上两顶帽子，因为人不可能同时朝两个不同的方向思考问题。很多时候，一个人的困惑、烦恼都来自头上戴了多顶帽子或换帽子过快，这些不同颜色的帽子会分散个体的有限精力，让人的注意力无法集中。这也就是许多人花费了较长时间却无法做出决策的原因。因此，六项思考帽的引导者应通过提问的技巧和方式让一个人在同一时间只戴一顶帽子，且时间不能过短，以保证充分思考和产生方案。

第四节　九宫格

拓展阅读3-4

九宫格（如图3-23所示）是一款数字游戏，有多种游戏规则，常见的有将1~9共9个数字，放置于三横三竖9个格子内，需要使每行、每列，以及两条对角线上的3个数之和都等于15，有"戴九履一，左三右七，二四为肩，六八为足，五居中央"的口诀。这个游戏不仅考验人的数字推理能力，也考查人的思维逻辑能力。

2	9	4
3	5	7
6	1	8

图3-23　九宫格

九宫格游戏对人们的思维锻炼有着极大的帮助作用，后逐渐演化为一种创意思维方法。简单来说，就是将犹豫不决、难以取舍、难以决策的问题，转换成积极性的问句作为主题，写在九宫格的中间，然后根据凝视法强迫自己围绕问题设计出多种解决方案。写在中间的问题非常明确，当我们长期专注用心凝视中心主题的时候，自然会涌现一些新的思路、想法、灵感，想要将周围的 8 个空格填满。已经产生的方案呈现在九宫格的四周，有利于回顾新方案、激发新方案、形成最优方案。填满周围这些空格的过程就是训练、开发大脑和思维的过程，就是提升、突破固有态势，实现创意思维的过程，也是归纳、总结、整理逻辑思维的过程。

一、九宫格思维法的基本类型

（一）转圈九宫格

转圈九宫格（如图 3-24 所示）是指，把拟解决的核心问题写在九宫格的中间，然后按照顺时针的方向围绕九宫格中间的问题想出 8 种解决方案。任何问题的解决途径都不是只有一种，但是受个人经验、知识、思维方式等的影响，多数人在考虑解决方案的时候只能想到自己最熟悉、最常用的方案，缺乏开创性和创新性，因此，转圈回答法强迫个人围绕问题精心策划和分析设计出、逐步思考出不同阶段的计划，并最终整合为综合方案。

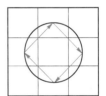

图 3-24 转圈九宫格

转圈回答法是归纳、总结、整理逻辑思维最有效的方法，比较适合做工作计划和行动计划。当利用这个方法制订计划时，应从起点开始根据方向体现出随着时间的变化事物的发展性。

（二）扩散性九宫格

把拟解决的核心问题写在九宫格的中间，扩散性地、随机地向四周扩散，所有的格子都围绕九宫格中心的问题而发散。和转圈回答法不一样，九宫格思维法没有先后顺序，只有由内往外的大方向，因此适用于开发、提升、突破创意的场合，能有效地将纵向思维与横向思维结合起来，适合用于制定战略部署，做方向性调整和人生规划等。

扩散性九宫格并不绝对是产生 8 个方案，并选择最优方案，针对每个不同的方案或思路，还可以继续进行发散：将首个九宫格产生的 8 个主题方案（思路）写在新的九宫格的中央，再以此为中心分别进行发散，这样，就可以产生更多的具体策略。

脑力测验 3-4

（1）孟加拉国约有 1 300 万棵棕榈树。每棵棕榈树每季可产 240 升棕榈汁，用于制造棕榈糖。获取树汁时通常从树冠向下割槽，而树干高 20 米，很难爬上去。怎么办？

（2）想想当前是否有困惑自己的问题，写出 3~5 个，然后从中选出最棘手的那个。请尝试利用九宫格思维法制定方案并做出决策。

二、九宫格思维法的注意事项

（一）不是1~9的顺序排列

从1到9有一定的顺序，遵循着一种线性思维，缺少主观性和直观性，很难让我们产生创意和灵感。虽然有9个格子，但是9个格子没有先后、重要性的区分，全部都是并列关系。在所能想到的思路中，如果不能使用言简意赅的语言加以表述，方案就无法得到很好的比较和筛选，甚至会让我们的思路变得混乱。反之，九宫格思维法从一个点突破到九个点，突破到一个面，再突破到立体层面的高度，方案的直观性很强；同时，受制于九宫格框架的束缚，我们的思维会发散，但也会集中，不会脱离主题。

（二）提出正确的问题

有问题，才有答案；有正确的问题，才可能找到正确的答案。很多时候，我们常常钻进死胡同里无法自拔，沉浸在问题无法得到解决的痛苦中，并不是问题无解，而是问题没有找到。因此，改变自己提出问题的思维方式，改变自己回答问题的思维模式对走出不寻常的路具有重要作用。如果根据常用的模式思维很难找到答案，那不妨从另一个角度去考虑，或许有意想不到的收获。

拓展阅读3-5

反面：穷死了，一辆车开了10年了，修了无数次，还是没有钱换车，我为什么混得这么差？

正面：该换辆车了，那款车不错，价格也合适，怎样才能赚到换车的钱呢？

反面：感觉老板每次看到我都没有表情，跟我说话也很刻板，他为什么不喜欢我？

正面：老板好像不是非常喜欢我，怎样才能让他更喜欢我呢？

反面：为什么员工工作缺乏主动性，总是安排做什么才做什么呢？

正面：我要怎样做，才能让员工更加积极主动地工作呢？

（三）客观认识自己

对自身形成客观的认知，清楚自己的性格、兴趣、能力、优势、不足，对个体实现更好的发展具有重要作用。在通常情况下，我们将个人的自我认知分为4种状态：第一，不知道自己不知道，处于一种自以为是的认知状态，该状态常出现在低年龄段和高年龄段；第二，知道自己不知道，随着年龄的增长、阅历的丰富、教育的积累，人们会开始产生敬畏之心，能够感知到自己的不足，并主动去学习；第三，不知道自己知道，随着学习的不断深入和经验的逐渐丰富，个体在不知不觉间知道了自己曾经不知道的事物，但由于在成长过程中缺少自省和反思，除非发生一些重大事件或关键问题，往往无法意识到自己已经懂得和知晓；第四,知道自己知道,这个阶段的人们更加沉稳,能够客观地看到和分析问题,剖析本质,并能够结合自己拥有的经验给予他人指导和建议。在利用九宫格思维法的时候,所有方案的产生,最佳决策的筛选都应该基于对自己的客观认知和了解,综合评判方案的可行性。

拓展阅读 3-6

> 一只乌鸦在飞行的途中碰到回家的鸽子。
> 鸽子:你要飞到哪里?
> 乌鸦:其实我不想走,但是大家都嫌弃我的叫声,所以我想离开。
> 鸽子:别白费力气了,如果你不改变自己的声音,飞到哪里都不会受到欢迎。

(四)加强自我管理

九宫格思维法需要个人加强自我管理,强迫自己在计划时间内集中精力寻找解决思路,经过长期、刻意的训练,思维的活跃程度会得到一定的提升。因此,个体应养成制订计划、执行计划、完成计划的习惯和决心,除非发生意外事件,否则均应根据计划实现预期目标;应养成良好的作息时间,形成健康的饮食习惯,制订科学的运动计划,让自己的身体和大脑保持最佳状态。

第四章 探索创新机会

【章节目标】

一、知识目标

1. 了解互联网带来的创业机会。
2. 了解移动互联网领域相关的创业机会。
3. 了解社群经济相关的创业机会。
4. 了解人工智能发展带来的创业机会。
5. 了解行业观察分析的步骤。
6. 了解目前经济环境的现状和发展前景。
7. 了解互联网思维的特点。
8. 熟悉创业机会的类型。
9. 熟悉创业机会识别的三阶段模型。
10. 了解创业机会评估的内容和方法。

二、能力目标

1. 能够对当前的热门产业进行分析。
2. 能够挖掘大健康产业背后的创业机会。
3. 能够挖掘与物联网领域有关的创业机会。
4. 能够挖掘与在线教育有关的创业机会。
5. 能够用互联网思维分析经济现象。
6. 能够关注消费者的有效需求,并准确把握消费者痛点。
7. 掌握创业机会识别方法,并能够准确识别创业机会。
8. 能够利用合适的机会评估方法对机会进行评估,并做出正确判断。

三、素质目标

1. 提升自己对市场的认知水平,提高行业敏感度。
2. 提高信息收集和分析的能力,注重知识积累,能够客观评价身边的经济现象。
3. 形成对"互联网+"的正确认知,养成评估调查与机会评估的分析习惯,培养敏捷的思维。
4. 将自身的职业追求与国家、社会需求有效结合,用青春为中华民族的伟大复兴贡献自己的力量。

【章节导入】

互联网发展的下半场——工业互联网领域，传统"尽力而为"的网络将不再能满足需求。2020年上半年，我国工业互联网安全态势整体平稳，但恶意网络行为持续活跃，对工业控制系统及设备的攻击持续增多，受攻击的行业范围广，工业互联网安全形势严峻。2020年，我国多项经济指标同比增速实现由负转正，多项指标增速再创新高，成为这一年全球经济的一抹亮色。其中，数字经济成功"补位"，为全社会"重启"和经济复苏提供了强大助力，展现出我国数字经济的活力和韧性。

对网络强国、数字中国等内容均进行突出强调，对推进产业基础高级化、产业链现代化，提高经济质量效益和核心竞争力做出一系列重大部署，为推动高质量发展提供了重要遵循。

思考：未来"互联网+"的机遇会出现在哪个领域呢？哪个风口可以优先获取最大的流量呢？请说明原因。

（资料来源：《中共中央关于制定国民经济和社会发展第十四个五年规划和二〇三五年远景目标的建议》）

第一节 "互联网+"的机遇

一、移动互联网

移动互联网是移动和互联网融合的产物，继承了移动随时、随地、随身和互联网开放、分享、互动的优势，是一个全国性的、以宽带IP为技术核心的，可同时提供话音、传真、数据、图像、多媒体等高品质电信服务的新一代开放的电信基础网络，由运营商提供无线接入，互联网企业提供各种成熟的应用。主要包括以下应用场景。

（一）电子阅读

电子阅读是指利用移动智能终端阅读电子书、报纸、期刊等的应用。电子阅读区别于传统的纸质阅读，可真正实现无纸化浏览。特别是热门的电子报纸、电子期刊、电子图书馆等功能如今已深入现实生活，与过去的阅读方式有了显著不同。由于电子阅读无纸化，可以方便用户随时随地浏览，移动阅读已成为继移动音乐之后最具潜力的增值业务。目前，除了传统纸质版图书，各大出版社也开始推出电子书，于是，市场上不仅出现了各类阅读App，有企业还推出了电子书阅读器（如图4-1所示）；同时，各大媒体也开始推出各类程序、微信公众号等（如图4-2所示），以数字化的形式提供信息，以适应人们已经逐渐改变的阅读习惯。

图 4-1 电子阅读器

图 4-2 新华社手机端

(二) 手机游戏

手机游戏是目前移动互联网最热门的应用之一。随着人们对移动互联网接受程度的提高，手机游戏成为一个朝阳产业（如图 4-3 所示）。网络游戏曾经创造了互联网的神话，也吸引了一大批年轻的用户。随着移动终端性能的改善，更多的游戏形式将被支持，客户体验也会越来越好。

图 4-3 手机游戏

(三) 移动视听

移动视听是指利用移动终端在线观看视频，收听音乐、广播、音频等的影音应用（如图 4-4 所示）。

(四) 移动搜索

随着科技的高速发展，信息的迅速膨胀，手机已经成为信息传递的主要设备之一，尤其是近年来手机技术的不断完善和功能的增加，利用手机上网已成为一种获取信息资源的主流方式。移动搜索以移动设备为终端进行搜索，具有高速、准确的特点，是移动互联网的未来发展趋势，目前已逐渐融入智能搜索、语义关联、语音识别等多种技术。

图 4-4　常见视听类 App

拓展阅读 4-1

　　Siri 是苹果公司在 iPhone 等产品上应用的一个语音助手（如图 4-5 所示），用户可以利用 Siri 通过手机读短信、介绍餐厅、询问天气、用语音设置闹钟等。

　　Siri 支持自然语言输入，并且可以调用系统自带的天气预报、日程安排、搜索资料等应用，还能够不断学习新的声音和语调，提供对话式的应答。当你正在开车、双手满是东西，或忙着赶路时，可以叫 Siri 来帮你拨打电话或发送信息，甚至在 AirPods 上为你播报信息。它还有主动建议功能，让你可以轻轻松松地跟别人保持联系。

图 4-5　语音助手 Siri

（五）移动商务

　　移动商务是指通过移动通信网络进行数据传输，并且利用移动信息终端参与各种商业经营活动的一种新型电子商务模式，它是新技术条件与新市场环境下的电子商务形态，也是电子商务的一条分支。移动商务是移动互联网的转折点，因为它突破了仅仅用于娱乐的限制，开始向企业用户渗透。随着移动互联网的发展成熟，企业用户也会越来越多地利用移动互联网开展商务活动。

（六）移动支付

移动支付也称手机支付，是用户使用其移动终端（通常是手机）对所消费的商品或服务进行账务支付的一种支付方式，分近场支付和远程支付两种。整个移动支付价值链包括移动运营商、支付服务商、应用提供商、设备提供商、系统集成商、商家和终端用户。移动支付开创了新的支付方式，支持密码验证、指纹验证、人脸验证，具有较高的安全性。

拓展阅读 4-2

中国互联网络信息中心发布的第 47 次《中国互联网络发展状况统计报告》显示，截至 2020 年 12 月，中国手机网络支付用户规模达 8.53 亿，占手机网民的 86.5%。

移动支付的出现与发展，大大改变了人们的生活方式和消费习惯。北京朝阳的张师傅开了家早餐店，每天天还没亮就起来准备早点。"现在几乎没人用现金付款，都是用微信或支付宝。"张师傅一边讲，一边用手指了指门口贴的二维码。在北京昌平工作的"90 后"小陈告诉记者，他已经很长时间没用过现金了。"购物、出行、看病、充缴费、订票、外卖等，一部手机轻松搞定。"小陈说，有时候移动支付还有优惠，确实便利。令他印象最深的是，上学时大家 AA 制聚餐后常为凑零钱犯愁，如今只需打开微信发起群付款。

由线上到线下，移动支付应用场景日益丰富，该支付方式也成为人们日常主要支付方式。中国银联发布的《2020 移动支付安全大调查报告》显示，98% 的受访者将移动支付视为最常用的支付方式。

（资料来源：https://baijiahao.baidu.com/s? id = 1692547104510990008&wfr = spider&for = pc. 2021/02/24）

（七）短视频

移动互联网让移动端设备成为抓取人们眼球的新端点，同时，在移动端，丰富的图像、声音信息让人们的视听感知更容易被吸引，在这种情景下，视频营销逐渐成为营销手段的新热点，其中短视频因短小精练、信息集中的优势而更容易被用户所关注，但要快速、准确地抓住用户的眼球，短视频的制作就对营销创意提出了更高的要求。随着视频营销的快速发展，商家可以借助视频带来的流量进行植入营销，带动消费。

1. 视频带货

传统意义上的视频带货是指网络博主利用自己前期积累的一定的粉丝量，通过视频发布、网络直播、现场活动等方式销售商品，达成交易。一般情况下商品是由商家提供，双方按照约定比例进行分成，商家通过"网红"对商品进行展示和宣传，提高商品销量，提升品牌知名度以及企业形象。

2. 直播电商

2015—2017 年是移动直播的高速成长期，YY 直播等传统巨头转型移动端；映客、花椒直播等移动直播 App 纷纷进场，在这段时期，直播 App 如雨后春笋，资本撒币进场引发千播大战。同时，互联网和智能手机的普及使直播条件人人可得、直播技术人人可学、直播现场人人可见，移动直播也因此出现爆发式增长。与短视频相比，直播的互动性更强，能够让消费者更直观地对产品进行全方位的深入了解，直播也因此逐渐成为近年来常见的一种营销方式和模式创新切入点。

 拓展阅读 4-3

李佳琦（如图 4-6 所示）和薇娅（如图 4-7 所示）都是近几年火起来的带货主播，李佳琦给人最深刻的印象就是他"口红一哥"的名头，可以说是现在电商直播行业中人气最高的主播了，而薇娅也是我们特别喜欢的女性主播。两者之间的人气其实不相上下，非要争一个高低的话，那么可能薇娅会比李佳琦稍微高一点。在 2020 年公布的中国带货主播排名中，李佳琦位列第二，薇娅位列第一。薇娅的平均直播在线值为 3 000 万，而李佳琦的平均在线值为 2 800 万，在带货销售值上，薇娅为 85%，而李佳琦为 84%。

李佳琦，1992 年出生于湖南省岳阳市。2015 年大学毕业后，顺利当上了江西省南昌市欧莱雅化妆品专柜的美容顾问。因为大多数顾客并不愿意直接试色柜台的样品口红，他开始尝试用自己的嘴巴为顾客试色，多次获销售冠军称号。2016 年年底，网红机构美 ONE 提出"BA（美容顾问）网红化"，随后欧莱雅集团与美 ONE 一拍即合，尝试举办了"BA 网红化"淘宝直播项目比赛，作为 BA 中销售冠军的李佳琦获得了参赛资格，随后凭借出色的能力在比赛中脱颖而出，最终签约美 ONE 成为一名美妆达人。2017 年，他的淘宝内粉丝达到数十万，一举拿到了当年淘宝直播盛典中的 TOP 主播。随后被江苏师范大学聘为淘宝写作与传媒课程讲师。2018 年 9 月，李佳琦成功挑战"30 秒涂口红最多人数"的吉尼斯世界纪录，成为涂口红的世界纪录保持者，自此被誉为"口红一哥"。同年 9 月，更是受邀担任雅加达亚运会火炬手。2018 年"双十一"，与马云比赛卖口红，最终战胜马云；12 月相继开通抖音、小红书、快手等社交账号。截至 2019 年 6 月，全网粉丝已近 5 000 万，并于同年 10 月 17 日，入选 2019 福布斯中国 30 岁以下精英榜。2020 年 6 月 23 日，李佳琦作为特殊人才落户上海。

薇娅，本名黄薇，1985 年出生于安徽省庐江县，全球好物推荐官，淘宝第一主播，2018 年雅加达亚运会火炬手，阿里巴巴 2019 脱贫攻坚公益主播，淘宝十大公益扶贫主播、一带一路泰国商品推荐大使。2019 年 3 月 25 日，获得"国家的宝藏妙物官"称号；4 月 11 日，获得"全球好物推荐官"称号；4 月 18 日，获得"年度健康星榜样"和"宝洁全球好物推荐官"称号；5 月 11 日，获得"飞利浦全球好物推荐官"称号；5 月 15 日，获得"全球好物推荐官"称号；5 月 22 日，获得"首席推荐官"称号。5 月 27 日，获得"立白全球好物推荐官"称号。

图 4-6　李佳琦

图 4-7　薇娅

二、社群经济

社群经济源自网络社区，是指互联网时代，一群有共同兴趣、认知、价值观的用户抱成团，产生群蜂效应，在一起互动、交流、协作、感染，对产品品牌本身产生反哺的价值关系。这种建立在产品与粉丝群体之间的"情感信任+价值反哺"，共同作用形成自运转、自循环的范围经济系统。产品与消费者之间不再是单纯功能上的连接，消费者开始在意附着在产品功能之上的诸如口碑、文化、格调、魅力人格等灵魂性的东西，从而建立情感上的无缝信任。

（一）小红书

小红书是年轻人的生活方式平台，以"Inspire Lives 分享和发现世界的精彩"为使命，用户可以通过短视频、图文等形式记录生活点滴，分享生活方式，并基于兴趣形成互动。截至 2019 年 10 月，小红书月活跃用户数已经过亿，其中 70%的用户是"90 后"，并持续快速增长。

拓展阅读 4-4

> 2013 年 6 月成立的小红书于同年推出海外购物分享社区；2014 年 3 月，小红书完成数百万美元的 A 轮融资。2014 年 8 月，小红书 Android 版本上线；2014 年 11 月，小红书完成 GGV 领投的千万美元级 B 轮融资；2014 年 12 月，小红书正式上线电商平台"福利社"，从社区升级电商，完成商业闭环；2014 年 12 月，小红书发布全球大赏，获奖榜单被日韩免税店及海外商家广泛使用，成为出境购物的风向标。2015 年年初，小红书郑州自营保税仓正式投入运营；2015 年 5 月，小红书与澳大利亚最大的保健品品牌 Blackmores 澳佳宝达成战略合作；2015 年 5 月，在零广告下，小红书福利社在半年时间销售额破 2 亿元；2015 年 6 月，小红书深圳自营保税仓投入运营，保税仓面积在全国跨境电商中排名第二；2015 年 6 月周年庆期间，小红书 App 登上了苹果应用商店总榜第四，生活类榜第二的位置，周年庆首日 24 小时的销售额就超过了 5 月份整月的销售额，用户达到 1500 万。2018 年 6 月，小红书第一家线下零售店 REDhome 在上海开业；2018 年 10 月，小红书用户突破 1.5 亿，2018 年 11 月，小红书参加首届中国国际进口博览会。
>
> 小红书作为上海交易团成员之一，与全球品牌共同探索年轻市场的机会点和新方式。

小红书包括社区、企业号、福利社三个板块（如图4-8所示），社区内容覆盖时尚、个护、彩妆、美食、旅行、娱乐、读书、健身、母婴等各个生活方式领域。在小红书，消费者可以通过阅读其他消费者分享的内容，更好地了解产品的实用性和使用情况，使信息更加具有商业性、传播力、引爆力。小红书社区积累了非常多的用户点赞、收藏、关注、分享等真实数据，这些信息具有极高的商业价值，可以提高商品满足潜在用户需求的程度，也是其他电商无法获得的高价值的底层数据，能够促使小红书进行更精准的定位。

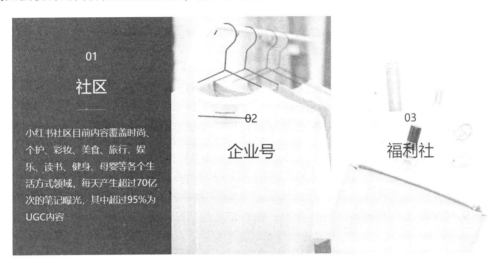

图4-8 小红书板块

（二）十荟团

和小红书的虚拟社群经济相区别，还有一种社群经济建立在虚实结合的社群关系基础上，被称作社区团购。社区团购是真实居住社区内的居民团体的一种互联网线上线下购物消费行为，是依托真实社区的一种区域化、小众化、本地化、网络化的团购形式。简而言之，它是依托社区和团长社交关系实现生鲜商品流通的新零售模式。

十荟团是目前国内最大的社区团购平台，隶属于北京十荟科技有限公司旗下商标品牌，总部位于北京，通过小程序及App，基于城市社区/小区，为社区家庭提供产地食材以及日用品等。2018年8月，十荟团获得1亿元投资，资方包括真格基金、启明创投和愉悦资本，以及精品社群电商公司"有好东西"。2020年5月30日，社区团购平台十荟团宣布完成C1轮融资，融资金额为8 140万美元，用于拓展全国仓配建设和供应链能力提升。2020年11月，十荟团获1.96亿美元C3轮融资，称将构建立体式社区团购生态。

十荟团：社区团购的一线平台

1. 爆火的社区团购，水大鱼大

水大鱼大，行业的高速发展带动了各平台订单量的暴增。早在2018年，社区团购就火过一段时间，大量的社区团购平台获得融资，但好景不长，2019年，多个社区团购平台相继爆出负面新闻。美菜的美家买菜大规模撤站，松鼠拼拼裁员80%，呆萝卜资金断裂破产重组等等，行业一度关关停停，进入冷却状态。而身处同一个"时代"的十荟团（如图4-9所示），却顺利跨越了寒冬，疫情的出现，又使十荟团实现了突飞猛进式发展，11个月内连融三轮，融资总金额接近6亿美元。

俗话说所有的竞争都是人的竞争，创始人的基因，加上组织的沉淀，加之与"你我您"融合，让十荟团有了今天的成绩。正如2020年12月8日，十荟团CEO陈郢发表内部信所说："十荟团从数千家创业公司中脱颖而出，是在无数艰苦、凶险的大战中锤炼出来的。在创业公司中，我们成立最晚，一度手上的资金也是最少者之一，一路All-in地赌了几十次，才能走到今天。我们对社区团购模式的理解，我们的运营能力和组织能力，都是千锤百炼出来的，是无与伦比的！"

社区团购发展到现在，随着互联网巨头的入侵，原生创业者的融资，再去论证商业模式是否可行，盈利模型如何，消费者习惯等问题，其实价值已经不大了。谁能更好地满足消费需求，谁能占领消费者心智，继而就能获得消费者的持续复购。关于需求满足上，十荟团似乎更加坚定：坚持生鲜战略，坚持产地战略。十荟团联合创始人兼CEO王鹏也不止一次提出，未来要构建以生鲜为主的供应链能力。这番话足以道出十荟团能胜出并取得相对不错成绩的关键要素。

2. 为什么是十荟团？

除了深深烙在骨子里的团队基因，十荟团能够连续多轮获得阿里巴巴投资还在于不断对自身业务能力的优化和提升。

以此为方向，十荟团做了很多扎实的努力，比如十荟团走进陕西周至县，在扶贫助农的同时，获得产地合作资源；走进四川巴中助力甘泉蜜橘销售；助力重庆长寿区血脐热销等。

图4-9 十荟团产品

3. 无团长，不团购！

回顾零售业的发展变迁和迭代，十荟团经历了三代，第一代是线下物理门店，基于移动位置的服务（LBS），实体零售；第二代是线上电商平台，基于互联网，无限货架，聚合流量；第三代是社交关系零售，基于网络节点，去中心化，流量前置截流。而社区团购是典型的社交关系零售，而与消费者最重要的连接器便是团长。因此，团长的价值不可忽视。当然，这也符合社交零售，基于社交网络节点下，个体价值凸显的整体趋势。关于团长的定位，十荟团对其也有清晰的定位，把前端的营销、运营、履约部分交给"团长"完成，让团长做自己擅长做的顾客链接。培养一名优秀的团长，除了在拓团前期评估团长固有的优秀共性品质，还要有长周期、体系化、精细化地培养和沉淀团长的"养成"方法。

思考：如何看待社区团购中的"无团长，不团购"的说法？

（资料来源：https://www.sohu.com/a/447422646_100137374,2021/01/29）

三、人工智能

人工智能（Artificial Intelligence），英文缩写为 AI。它是研究并开发用于模拟、延伸和扩展人的智能的理论、方法、技术及应用系统的一门新的技术科学，企图了解智能的实质，并生产出一种新的能以人类智能相似的方式做出反应的智能机器，该领域的研究包括机器人、语言识别、图像识别、自然语言处理和专家系统等。

人工智能从诞生以来，理论和技术日益成熟，应用领域也不断扩大，可以设想，未来人工智能带来的科技产品，将会是人类智慧的"容器"。人工智能可以对人的意识、思维的信息过程进行模拟。人工智能不是人的智能，但能像人那样思考，也可能超过人的智能。伴随科技的不断进步，人工智能的应用范围也不断扩大，目前已涉及计算机、金融贸易、医药、诊断、重工业、运输、远程通信、在线和电话服务、法律、玩具和游戏、音乐等诸多方面。

拓展阅读 4-5

"小爱同学"是小米公司于 2017 年 7 月 26 日发布的首款人工智能（AI）音箱的唤醒词及二次元人物形象，音箱售价 299 元，2017 年 8 月开启公测，9 月 26 日正式开售。作为唤醒词，"小爱同学"已经成为小米 AI 音箱的代名词，只要用户对着音箱说出"小爱同学"几个字便可唤醒音箱并与其进行语音交流，完成多种预设技能。

小米 AI 音箱（如图 4-10 所示）支持语音交互，内容包括在线音乐、网络电台、有声读物、广播电台等，提供新闻、天气、闹钟、倒计时、备忘、提醒、时间、汇率、股票、限行、算数、查找手机、百科/问答、闲聊、笑话、菜谱、翻译等各类功能。截至 2018 年 7 月底，小爱同学月活跃设备已经超过 3 000 万台，每月唤醒超过 10 亿次，累计唤醒超过 50 亿次。

图 4-10 小米 AI 音箱

四、大健康产业

大健康从本质上讲是一种广义的健康概念,是随着人们的健康理念的延伸而产生的,它围绕人的衣食住行和生老病死,关注各类影响健康的危险因素和误区,提倡自我健康管理,即不仅有科学的健康生活,更要有正确的健康观念。大健康产业是随着健康理念的延伸而形成的健康关联产业的集合,分为以产品为主导的大健康产业和以服务为主导的大健康产业两大类,二者均偏重于预防、保健,具有巨大市场潜力,包括医疗产品、保健用品、营养食品、医疗器械、保健器具、休闲健身、健康管理、健康咨询等多个与人类健康紧密相关的生产和服务领域。

拓展阅读 4-6

近年来,国家出台了《"健康中国2030"规划纲要》《关于促进"互联网+医疗健康"发展的意见》《促进大健康产业高质量发展行动纲要(2019—2022年)》等系列文件,大力促进健康产业发展。各省市结合当地实际情况,制订当地大健康产业发展行动计划。

山西省工业和信息化厅于2020年6月发布《山西省生物医药和大健康产业2020年行动计划》,提出,深刻把握产业发展趋势,深入挖掘生物医药和大健康产业发展的优势和潜力,以高质量发展为中心,以培育千亿产业为目标,以技术创新为先导,以打造优势产业集群为切入点,以重点项目为支撑,以龙头企业为带动,深入实施增品种、提品质、创品牌"三品"专项行动,增强产品市场供给能力和质量,打造制造业领域新的千亿产业集群,全力支撑全省制造业高质量发展。

重庆市先后出台《"健康重庆2030"规划》《健康中国重庆行动实施方案》《关于加快生物医药产业发展的指导意见》《重庆市促进大健康产业高质量发展行动计划(2020—2025年)》(以下简称《行动计划》)等系列文件。《行动计划》提出,到2025年,重庆将基本建成全国大健康产业融合发展先行区,推动大健康产业成为全市重要支柱产业。2019年全市健康产业营业收入约6 000亿元、增加值达1 580亿元。

(资料来源:https://epaper.cqrb.cn/html/cqrb/2020-05/10/002/content_260134.htm,2020/05/10)

大健康产业的发展与科技的创新、政府的重视、文化的转变都有非常紧密的关系。各地应结合自身资源优势特色、人口结构、健康情况,进行科学规划、合理布局,以发挥产业的集群效应。

拓展阅读 4-7

2020年7月，中日（天津）健康产业发展合作示范区在天津市静海区揭牌，标志着静海区大健康产业向国际化创新高地卖出坚实一步。作为国内6个中日地方发展合作示范区之一，静海区聚焦健康产业，强化创新要素集聚、高端生产制造、健康生活示范，引进培育优质企业，创新国际化医疗康养机构合作模式，带动京津冀健康产业高质量发展。

示范区立足于天津健康产业园（如图4-11所示）基础上规划拓展建设，依托面向国际的中西医教学科研中心、医疗康复基地以及体育健身基地，自2008年启动建设至今，已累计投资超过500亿元，先后被国家部委命名为"国家健康医疗旅游示范基地""国家体育产业示范基地""国家中医药旅游示范基地""天津国家自主创新示范区"。示范区始终对标优势领域，打造国际大健康产业高地，围绕教育、医疗、康养、体育四大主导产业，坚持创新、开放、智慧、活力的发展理念，逐步打造成为健康产业创新区、健康生活试验区和国际合作示范区。

图4-11 天津健康产业园

（资料来源：http://www.tj.xinhuanet.com/news/2020-07/18/c_1126254486.htm, 2020/07/18）

五、物联网产业

物联网（Internet of Things），英文缩写为IOT，是通过各种信息传感器、射频识别技术、全球定位系统、红外感应器、激光扫描器等装置与技术，实时采集任何需要监控、连接、互动的物体或过程，采集其声、光、热、电、力学、化学、生物、位置等各种需要的信息，通过各类可能的网络接入，实现物与物、物与人的泛在连接，实现对物品和过程的智能化感知、识别和管理。

拓展阅读 4-8

　　身份证办理窗口排队太长？照片拍得不好看？第二代身份证自助申请办理机来啦（如图 4-12 所示），这些问题都能解决！目前，全国各地公安办事大厅正逐步引入该类设备，提高身份证办证效率和民众体验。

　　2020 年 8 月 17 日，宁波首台第二代身份证自助申请办理机来啦！受理、拍照、采集指纹和缴费，最快 3 分钟轻松完成身份证补换领。多媒体智能语音提示，引导高清单反相机拍摄，自己操作，拍到满意。丽江全市辖区内共设有 6 个 24 小时营业的为市民提供身份证拍照申请领证服务的"自助警务超市"，自 2018 年下半年运行以来，截至 2021 年 2 月 24 日共受理业务 20 533 起。

图 4-12　第二代身份证自助申请办理机

（资料来源：https://zj.zjol.com.cn/qihanghao/100904367.html，2020/08/17）

　　物联网产业是继互联网、移动通信等传统 IT 行业之后的又一次信息产业浪潮，已被列为国家重点发展的战略型新兴产业。当前，我国物联网产业已形成包括芯片和元器件、传感设备、软件平台、系统集成、电信运营、物联网应用和服务在内的较为完善的产业体系。而基于物联网各产业的功能属性，物联网产业体系可细分为感知层、网络层、平台层和应用层四大环节。近年来，物联网在智能家居、智能交通、智能农业、智能工业、智能物流、智能电力、智能医疗、智能安防视频监控等领域实现了较好的应用，应用程度正随着技术的推进不断深入。《2020 中国人工智能产业白皮书》指出：中国人工智能行业核心产业市场规模预计在 2025 年将超过 4 000 亿元，人工智能产业在各方的共同推动下进入爆发式增长阶段，市场发展潜力巨大，未来中国有望发展为全球最大的人工智能市场。同时，近 6 成企业表示未来会部署人工智能，超 8 成中国网民看好其未来发展前景。未来人工智能的应用场景范围将持续扩大，深度渗透到各个领域[1]。

---

[1]　程依伦. 2020 中国人工智能产业白皮书：五年内市场规模预计超过 4 000 亿元 [N]. 广州日报，2021-02-28.

拓展阅读 4-9

> **物联网工程技术员：未来五年人才需求量 1 600 万人**
>
> 根据人力资源和社会保障部发布新职业——物联网工程技术员就业景气现状分析报告，未来五年物联网行业人才需求缺口总量超过 1 600 万人。
>
> 当前物联网工程技术员从业人员已经超过 200 万，遍布在全国众多城市。其中，智能制造业、智慧农业、智能家居、智能交通与车联网、智能物流以及消费者物联网产业等，都是物联网人才需求的重点领域。
>
> 报告显示，物联网工程技术员年龄段主要集中在 23~40 岁，40 岁以下的从业人员占 90% 以上，总体结构呈现年轻化。从学历构成上看，企业招聘需求多定位在本科，其次是研究生和大专。
>
> 按照工作经验和工龄来统计，从事物联网工程技术员岗位工作的劳动者，应届毕业生平均工资 6 300 元，工作 1~2 年平均工资 8 950 元，工作 3~5 年平均工资 9 540 元，工作 6~8 年平均工资 10 790 元，工作 9 年及以上平均工资 12 830 元。从薪资总体区间的分布来看，10 000~15 000 元的人群占比最高。
>
> （资料来源：https://baijiahao.baidu.com/s?id=16925645793992l6822&wfr=spider&for=pc，2021/02/24）

六、在线教育行业

随着互联网的发展，教育行业在多年前就开始推广远程教育，通过互联网虚拟教室来实现远程视频交流、电子文档共享，从而让教师与学生在网络上形成一种授课与学习的互动形态；伴随网络的发展，在线教育已不需要在固定的教室、借助固定的设备，通过一部手机即可实现，将在线教育变得更灵活、更丰富。

艾瑞咨询调查显示，2020 年中国在线教育行业市场规模同比增长 35.5% 至 2 573 亿元，整体线上化率 23%~25%。其中低幼及素质教育赛道、K12（学前教育至高中教育的缩写，代指基础教育）学科培训赛道在线化进程加快是在线教育市场快速增长的最主要贡献因素。在疫情影响下，低幼及素质教育领域的在线化范围持续纵深，职业教育领域的在线化进程也在不断加速，新的供给和需求不断产生。2016 年之前，在线教育仍以录播课形式为主，主要应用在高等教育和职业培训等成人教育领域；2017 年以后，直播技术不断成熟，为在线教育带来规模化变现渠道，并迎来加速发展期[①]。2020 年 5 月，广州日报数据和数字化研究院（GDI 智库）发布《在线教育品牌 TOP200 榜（2020）》，以品牌规模、品牌影响力、品牌创新力和品牌美誉度四项指标综合评估在线教育品牌的影响力，作业帮、好未来等名列前

---

① 艾瑞咨询. 中国在线教育行业 K12 占据近半壁江山，下沉市场将成新竞争点 [EB/OL]. (2021-03-03) [2021-03-19]. https://finance.ifeng.com/c/84JKUPZlQld.

茅、高途课堂、瓜瓜龙启蒙、作业帮直播课、豌豆思维、网易有道、猿辅导、清北网校、学而思网校、沪江网校等大型在线教育品牌在广告的不断推送和强化下让人耳熟能详。

案例分析 4-2

  VIPKID 创立于 2013 年年底，由长江商学院孵化，北极光、经纬中国、创新工场、红杉资本、真格基金联合投资，也是美国篮球巨星科比投资的第一个教育项目。2014 年 6 月 1 日，VIPKID 学习平台上线，通过 1 对 1 实时在线视频学习平台，把中国小朋友和北美外教进行连接。VIPKID 是全球增长速度最快的在线青少儿英语教育品牌，纯北美外教 1 对 1 在线授课；使用对标美国小学课程标准（CCSS：美国共同核心州立标准）的定制课程，运用第二语言高效的教学方法——浸入式教学法，帮助孩子快乐学习。

  创新工场董事长兼 CEO 李开复说：VIPKID 找到了在线教育很好的切入点，把优质的教育资源带给需要的孩子们。2021 年年初，VIPKID 创始人兼 CEO 米雯娟接受了中国国际电视台 CGTN 的专访。在专访中，米雯娟向全球观众分享了疫情为在线教育行业带来的改变，近年来在线教育行业的发展趋势，以及 VIPKID 在对海外用户输出汉语文化方面取得的成果。米雯娟表示，一场突如其来的疫情使家长们终于认识到，在线教育也可以是一种有效的学习方式，学生们也变得更加认可和接纳在线教学，这对于整个行业而言是一个巨大的进步；但与此同时，个性化是在线教育目前的主要挑战，VIPKID 希望通过 AI、AR、VR 等新技术的应用，实现真正的个性化教育。米雯娟还表示，作为一个全球课堂，VIPKID 不光要让中国孩子更好地了解世界，也应该让世界更好地了解中国。通过 2017 年启动的 Lingo Bus 计划，VIPKID 正在将汉语文化反向输出给海外的家长与孩子们。

  思考：请结合材料思考，在面对风口的时候，如何能够把握住风口，并在风口起飞。

（资料来源：http://tech.cnr.cn/techph/20210303/t20210303_525426439.shtml，2021/03/03）

  风口行业是竞争激烈但伴随更多机遇的行业。客观了解行业、全面分析行业、敏锐把握风口，对探索创新机会具有重要意义。成功的企业发现并满足了消费者的现有需求，卓越的企业引领和激发消费者未被关注或未被察觉的需求。要想把握创业风口，分析和了解现在的行业环境并不是关键，关键在于从现有的成功案例中把握事物发展的基本规律，并尝试以未来的视角看待现在的环境。

延伸练习 4-1

  （1）你认为互联网的下一个风口是什么？

  （2）你认为接下来哪个行业会飞起来？并说明原因。

   A. 智能家居

   B. 网络大健康产业

   C. 三农自媒体人为农业助力

D. 卖课程，自己赚钱不如教人赚钱来钱容易

E. 网络财经"大 V"共享理财知识

（3）你认为国家会支持哪个行业的数字化、网络化经营？并说明原因。

A. 智能家居

B. 网络大健康产业

C. 三农自媒体人为农业助力

D. 卖课程，自己赚钱不如教人赚钱来钱容易

E. 网络财经"大 V"共享理财知识

第二节　　机会识别与评估

互联网时代每天都催生着新的热点、新的"网红"、新的思路、新的创业者、新的企业。一名成功的创业者在了解"互联网+"带给我们的创业机会，初步了解基于行业分析的风口后，应结合个人的专业、兴趣、资源等充分利用互联网思维探索创新机会，并做好市场调研和机会评估。

 词条释义 4-1

互联网思维

互联网思维是在（移动）"互联网+"、大数据、云计算等科技不断发展的背景下，对市场、用户、产品、企业价值链乃至对整个商业生态进行重新审视的思考方式。

所谓互联网思维，即运用互联网的范式、方法、工具来提出问题、分析问题、解决问题的思维方式。习近平总书记用八个字阐述互联网思维的精髓：互联互通共享共治。互联网思维强调民主、开放、参与，注重"我思献人人、人人助我思"。互联网的发展需要大家共同参与，互联网规则也需要大家共同制定、互相尊重。

互联网思维的六大特征：大数据、零距离、趋透明、慧分享、便操作、惠众生。

（资料来源：http://theory.people.com.cn/n1/2018/1113/c40531-30396847.html，2018/11/13）

一、抓住需求和痛点

（一）需求

需求是人们为了满足物质和文化生活的需要而对物质产品和服务的具有货币支付能力的欲望和购买能力的总和，按照消费者的目的性可以分为初级的物质需求和高级的精神需求。

人物简介 4-1

亚伯拉罕·马斯洛（Abraham Harold Maslow，1908—1970 年），1930 年获美国威斯康星大学心理学学士学位，次年获得心理学硕士学位，1934 年获心理学哲学博士学位。美国著名社会心理学家、第三代心理学的开创者，提出了融合精神分析心理学和行为主义心理学的人本主义心理学，最具代表性的理论是马斯洛需求层次理论，代表作品有《动机和人格》《存在心理学探索》《人性能达到的境界》等。

根据马斯洛的需求层次理论（如图 4-13 所示），个体的需求从低到高，分为生理需求、安全需求、社交需求、尊重需求和自我实现需求 5 类。其中，生理需求和安全需求是个体基于生存而产生的需求，社交需求和尊重需求是基于社会人而产生的，自我实现需求则是个体为了实现更好的自我成长而产生的。

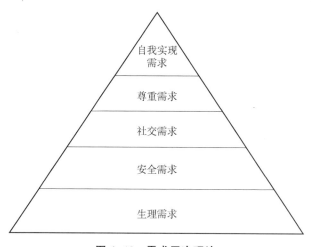

图 4-13　需求层次理论

（二）痛点

痛点是指消费者未被满足，且急需解决的需求，也称刚性需求；也指在体验产品或服务的过程中原本的期望没有得到满足而造成的心理落差或不满，这种不满会影响消费者的思维，最后形成负面情绪，让消费者感觉"不适"。

通常情况下，痛点分为 3 类。第一，人类普遍有所体会的刚性需求没有得到满足，由负面情绪引发的心理上的难受，这种难受在外界刺激下容易得到强化；第二，消费者体验某种产品后，如果不买或不继续消费会产生不满足感，即所谓的欲罢不能；第三，由于购买过程中的诸多障碍，消费者的购买体验并不舒适，但最终获得产品时往往会产生强烈的愉悦感。

拓展阅读 4-10

> 痛点，要打中人的恐惧，帮助用户克服恐惧。如共享单车便利了学生、上班族、普通市民以极低的成本实现短距离出行，解决了短距离出行费时的痛点；微信用手机拉近了人们的距离，解决了因为空间原因而产生的"孤独感"痛点。
>
> 爽点，用户有什么需求，能得到即时满足。在写字楼办公的年轻人想要在午餐的时候吃一顿自己心仪已久的美食，但苦于午休时间有限以及写字楼周围餐馆较少，往往没有办法很好地满足自己的胃，外卖平台帮助人们实现了需求的满足；京东送药让人足不出户便可以很快拿到自己需要的药品，也可以满足自己照顾远方家人的需求。
>
> 痒点，满足用户对美好生活的需求，实现想象中的自己。美颜相机狠狠地抓住了人们爱美的天性，通过一键美颜、瘦脸瘦身、高级柔焦等美化容貌的功能，让用户拍出自己满意的照片，塑造理想自我，满足人们的"痒点"。

（三）与客户建立关联

不论是需求，还是痛点、痒点，最终都落脚在消费者没有被满足、没有被很好满足、没有想到但是潜意识有期待的各种类型、各种层次的需求上。因此，面对自己的目标群体时，企业需要仔细分析在各种需求中最重要的需求到底是什么，解决这个需求需要怎样努力，也就是为产品和服务找到主攻方向。产品（服务）是企业安身立命之根本，是消费者和品牌接触、认识、熟悉，并逐渐建立信任感的桥梁。产品（服务）想触动消费者，就一定要与消费者的需求和痛点建立关联，大部分失败的营销和产品，更多只关注了企业自身的需求或想象中的消费者需求，而没有和消费者的真实需求建立联系，从而导致产品（服务）无法弥补消费者的缺失感、激发消费者的消费愿望、促成消费者的购买行为。

二、创业机会的识别

创业是商业行为者在一定的环境中，识别机会、利用机会、动员资源、创建新组织和开展新业务的活动①。创业机会是可以为购买者或使用者创造或增加价值的产品或服务，是一种新的"目的-手段（Means-End）"关系，能为经济活动引入新产品、新服务、新原材料、新市场或新组织方式，也能够给创业者自身带来收益。

（一）创业机会的分类

1. 根据创业机会的来源分类

（1）问题型机会：现实中客观存在但未被解决的问题所产生的一类机会，这类机会源于对问题的敏锐感知和准确把握，并提供可行的解决方案。

---

① 朱仁宏. 创业研究前沿理论探讨：定义、概念框架与研究边界 [J]. 管理科学，2004（17）：73.

(2) 趋势型机会：在变化中看到未来的发展方向，预测到将来的潜力和机会，并通过对未来趋势的预测提前做好应对措施。

(3) 组合型机会：将现有的两项以上的技术、产品、服务等因素组合起来，以实现新的用途和价值而获得的创业机会。

2. 根据目的-手段关系的明确程度分类

(1) 识别型机会：市场中的目的-手段关系十分明显时，创业者可通过目的-手段关系的连接来辨别机会，多处于工序尚未均衡的市场，创新程度较低。这类机会的辨识过程并不复杂，只要拥有较多的资源，就可以较快进入市场并获利。

(2) 发现型机会：当目的-手段中的任意一方的状况未知，尚待创业者进行机会识别和发掘，是最为常见的创业机会。这类机会的识别过程相对复杂，需要创业者对行业、市场等环境有较好的把握，且具有比较敏锐的观察能力和系统的分析能力。

(3) 创造型机会：目的和手段皆不明确，创业者要比其他人更有先见之明，才能创造出有价值的市场机会。把握创造型机会相对而言较难，它依赖于新的目的-手段关系。由于创业者拥有的专业技术、信息、资源规模往往相当有限，因此，更需要创业者强大的资源整合能力和敏锐的洞察力，这类机会可能会带来丰厚的利润，但往往也伴随巨大的风险。

以上3种类型的创业机会并不彼此排斥，可能同时并存。

案例分析 4-3

"牛仔大王"李维斯的故事

当年，这位德国移民像许多年轻人一样，带着梦想前往美国西部追赶淘金热潮。一日，一条大河挡住了他前往西部的路，苦等数日，被阻隔的行人越来越多，但都无法过河。于是有人陆续向上游、下游绕道而行，也有人打道回府，更多的则是怨声一片。他来到大河边，非常兴奋地不断重复着对自己说："太棒了，大河居然挡住我的去路，又给我一次成长的机会，凡事的发生必有其因果，必有助于我。"果然，他真的有了一个绝妙的创业主意——摆渡。没有人因吝啬一点小钱儿不坐他的渡船过河。他人生的第一笔财富居然因大河的挡路而获得。一段时间后，摆渡生意开始变得清淡，他决定放弃，并继续前往西部淘金。

来到西部，四处是人，他找到一块合适的空地方，买了工具便开始淘起金来。没过多久，有几个恶汉围住他，叫他滚开，别侵犯他们的地盘。他只好灰溜溜地离开，又换了几个地方，仍然被粗暴地轰走。他没有灰心，又想出了一个绝妙的主意——卖水。西部缺水，但是没人想到它。不久他的卖水生意便红红火火。慢慢地，也有人加入了他的新行业。再后来，同行的人越来越多。终于有一天，一个卖水的壮汉趁他不注意，把他的水车砸烂，并威胁他以后不许再卖水。

李维斯不得不再次无奈地接受了现实，他迅速地调整自己的心态，强行让自己振作起来，调整自己注意的焦点。他发现来西部淘金的人，衣服极易磨破，同时又发现西部到处有废弃的帐篷，于是又有了一个绝妙的主意——把那些废弃的帐篷收集起来，洗干净。就这样，他缝成了世界上第一条牛仔裤，最终成为世界牛仔大王。李维斯宣传画如图4-14所示。

图4-14 李维斯宣传画

思考：案例中李维斯一共把握了几次创业机会，分别属于什么类型的机会？

3. 阿迪奇维利创业机会矩阵

阿迪奇维利等人根据创业机会的来源和发展情况，对创业机会以矩阵的形式进行分类（如图4-15所示），该矩阵有创造的价值和探索到的价值两个维度：横轴以探索到的价值为坐标，表示创业机会的潜在价值明确程度；纵轴以创业者创造价值的能力为坐标，表示创业者是否能够有效开发并利用这一创业机会。矩阵的四个象限分别表示4种不同类型的创业机会。

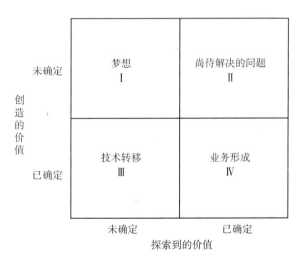

图4-15 阿迪奇维利创业机会矩阵

（1）第一象限。在该象限中，机会的潜在市场价值不明确，且创业者的价值创造能力也不确定。在这种情况下，机会只是一个梦想，能够落地转化的可能性不大，所需时间较长，对企业可能带来的效益不明显，重点在于寻找新的发展方向或使技术突破现有的限制。

（2）第二象限。在该象限中，机会的潜在市场价值已经明确，但是创业者的价值创造能力尚未确定。在这种情况下，创业机会就是要设计出具体的产品或服务以适应市场需求，称为"尚待解决的问题"，即问题明确但缺少解决办法，因此，提供可行的解决方案是该创业机会成功的关键所在。

（3）第三象限。在该象限中，创业者的价值创造能力已经确定，但机会的潜在市场价值却不明确。在这种情况下，创业机会应侧重于寻求技术的应用而不是发展产品或服务，称为"技术转移"。

（4）第四象限。在该象限中，机会的潜在市场价值和价值创造能力都已经确定，这时可将市场需求与现有的资源进行匹配，形成可以创造并传递价值的新企业，推动业务形成和推广。

案例分析 4-4

无人驾驶汽车依靠车内的以计算机系统为主的智能驾驶仪来实现无人驾驶的目的，集自动控制、体系结构、人工智能、视觉计算等众多技术于一体，是计算机科学、模式识别和智能控制技术高度发展的产物，也是衡量一个国家科研实力和工业水平的一个重要标志。

从20世纪70年代开始，美国、英国、德国等发达国家开始进行无人驾驶汽车的研究，在可行性和实用化方面都取得了突破性的进展。我国从20世纪80年代开始进行无人驾驶汽车的研究，并由国防科技大学在1992年成功研制出第一辆真正意义上的无人驾驶汽车。

2020年12月29日，深圳首条微循环无人公交线路进行日常通勤（如图4-16所示）。该无人公交服务由轻舟智航部署，应用的车型是其推出的龙舟ONE，也被称为轻舟无人小巴。作为一款纯电动新能源汽车，该无人小巴设有9个乘客位和1个驾驶位，但坐在驾驶位上的已不再是司机，而是监控车辆正常运转的安全员，车辆的驾驶操作将由轻舟智航自主研制的无人驾驶软件系统完成。每辆小巴早期将配备1名安全员，后续在政策的指导下，将去掉安全员。

图4-16 无人公交

思考：请结合阿迪奇维利的创业机会矩阵，分析目前无人驾驶汽车处于哪个象限，并说明原因。

（资料来源：http://www.stdaily.com/index/kejixinwen/2020-12/30/content_1066605.shtml，2020/12/30）

（二）创业机会识别三阶段模型

机会识别过程是一个广义的概念，是对机会潜在预期价值以及创业者自身能力反复权衡的过程。Lindsay 和 Craig 提出了创业机会识别过程三阶段模型（如图 4-17 所示），各阶段的具体任务如图 4-17 所示。

第一阶段：机会搜索（Opportunity Search），即搜索和发现可能的机会。这一阶段创业者需搜索整个环境以发现可能的机会，如果遇到了潜在的商机，便进入第二阶段。

第二阶段：机会识别（Opportunity Recognition）。这一阶段需解决两个问题，即识别搜索到的创意是否是一个创业机会，如果是，它是否是创业者所期待的机会。因此，此阶段分为两步，第一步为机会的标准化识别阶段，创业者会用标准化的机会模式识别模板判断所遇到的机会是否理想；第二步为机会的个性化识别阶段，即考察这一机会与创业者自身特点的匹配程度。

第三阶段：机会评估（Opportunity Evaluation）。这一阶段主要考察先前收集的相关信息，将直觉进行量化，根据风险以及风险水平和预期回报的一致性评价决定是否将这一创业机会付诸实践。

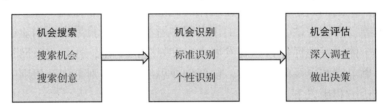

图 4-17　创业机会识别三阶段模型

拓展阅读 4-11

> 拼多多是上海寻梦信息技术有限公司旗下主要产品，成立于 2015 年 9 月，是一家专注于 C2B（消费者到企业）拼团的第三方社交电商平台（拼多多图标如图 4-18 所示），以独创的社交拼团为核心模式，主打百亿补贴、农货上行、产地好货等，致力于服务中国最广大的普通消费者，迅速发展成为中国较大的电商平台。在拼多多上，用户通过发起和朋友、家人、邻居等的拼团，可以以更低的价格，拼团购买优质商品，形成了独特的新社交电商思维。其简短的广告词"拼多多，拼多多，拼得多，省得多"为广大消费者耳熟能详。
>
>
>
> 图 4-18　拼多多图标

拼多多创始人黄峥1980年出生于杭州一个普通家庭，拼多多是他第四次的创业项目，整个拼多多运营时间并不长，2016年2月，拼多多单月成交额破1 000万元，付费用户突破2 000万。2016年7月，拼多多用户量突破1亿，获得B轮1.1亿美元融资，IDG资本、腾讯、高榕资本领投。拼多多于2018年7月26日在纳斯达克上市，从创立到上市不到3年时间。2020年，拼多多的第三季度财报显示，平台年活跃买家数突破7亿，达到7.313亿。在非美国通用会计准则下，净利润为4.664亿元，首次实现季度盈利。

拼多多的成功有很多原因，从创业机会的识别来看，创始人善于捕捉机会，当很多平台在做消费升级、看准中产阶级这一群体的时候，还有很大一部分是那些想买买不到，买不起的群体。黄峥抓住了这些人的需求，进行了与众不同的创业。因此，从拼多多的产品模式分析来看，拼多多的用户类型大体可分为3类：一类是主动发起团购的团长；一类是收到邀请的参团人员；另外一类是平台商家。可见拼多多的机会绝非偶然，而是对机会精准的识别和把握。

（三）识别创业机会的方法

影响创业机会识别的因素有很多，如个体的先前经验、专业知识、社会关系网络、创新创业思维和能力等。个体生活、学习、工作过程中所积累的经验是识别创业机会的基础，专业知识能够帮助个体更好地抓住行业的发展方向和发生的变化，社会关系网络则有利于个体在第一时间获得更丰富和更及时的资讯，创新创业思维和能力则是创业识别的关键因素。因此，识别创业机会可利用以下方法：

1. 新的角度

不同人格个性、工作经历、教育背景、思维方式的人在看待同一个问题或事物的时候，往往会产生不同的情绪，得出不同的结论。为了更好地识别那些存在于我们周围的创业机会，个人不仅需要长期关注、阅读权威期刊、报纸、网站发布的与行业相关的动态，做好信息积累；还需要通过与目标领域的顾客、供应商、销售商进行直接交流，通过观察、访谈等方式，了解市场正在发生什么以及将要发生什么；在充分调研的基础上，养成良好的记录习惯，随时记载遇到的新事物以及大脑中冒出来的新想法，并加以梳理、总结、评估，以不断反思，并尝试从不同的角度去看待问题。

拓展阅读4-12

盒马鲜生：鲜美生活

盒马鲜生是阿里巴巴对线下超市完全重构的以数据和技术驱动为消费者打造的社区化一站式新零售体验中心，是用科技和人情味带给人们"鲜美生活"的新零售业态。盒马是超市，是餐饮店，也是菜市场（盒马鲜生产品如图4-18所示），但这样的描述似乎又都不准确。消费者可到店购买，也可以在盒马App下单。而盒马最大的特点之一就是快速配送：门店附近3公里范围内，30分钟送货上门。

盒马提供食材加工服务,解决了部分消费者不会烹饪的问题,也帮助消费者解除了食品安全的后顾之忧;从原料到成品,目睹整个过程,及时满足消费者的味蕾。

图 4-19　盒马鲜生产品

刘强东对话 WRC:零售业创新要永远关注你的顾客

2018 年 4 月 17 日,"2018 世界零售大会(WRC)"在西班牙马德里举行。刘强东在开幕式上接受现场对话(如图 4-20 所示)。

图-20　刘强东在"2018 世界零售大会"上对话 BBC 著名主持人 Naga Munchetty

主持人:人们都说你是个特立独行的人,我们想知道你拥抱创新的动力是什么,你从何处得到了这种锐意创新、挑战常规的力量。

刘强东:其实我一开始做生意的目的并不是为了改变什么,我只是为了给当时生病的外婆买药……当然,没有创新就没有出路,如果你想要在商业上非常成功,你就必须找到差异化的道路。我创办京东的时候,只有 2 000 美元,我在中关村租了一个 4 平方米大小的柜台,花了近一个月的时间去观察当时北京的中关村正在发生些什么。

主持人:京东很显然做到了差异化。我可以分享几个数据,去年有 2.92 亿中产用户在京东购买商品;在物流方面,京东能够为 90% 的订单提供当日达和次日达的服务,京东的物流网络覆盖了 99% 的中国人口。通过创新京东做到了这些,我想请问的是,你们是如何通过差异化来取得成功的呢?

刘强东:我花了很多时间去观察互联网的世界,发现电商市场非常混乱,太多的假货和价格欺诈,服务也很差。我希望改变这种局面,我觉得我们有必要在中国建立自己的物流体系,因为当时的物流条件太糟糕了,我可以分享一个数字:在 2007 年年底,我们研究发现接近 72% 的顾客投诉来自物流服务,我们也正是在那一年开始自建物流体系。

主持人：我想，消费者的反馈以及与公司的互动对你来说也很重要吧？你一定经常聆听消费者的声音，并对消费者反馈做出回应。

刘强东：是的。

主持人：那么你感觉消费者对你们的需求有没有什么变化呢？

刘强东：消费者的需求很明显在发生改变。过去3年以来，我们大多数的消费者都在升级他们的消费行为。10年前，大多数中国人会买很便宜的商品；但是如今，越来越多的中国人更喜欢高端品牌，例如西班牙火腿、海鲜和葡萄酒，这些都很火。举个例子，西班牙火腿去年在京东上的销售量增长了800%。我们目前有接近3亿中产用户，但是还有很多人不在京东购物，他们中的很多人都生活在不同的城市和农村，所以对我来说，怎么服务好全国的顾客很重要。

主持人：现在京东的消费者越来越多样化，整体收入水平也越来越高，但同时你们也服务相对贫困的消费者，你们会通过无人机去到农村和贫困地区。这一方面能不能请你多讲讲？

刘强东：没错。我们现在也在研发无人机技术，我们的无人机不仅仅给终端用户送货，也希望帮助农民把生鲜食品带到城市。我们针对不同的消费者群体有不同的商业模式，在北京、上海、广州这样的城市，我们运用 B2C（企业直接面向消费者）模式，它效率很高，人们也很满意；但是在偏远农村或贫困地区，我们运用的是一种叫作线下连锁店的模式。

（资料来源：http://www.xinhuanet.com/tech/2018-04/18/c_1122702969.htm？ivk_sa=1023197a，2018/04/18）

2. 差异化眼光

要想抓住消费者的需求和痛点，信息采集、精准定位、差异满足是关键。目前市面上的产品同质化严重，大型企业、龙头企业基本占据半壁江山，小企业、新品牌想要抢占市场，必须做到差异化，也只有差异化的创业构思才更有可能成功落地并获得好的发展。在实施差异化策略前，首先需要找到品牌与用户的直接接触点，通过接触点中的差异化元素让信息触达用户，引起共鸣。

（1）用户差异化

用户差异化是指创业者在设计创业构思时根据年龄、性别、婚姻状况、教育程度等的不同将用户划分为不同群体，并针对某类具有相同特点的人群研发更适合其特殊需求的产品和服务，并与其他提供同类产品或服务的项目（企业）相区分。

拓展阅读4-13

可口可乐、百事可乐是可乐市场的两大龙头企业，可口可乐的品牌定位是"传统的、经典的、历史悠久的可乐"，而百事可乐的定位则是"年轻人的可乐"，一个是"历史悠久"，一个是"年轻"，有着非常明显的差异。

1886年，可口可乐（Coco Cola）在美国佐治亚州亚特兰大市诞生，第一份可口可乐售价为5美分，具有提神、镇静的作用，自诞生便与社会发展相互交融，激发创新灵感。现在，它每天为全球的人们带来怡神畅快的美妙感受。可口可乐广告图如图4-21所示。

百事可乐（Pepsi Cola），诞生于19世纪90年代，作为潮流文化引领者，百事可乐始终保持着年轻、潮流的姿态，以打造个性化的产品为起点，从口味创新和包装创新两方面推出了一系列产品，传递百事品牌态度，让年轻人通过品牌释放个性、追寻自我，并成为每代年轻人的选择。百事可乐广告图如图4-22所示。

图4-21 可口可乐广告图

图4-22 百事可乐广告图

（2）产品差异化

产品差异化是指企业在其提供给顾客的产品或服务上，通过各种方法造成足以引发顾客偏好的特殊性，使顾客能够将它同其他竞争性企业提供的同类产品（服务）有效地区别开来，从而达到使企业在市场竞争中占据有利地位的目的。产品差异化可以从价格、技术、功能、文化等方面着手。

 拓展阅读 4-14

产品价格定位差异化是指通过价格的区别将产品进行区分，如市场上普通的打火机价位大多在一两元钱，但Zippo打火机（如图4-23所示）则不然，这个由美国Zippo公司制造的金属打火机，防风技术能够满足在任何恶劣的天气下随时点火的需求，其燃料是一种非常稳定的石油提炼物，由它燃烧产生的火焰不但安全可靠，而且异常洁净，但价格也在几百至几万元不等。

技术差异化是指从原材料、工艺、设备、标准、指标、计量方法等方面着手，使产品区别于其他同类产品的方法。如iOS的智能手机操作系统是以Darwin为基础的，安卓是一种以Linux为基础的开放源代码操作系统，两者运行机制和后台制度存在区别，差异化的核心便是系统的运行性能以及用户的操作感知。近年来，能效等级（Energy Efficiency Index）成为常用的衡量家电质量的指标之一，能效等级是表示家用电器产品能效高低的一种分级方法，中国的能效标识将能源效率分为5个等级，其中，等级

图4-23 Zippo打火机

一表示产品节电已达到国际先进水平,能耗最低,等级二表示产品比较节电。

功能差异化是指在不改变产品基本使用价值的前提下,通过延伸或附加不同以提高竞争力的办法。如洗衣机曾经只能洗衣服、脱水桶只能脱水,直到后来,才逐渐将洗衣机的洗衣服和脱水的功能整合在一台机器上。目前,洗衣机的功能更丰富了,包括烘干、自洁、除菌等,更可以根据不同的衣物选择不同类型的洗涤方式。海底捞将火锅(如图4-24所示)与服务完美地结合在一起,扩大了火锅的外延,成为中国火锅行业的标杆,在市场中拥有不可撼动的地位。海底捞将标准化、信息化融入管理体系和工作体系,利用产品和服务的独特性建立起良好的口碑;给予员工公平、尊重、体面,增加员工的归属感;赋予员工一定的权力,提高员工的服务意识和服务素养;用人性化的管理促成人性化的服务,并形成产品的差异化。

图 4-24　海底捞火锅

文化不是一种个体特征,而是具有相同社会经验、受过相同教育的个体所共有的独特心理程序。文化差异化是将企业将企业文化或品牌诉求融于产品,利用产品与价值观接近或相似的目标群体产生链接,并通过产品进行价值输出与传递,以期实现和目标群体的共鸣,建立良好、长期的客户关系。以白酒品牌"江小白"为例,江小白坚守"简单包装、精制佳酿"的反奢侈主义理念(江小白广告图如图4-25所示),贴合现代年轻人的消费理念。江小白不仅仅是酒,更是一种年轻人展现自己和抒发情怀的载体。江小白与传统酒业严肃的形象不同,每瓶江小白的身上都有着代表自己的情怀标语,它代表着新青年的青春活泼与情怀。每瓶酒都被赋予了情感色彩,容易引发消费者共鸣。公司更与武汉两点十分文化传播有限公司联合推出了名为《我是江小白》的原创网络动画作品,持续进行价值输出与关系维护。

图 4-25　江小白广告图

（3）渠道差异化

渠道是商品的流通路线，是商品从厂家通向一定的社会网络、代理商、经销商接触消费者的路径。不同的企业往往结合产品的类型、特点以及自身企业的优势选择不同的分销途径，以此实现一定程度的差异化。如，有的企业通过第三方中间商（包括批发商和零售商）销售产品，自己无须开设门店；而有的企业通过自建直营的零售店或无人超市直接把产品销售给顾客；有的企业采取无店铺销售模式，通过企业的销售人员直接与顾客打交道，建立联系并促成销售；有的企业采用特许经营的分销网络；伴随互联网的发展，各类电子商务平台也成为最常见的销售渠道；在终端竞争日趋激烈、终端门槛越来越高的情况下，有些企业为了进一步寻求竞争优势，跨越终端直接进行社区销售，派遣工作人员深入社区进行商品展示和预销售服务。

案例分析 4-5

百果园［全称深圳百果园实业（集团）股份有限公司］，2001年成立于深圳，是一家集水果采购、种植支持、采后保鲜、物流仓储、标准分级、营销拓展、品牌运营、门店零售等于一体的大型连锁企业（百果园广告图如图4-26所示）。通过全球基地、优选品种、科学采摘、冷链保鲜、严格标准，向越来越多的人提供更好吃且性价比极高的水果，致力于推进水果产业链和水果专营连锁业态的发展，致力于水果知识和文化的创造与传播，是水果专营连锁业态的开创者。

好吃，是一种令人愉悦的享受
好吃，是检验水果的重要标准
好吃的水里，才是营养、安全、生态的

图4-26 百果园广告图

2002年，百果园在深圳开出中国第一家水果特许连锁专卖店，当时仅51平方米的店铺首月销售额达几十万元。2017年，百果园将北京最大的水果连锁超市果多美收入囊中。2020年8月，湖南果业龙头果之友100多家门店被百果园整合。从商业角度看，整合渠道、实现垄断供应，才能获取更多利润。百果园通过整合、加盟的方式快速扩张，就是这一策略的实施。

2019年4月，百果园正式宣布拓展全新的品类，进军生鲜领域，并发布了百果园集团独立生鲜平台"百果心享"，涵盖"心享商城""心享会员"两大业务线。2020年，百果园以线下门店（如图4-27所示）为提货点，推出了"熊猫大鲜"品牌进军社区团购。目前在百果园小程序，除了水果，还售卖蔬菜、粮油、休闲食品等，涉及生活用品的方方面面。截至2020年年底，百果园的终端门店数已超过4 600家，一体化会员数超7 000万，线上线下全渠道服务人次超2亿。

图4-27 百果园门店

百果园的销售场景可以分为一级和二级网络，一级网络是基于现有门店的线上线下一体化店，二级网络是指与一些无人货架服务商合作（在写字楼、商场、社区等场景投放智能零售设备，让消费者能够随时随地吃到百果园的水果，同时基于一级网络门店的库存、供销、鲜度管理，实现一日一配）。

目前，百果园已形成完整的线上线下一体化模式。线上，百果园通过自营App和美团、饿了么等第三方O2O（线上到线下）平台为周围3公里的顾客提供水果清洗、去皮、开切、外卖服务，甚至是App按实际称重差额退款等服务，让线上顾客能够享受到线下一样的消费体验；百果园也为线下顾客提供线上瞬间退款服务，顾客在门店购买水果后，订单将自动同步到自营App，顾客可在线上进行退款操作，退款比例从5%～100%不等，且完全是顾客自主操作。

思考：

（1）请分析百果园的销售渠道与其他水果商销售渠道的区别。

（2）请尝试分析百果园取得成功的原因。

延伸练习4-2

请结合自己的专业、兴趣，以及对市场的了解和分析，尝试提出3~5个创业机会。

三、创业机会评估

面对多个创业构思难以抉择或无法合理判断时，创业者应利用科学的方法对创业机会进行评估，以选择最适合环境的创业机会。

（一）创业机会评估的内容

1. 市场评估

（1）市场定位。

市场定位是指根据竞争者现有产品在市场上所处的位置，针对消费者或用户对该种产品的某种特征、属性和核心利益的重视程度，强有力地塑造此企业产品与众不同的个性或形象，并通过一套特定的市场营销组合将这种形象迅速、准确而又生动地传递给顾客的过程，其实质是使此企业与其他企业严格区分开来。

一个好的创业机会，必然具有特定市场定位，在评估创业机会的时候，可由市场定位是否明确、顾客需求分析是否清晰、顾客接触通道是否流畅、产品是否持续衍生等，来判断创业机会可能创造的市场价值。创业带给顾客的价值越高，创业成功的机会也越大。

（2）市场结构。

市场结构是构成市场系统的诸要素之间的内在联系方式及其特征，泛指某一市场内部各种要素，如市场上现有的供给者、需求者与正在进入或可能进入该市场的供给者、需求者之间的关系，包括针对创业机会的市场进入障碍，供应商、顾客、经销商的谈判力量，替代性竞争产品的威胁，以及市场内部竞争的激烈程度的分析等。由市场结构分析可以得知新企业未来在市场中的地位，以及可能遭遇竞争对手反击的程度。

拓展阅读 4-15

常见的市场结构类型包括完全竞争、垄断竞争、寡头竞争和完全垄断 4 种。

1. 完全竞争

有极多的买主和卖主，二者之间不必固定买卖关系；单个买主与卖主之间的交易量同市场全部交易量比起来都很小；生产销售企业以同样的方式向市场提供同类的、标准化的产品市场上交易的产品或服务；不存在不确定性和行业秘密；不存在进出障碍。如大米、小麦等农产品。

2. 垄断竞争

市场中有众多的生产者和消费者，而且消费者具有明显的偏好，商品与服务"非同质"；市场的进入与退出完全自由；各生产者提供的商品有一定差别，但并没有本质区别，是现实生活中最常见的存在形式，如洗发水、牙膏、肥皂等生活日用品。

3. 寡头垄断

介于完全垄断和垄断竞争之间的一种市场模式，某种产品的绝大部分由少数几家大企业控制的市场，进入受到限制，如可乐市场的可口可乐和百事可乐；智能手机操作系统的 iOS 和安卓即形成了寡头垄断。

4. 完全垄断

只有一个企业独家经营，进入受到限制或完全受阻，产品独一无二，企业对价格和市场有着强大的控制力。

（3）市场规模。

市场规模又称市场容量，是指在不考虑产品价格或供应商的前提下，市场在一定时期内能够吸纳某种产品或劳务的单位数量。市场规模大小以及整体成长速度是影响创业成败的重要因素。一般而言，市场规模越大，进入障碍相对较低，市场竞争激烈程度也会略为下降；市场成熟度较高，即使市场规模较大，但由于发展有限，利润空间必然较小，则不适合新企业进入；如市场处于发展和成长状态，通常伴随许多商机，只要进入时机正确，必然会有或大或小的获利空间。

拓展阅读 4-16

> 数字会议系统是把计算机、通信、控制、多媒体、图像、音频等技术集中于一体的会议系统，主要包括会场显示及音响系统、中控系统、会议管理系统、投票选举系统、报道系统、表决系统六大部分。它的价值在于可以提高会议效率、加快会议进程、节约会议时间，保障会议顺利并可靠召开，节约会议成本，实现"高水平、快节奏、零差错"的目标。而正是这些便利性和软硬件技术的日新月异，助推着数字会议系统的快速发展。
>
> 2020年因为全球新冠大流行，社交隔离成为人们阻遏病毒传播的重要方法，而这一措施也间接推动远程办公设备的发展，而数字会议系统作为其中的一环，也吸引了越来越多从业者的关注，根据智研咨询在2019年的预测，到2025年时，我国对中国数字会议系统的市场需求量将达到84.46万套。
>
> （资料来源：https://www.sohu.com/a/444817172_653225，2021/01/14）

（4）产品的成本结构。

产品成本（Product Cost）是指企业为了生产产品而发生的各种耗费。在商品主导逻辑下，成本主要是指为生产商品而发生的直接材料、直接人工和制造费用，它们在产品价值增值和客户价值创造中起主导作用；在服务主导逻辑下，成本不仅包括为生产产品所发生的料、工、费等制造成本，也包括与客户认可的商品和服务价值相匹配的其他支出，是从产品生产到产品出厂再到客户手中所发生的全部成本。

成本结构是产品成本中各个成本项目的数额占全部产品成本数额的比重，不同类型的产品，成本结构常不相同。成本结构可以反映产品的生产特点，在很大程度上还受技术发展、生产类型和生产规模的影响，也可以反映创业项目是否具有投资和发展前景。例如，从物料与人工成本所占比重之高低、变动成本与固定成本占总成本的比重，以及经济规模产量大小，可以判断企业创造附加价值的幅度以及未来可能的获利空间。企业利润是企业成本转换、增值的结果，企业的成本结构决定了其利润率和竞争力。优化产品成本结构，提高企业利润率，可从以下方面着手：削减客户次要需求、简化产品类型；生产技术、生产工艺、管理模式创新，整合供应链、优化企业生产流程；实现规模生产，降低单位产品边际成本；等等。

案例分析 4-6

餐企重构成本结构：人力成本增速仍然最快

中国饭店协会与新华网联合发布《2020中国餐饮业年度报告》（以下简称《报告》），《报告》集中调研了上百家餐饮企业在2019年的经营数据。数据显示，餐饮行业仍然倾向于重资产布局，并且成本压力越发凸显，其中人力成本增速仍然是餐企成本结构中增速最快的部分。

报告显示，国内餐饮行业原料进货成本、人力成本以及三项费用（销售费用、管理费用、财务费用）成本是成本中占比最高的3项，而原料进货成本、人力成本以及房租及物业成本是增长最快的3项。报告还显示，2019年调研企业中人力成本占营业收入比例均值为21.35%，并且仍在以3.69%的涨幅持续增长，是餐饮企业成本中增速最快的。其中，77.92%的调研企业人力成本占比同比出现上涨，25%的调研企业人力成本占比同比上涨超过5%，但是仅有62.5%的餐企人均劳效出现上升。从员工数量方面来看，调研企业员工总数同比增长9.90%，涨幅收窄4.70个百分点。调研企业员工流失率均值为14.79%，较上年同期小幅下降1.21个百分点。人员流失率在12%以下的企业占比56%，基本与去年持平。此外，员工工资涨幅也较为明显，餐饮行业一线员工工资较低，一线员工工资均值为3 940元，同比涨幅为5.96%。管理人员工资均值为7 894元，同比涨幅为5.90%。

今年以来由于突发疫情，以及防控疫情常态化的要求，餐饮行业受到重创。同时，很多餐饮企业都在今年集中开始思考成本重构以及餐饮产业升级的问题。

比格比萨创始人赵志强表示，经过此次疫情，很多餐饮人都意识到优化房租成本和人工成本对于餐企可持续发展的重要性。优化成本结构能够提升企业的抗风险能力，同时能帮助餐饮企业提升自身的盈利能力，今年的疫情也很有可能会加速餐饮企业在这些方面做出调整。

思考：请结合案例思考优化成本结构对企业提高市场竞争力的作用。

（资料来源：https://baijiahao.baidu.com/s？id=1676721719792339664&wfr=spider&for=pc，2020/09/02）

2. 效益评估

创业者可从利润率、投资回报率、启动资金需求等方面对项目进行综合评估。

（1）合理的利润。

利润是企业经营效果的综合反映，也是其最终成果的具体体现。利润的本质是企业（项目）盈利的表现形式，是销售额与总成本的差额。通常情况下，利润常用利润率来反映。利润率分成本利润率和销售利润率。

$$成本利润率 = 利润 \div 成本 \times 100\%$$

$$销售利润率 = 利润 \div 收入 \times 100\%$$

利润率越高，项目的回报也就越高。在评价拟创业项目的可行性时，应通过对项目成本和销售进行预估，并计算出利润率以及利润净额。创业者应设计合理的利润预期，不宜因为对项目的信心而盲目乐观，设置过高的利润期望值，如经过计算项目无法达到预期利润则予以搁置。合理的利润应结合项目的发展周期，充分调研市场现状，论证市场前景而设置；应能够兼顾消费者、合作者、供应商等利益链各方的利益；应能够维持项目的正常运营以及合理投资。但由于创业者对于项目的诉求不一致，合理的利润往往具有较强的主观性。

案例分析 4-7

药品集中带量采购是我国解决"看病贵""药价贵"问题"组合拳"的重要组成部分。2021年1月，第四批国家组织药品集中采购和使用工作正式启动，国家层面的药品集采常态化机制正在逐渐成形。集中采购常态化和入围产品规模扩大，并不是让整个医药行业打价格战，而是通过优胜劣汰使其中优秀的企业更具有市场竞争力，同时鼓励企业研发创新；解决的不只是药价虚高、节省医保费用等问题，更促进了多年来专利过期原研药的替代进度以及"多小散乱"药品行业的集中。2021年1月15日召开的国务院常务会议也指出，药品集中带量采购要在为患者减负同时，兼顾企业合理利润。

思考：请结合案例分析确保企业合理利润对更好发挥"药品集中采购"作用的重要意义。

（资料来源：http://finance.eastmoney.com/a/202101191780880745.html，2021/01/19）

（2）投资回报率。

投资回报率（ROI）是指通过投资而应返回的价值，是创业者从一项投资性商业活动的投资中得到的经济回报，涵盖了企业的获利目标，是衡量一个企业盈利状况、企业经营效果和效率的综合性指标，也是项目收回成本所需时间的重要依据。

$$投资回报率 = 年利润或年均利润 \div 投资总额 \times 100\%$$

考虑到创业可能面临的各项风险，合理的投资回报率应该在25%以上，如投资回报率过低，创业者应谨慎考虑，如是否有足够多的资金能够支持该项目支撑更长的时间。不同行业的投资回报率具有差异性，有的项目确实需要经历较长的耕耘时间，这些不断积累的投入往往会形成市场进入障碍，对后期的持续获利有保证。

（3）启动资金需求。

启动资金是指创业构思落地需要的前期资本投入，通常包括房租、店面装修、设备采购、人员招募等。启动资金的多少与项目能否成功没有绝对的关系，但所需启动资金越多，意味着项目前期投入越大，项目的投资回报周期则可能越长；项目所需启动资金越少，项目风险则越低。按照用途，启动资金可分为投资资金和流动资金两大类。

①投资资金，是指为创办企业或项目落地购置固定资产、无形资产等所花费的资金，以及其他需要支付的资金总额。不同类型的项目所需要的投资金额是不同的，有的项目只需要很少的投资就能实现，而有的项目则需要大量的资金才能启动。一般来说，在创办企业初

期，需要把必要的投资金额降到最低限度，降低风险。

②流动资金，是指企业（项目）维持日常运转，如采购原材料、发放工资、缴纳税费等所需准备的资金，流动资金是流动资产的表现形式，又称营业周转资金。净流动资金的多少在一定程度上代表着企业的资产状况，净流动资金越多表示净流动资产越多，其短期偿债能力越强，其信用地位越高。

脑力测验 4-1

> 笑笑是某大学学前教育专业的一名本科生，不论刮风下雨，她从来没有耽误过一节课，认真学习学前教育专业的各门课程，积极参加各项社会实践和专业见习活动。利用寒暑假的空余时间，她先后在当地的知名早教机构担任助教、在学校旁边的幼儿园担任配班老师等，各种实践活动让她对学前教育事业有了更深的认识。她立志要将自己的青春奉献给神圣的学前教育事业。
>
> 笑笑的家乡在一个小县城，当地的一些人对幼儿园阶段的教育并不是很重视，觉得上不上幼儿园都没有关系，幼儿园就是帮忙看孩子的地方等；还有些人则认为幼儿园需要为孩子们做好上小学的准备，希望幼儿园可以教授一些学科基础知识。
>
> 大四的时候，笑笑和自己的同学一起对当地的幼儿园市场进行了调研，也对家长们的需求做了详细梳理，想要开办一家让孩子们快乐的幼儿园。她做兼职的时候认识的一个公司老板听说她的打算后愿意投资。幼儿园将目标群体定位为县城里家庭人均月收入在 6 000~10 000 元的家庭，拟租用某大型开发商新建的小区配套商业圈中的一个独栋三层楼楼房。预计每个年级 4 个班，每个班不超过 25 人，共能够提供 100 个学位。
>
> 请你帮笑笑算算，该项目需要多少启动资金？

（二）创业机会评估的方法

通常情况下，创业机会识别包括创业机会评估和创业机会察觉两个过程。创业机会评估是指创业者结合现有经验，利用一定方法，对已察觉创业机会的市场状况和财务状况进行综合评估，并选择某个创业机会的过程。创业机会评估一般包括定性、定量两种方法，两者的分析角度不同，定性分析没有绝对的科学标准，且难以用数字衡量；定量分析则是利用一些相对成熟、规范、科学的工具对客观因素进行分析，数据具有一定意义。

1. 标准打分矩阵

标准打分矩阵通过选择对创业机会能否成功有重要影响的因素，由专家对每个因素按照极好、好、一般三个标准分别进行 3 分、2 分、1 分的赋值，然后求出各个因素在创业机会下的加权平均分，从而对不同的机会进行比较。

2. Westinghouse 法

Westinghouse 法是由美国西屋电气公司制定的，用来给一系列可供选择的投资机会进行评分，并选择最优机会的方法。该方法通过产品或服务的技术成功概率、商业成功概率、毛利（价格-成本）、投资生命周期与总成本的比值，计算和比较各创业机会的优先级。

机会有限级别 =（技术成功概率×商业成功概率×毛利×投资生命周期）÷总成本

当创业者面对几个创业机会时，首先需要评估、计算各个创业机会的技术成功概率、商业成功概率、毛利、投资生命周期、总成本，然后将这些具体数值代入公式进行计算，最终得到的数值（机会有限级别）越高，则说明该创业机会成功的概率越高，优先等级则越高。

3. Hanan's Potentionmeter 法

Hanan's Potentionmeter 法（见表 4-1）通过让创业者填写预先设定好权值、针对不同因素和不同情况的选项式问卷来评定创业机会成功的概率。对于不同因素、不同选项分别给予 −2~+2 的分值，然后将各个因素的得分相加，项目最终总得分低于 15 分的项目应淘汰不予考虑，总分越高的代表成功的潜力越大，可再利用其他工具和创业者的主观意愿进行筛选。

表 4-1 Hanan's Potentionmeter 法①

评价因素	得分（−2~+2）
对于税前回报率的贡献	
预期的年销售额	
生命周期中预期的成长阶段	
从创业到销售额高速增长的预期时间	
投资回收期	
占有领先者地位的能力	
商业周期的影响	
为产品制定高价的能力	
进入市场的容易程度	
市场实验的时间范围	
销售人员的要求	
总分	

4. Baty 选择因素法

Baty 选择因素法通过设定好的 11 个因素（视角）对创业机会进行判断，创业机会符合设定因素的数目越多，该机会成功的希望就越大。如果某个创业机会符合设定的因素不超过 6 个，则应该否定该创业机会。

拓展阅读 4-17

Baty 选择因素法

（1）这个创业机会在现阶段是否只有你一个人发现？

---

① 张玉利，李新春. 创业管理 [M]. 北京：清华大学出版社，2006.

(2) 初始的产品生产成本是否可以承受？
(3) 初始的市场开发成本是否可以承受？
(4) 产品是否具有高利润回报的潜力？
(5) 是否可以预期产品投放市场和达到盈亏平衡点的时间？
(6) 潜在的市场是否巨大？
(7) 你的产品是否为高速成长的产品家族中的第一个产品？
(8) 你是否拥有一些现成的初始客户？
(9) 你是否可预期产品的开发成本和开发周期？
(10) 是否处于一个成长中的行业？
(11) 金融界是否能理解你的产品和顾客对它的需求？

（资料来源：张玉利、李新春著，《创业管理》，清华大学出版社 2006 年版）

5. Timmons 创业机会评价模型

Timmons 结合自身经验，总结概括了一个评价创业机会优良的模型（见表 4-2），该模型构建的评价框架包括 55 个具体指标，可囊括 8 个不同的评价类型。

表 4-2　Timmons 创业机会评价模型①

评价类型	指标	
一、行业和市场	1. 市场	2. 客户
	3. 用户利益	4. 增值
	5. 产品生命	6. 市场结构
	7. 市场规模	8. 成长率
	9. 市场容量	10. 可获得的市场份额（5年内）
	11. 成本结构	
二、经济性	12. 达到盈亏平衡点和正的现金流所需的时间	13. 投资回报率潜力
	14. 资本要求	15. 内部收益率潜力
	16. 自由现金流特征	17. 销售额的成长
	18. 资产密集度	19. 自发流动资本
	20. 研发、资本开支	21. 毛利率
	22. 税后利润	23. 达到盈亏平衡点所需时间
三、收获	24. 增值潜力	25. 估价倍数和可比性
	26. 退出机制和战略	27. 资本市场环境
四、竞争优势	28. 固定或可变成本	29. 对成本、价格和分销的控制
	30. 进入壁垒：所有权保护	31. 竞争回应时间
	32. 法律、合约优势	33. 关系和网络
	34. 关键人物	
五、管理团队	35. 创业团队	36. 行业和技术经验
	37. 正直	38. 认知诚实度

---

① 杰弗里·蒂蒙斯，小斯蒂芬·斯皮内利. 创业学 [M]. 周伟民，吕长春，译. 北京：人民邮电出版社，2008.

续表

评价类型	指标	
六、致命缺陷问题（39）		
七、个人标准	40. 目标与匹配度	41. 好、差的方面
	42. 机会成本	43. 愿望
	44. 风险、回报容许度	45. 压力承受度
八、战略差异	46. 匹配度	47. 团队
	48. 服务管理	49. 时机
	50. 技术	51. 灵活性
	52. 商机导向	53. 定价
	54. 分销渠道	55. 容错空间

Timmons创业机会评价模型主要适用于创业者对创业企业进行整体评价，该指标体系必须运用定性与定量相结合的方法才能较好地对创业机会的可行性以及不同创业机会之间的优劣程序进行排序。在实际使用中，可结合使用对象、创业机会所属的行业特征等进行重新分类和梳理简化，对评价主体有较高的要求。

第五章　构建商业模式

【章节目标】

一、知识目标

1. 了解商业新模式的内涵。
2. 熟悉4种传统的商业模式及当代新兴的10种商业模式。
3. 了解商业模式的九个要素和商业模式画布的9个模块。
4. 了解成功商业模式的特征、构建商业模式的原则。
5. 熟悉建构商业模式的分析方法和常用工具。

二、能力目标

1. 能够初步判断企业的商业模式的类别。
2. 能够运用商业模式画布或其他商业模式分析工具初步建构商业模式。
3. 能够对企业商业模式优劣进行初步分析并提出自己的建议。

三、素质目标

1. 具有宏观思维和市场意识，对新事物保持接纳态度并具有一定的商业敏感度。
2. 培养创新思维能力和开拓进取精神。

【章节导入】

移动电影院V3.0正式发布，百年电影产业商业模式迎来新突破

"由于新冠肺炎疫情，我们无法与数千名嘉宾现场欢聚，而采用云直播的方式与大家会面。作为电影行业多年的从业者，我可以坚定地告诉大家：电影院不会消失，电影行业的票房模式不会消失。"

1. 全新商业模式，移动电影院开启"院线新生态"

移动电影院首席执行官高群耀博士表示："移动电影院在不停地探索移动观影和社交观影，而且在继续寻求电影的新卖点，挖掘电影的新票源，阻止摧毁电影票房的各种攻势，捍卫中国的电影产业，而品牌厅正是电影商业模式的又一个重大的突破。"据介绍，2019—2020年，移动电影院上映院线电影250部，观影人次超425万，观影人次和票房同比增长均超100%。业绩翻倍的背后，移动电影院也在寻找高速发展的新引擎，而品牌厅就是移动电影院在电影产业商业模式上的一次全新探索。

2. 身临其境，带你体验观影新世界

所谓移动院线，并不是简单地将线下放映移植到移动终端，而用户在观影过程中的仪式感、参与感、社交互动等，也是线上体验感不可或缺的组成部分。高群耀博士表示："移动

电影院 V1.0 实现了'移动观影',移动电影院 V2.0 实现了'社交观影',而移动电影院 V3.0 则基于用户需求,注重'体验观影'。"

移动电影院 V3.0 产品以"身临其境"为设计理念。借势 5G、跨屏互动等新技术的发展,移动电影院开通了移动设备一键投屏观影和多人场跨屏互动的功能,实现了观影体验从小屏到大屏的质的突破;同时,为了让用户"玩起来",移动电影院还推出了聚合电影级影像制作交流的内容社交模块——影迷社区,旨在吸引更多电影行业人才及影迷入驻,打造专注电影创作、深挖电影内容的兴趣阵地。让片方有票房,让品牌有平台,让观众有实惠,多方共赢下的移动电影院将为百年电影产业注入新活力,带来电影票房和观影人次最大化的新突破。

思考:
(1) 新冠肺炎疫情对商业世界产生了哪些冲击?
(2) 企业如何在变革的时代生存?

(资料来源: http://big5.xinhuanet.com/gate/big5/www.xinhuanet.com/culture/2020-05/11/c_1125967775.htm,2020/05/11)

第一节 常见的商业模式

商业模式是管理学的重要研究对象之一,也是 MBA、EMBA 等主流商业管理课程关注的重点。要创设一个企业,选择一种最适合生存的商业模式尤为重要,这直接关乎创业的成败。当然,企业在经营期间,可能会数次改变商业模式,但这都建立在对各种常见的商业模式了解的基础之上。

一、商业模式的内涵

商业模式有狭义和广义之分。狭义的商业模式主要是盈利模式,是指企业内部的管理问题,即企业内部的价值链,主要着眼于管理、产品、组织、盈利、成本控制等;广义的商业模式是企业与外部的关系,如与客户、政府、供应商、经销商、其他相关的企业、投资者等的关系,企业与外部利益相关者的关系——其中最重要的是与客户的关系。通过内部价值链系统,与外部的供应链和产业链协同起来,形成一个大的系统,并把它固化为一种交易结构。广义的商业模式更重要。通俗地说,一元钱通过你的公司绕了一圈,变成一元一角钱,商业模式就是指这一角钱是在什么地方增加的。

任何一个商业模式都是一个由客户价值、企业资源和能力、盈利方式构成的三维立体模式。任何一个成功的商业模式都具有能提供独特的价值、难以模仿与复制、落地可执行的特征。构建商业模式并不是一蹴而就的,而是在不停地探索与发现中构建新的机遇,每种商业模式都需要用发展的眼光看问题,需要创业者投入大量的资本,也需要去融资,这就造成商业模式的存在非常重要,是创业者不可回避的问题。

二、商业模式的类型

(一) 3 种传统的商业模式

1. 店铺模式

一般来说，服务业的商业模式要比制造业和零售业的商业模式更复杂。最古老也是最基本的商业模式就是"店铺模式（Shopkeeper Model）"；具体来说，就是在具有潜在消费者群的地方开设店铺并展示其产品或服务。

2. 饵钩模式

随着时代的进步，商业模式也变得越来越精巧。"饵与钩（Bait and Hook）"模式，也称为"剃刀与刀片"（Razor and Blades）模式，或是"搭售"（Tied Products）模式，它出现在 20 世纪早期。在这种模式里，基本产品的出售价格极低，通常处于亏损状态；而与之相关的消耗品或是服务的价格则十分昂贵。比如剃须刀（饵）和刀片（钩）、手机（饵）和通话时间（钩）、打印机（饵）和墨盒（钩）、相机（饵）和胶卷（钩）等。这个模式还有一个很有趣的变形：软件开发者们免费发放文本阅读器，但是对其文本编辑器的定价却高达几百美元。

案例分析 5-1

腾讯——一站式生活服务提供者

从产业价值链定位来看，腾讯抓住互联网对人们生活方式的改变形成新的业态为机遇，通过建立中国规模最大的网络社区"为用户提供一站式在线生活服务"，通过影响人们的生活方式嵌入主营业务。

从盈利模式来看，腾讯在一个巨大的便捷沟通平台上影响和改变了数以亿计网民的沟通方式和生活习惯，并借助这种影响嵌入各类增值服务，如开展了以移动 QQ 为中心的无线短信服务、以腾讯 QQ 为中心的个性化增值业务、商用即时通信软件业务、基于腾讯 QQ 品牌的广告服务与品牌授权业务等。从创新性来看，该商业模式的创新之处在于腾讯借互联网对人们生活方式改变之力切入市场，通过免费的方式提供基础服务而将增值服务作为价值输出和盈利来源的实现方式。

思考：

（1）腾讯公司采用的是什么商业模式？

（2）这种商业模式是怎样盈利的？

（资料来源：https://www.163.com/dy/article/FCK4UOJS05372NG2.html，网易，2020/05/14）

3. 软硬一体化模式

在移动互联网时代，平台为王、应用为王是移动互联网发展的重要特征，现在越来越多的移动互联网企业，不仅要靠卖终端赚钱，而且靠控制操作系统和开放聚集大量应用和服务来赚钱。这种构建"终端+软件+服务"全产业链的业务体系称为软硬一体化商业模式，其最大的特点就是打造终端、操作系统、应用和服务一体化的生态系统，从而使企业更有竞争力，在产业链中拥有更多的话语权。在这种模式下，企业的收入来源更多元化，终端厂商不仅仅是靠卖终端盈利、增加内容应用获得收入，还可以通过向第三方收取广告费，从而增加企业盈利点。苹果以其独到的"iPod + iTunes"商业模式创新，将硬件制造和软件开发进行结合，以软件使用增加用户对硬件使用的黏性，并以独到的 iOS 系统在手机端承载这些软件，此时消费者在硬件升级时不得不考虑软件使用习惯的因素。

拓展阅读 5-1

软硬一体化商业模式的发展情况

移动互联网时代，苹果的成功告诉我们，"终端+软件+服务"的商业模式才会获得更大的成功。正是苹果这种商业模式的巨大成功，吸引了电信运营商、移动终端厂商、互联网公司、设备厂商的纷纷效仿，软硬一体化商业模式受到追捧。

我国三大运营商都成立了终端公司，显示出对终端的重视。同时，三大运营商大力拓展移动互联网市场，通过成立基地、实现机制体制创新、实现公司化运营，大力发展应用商店、阅读、音乐、视讯、动漫等业务。经过近几年的实践和探索，电信运营移动互联网业务取得突破性进展，如中国电信爱音乐用户达到 1.8 亿，天翼视讯用户超过 8 000 万，天翼阅读用户超过 9 000 万，中国移动应用商店（MM）已成为全球最大的中文移动应用商店，累计下载量达到 15 亿次，中联通沃商店用户规模突破 1 000 万。通过与手机终端厂商合作，定制手机内嵌电信运营商的应用是电信运营商的重要策略，旨在推广和普及电信运营商的应用。

（二）当代新兴的商业模式

1. B2B 电子商务模式

B2B（Business to Business，简称 B2B）模式是一种企业与企业之间通过互联网进行产品、服务及信息交换的营销模式。这种模式以阿里巴巴为代表，它被誉为全球最大的网上贸易市场，不仅推动了中国商业信用的建立，也为广大的中小企业在激烈的国际竞争中带来更多的可能性。阿里巴巴汇聚了大量的市场供求信息，同时通过在线贸易、信用分析、商务平台、增值服务为会员提供服务，创造价值。以阿里巴巴为代表的 B2B 电子商务模式取得了巨大成功，但中国电子商务整体环境始终限制着模式的发展，信用管理问题也同样突出，需要在后续发展中加以解决。

拓展阅读 5-2

阿里巴巴的创新商业模式

从产业价值链定位来看，阿里巴巴抓住互联网与企业营销相结合的机遇，将电子商务业务主要集中于 B2B 的信息流，为全球所有人创造便捷的网上交易渠道。

从盈利模式来看，阿里巴巴通过在自己的网站上向国内外供应商提供展示空间以换取固定报酬，将展示空间的信息流转变为强大的收入流并提供增值服务。从创新性来看，该商业模式的创新之处在于阿里巴巴敏锐地看到了中国中小企业对国内外买家渠道和更广客户群的巨大需求，通过互联网向客户提供接触买家的渠道和接触范围更广的客户群的机会，减少了这些企业因参加各种贸易展会、推介会所需花费的成本，并从互联网中打开获益的渠道。

（资料来源：http://www.caifurensheng.cn/BusinessModel/BusinessModelShow-45376.html, 2020/12/18）

2. B2C 电子商务模式

B2C（Business to Consumer，简称 B2C），也叫"商对客"，是电子商务的一种模式，也就是通常说的直接面向消费者销售产品和服务商业零售模式。携程、京东、苏宁易购、唯品会、当当等都是这种模式。这种模式极大地改变了大众的消费习惯，让选择和购买都更加便捷，降低了中间成本，让消费借助互联网进入一个突破时空的新发展阶段。

拓展阅读 5-3

携程的创新商业模式

从产业价值链定位来看，携程抓住互联网与传统旅游行业相结合的机遇，力求扮演航空公司和酒店之间"渠道商"的角色，以发放会员卡吸纳目标商务客户、依赖庞大的电话呼叫中心开展预订服务等方式将机票、酒店预订、度假预订、商旅管理、特约商户及旅游资讯在内的全方位旅行服务作为核心业务。从盈利模式来看，携程通过与全国各地的众多酒店、各大航空公司合作，以规模采购从上游大量降低成本——让其把空置的客房按一个极低的折扣价交由携程处理或拿到比大众低的折扣机票，同时通过下游消费者在携程网上订客房、订机票不断积累客流。随着客流的逐渐增多，携程同酒店和航空公司的议价能力越强，其成本就越低，进而客流会继续增长，最终形成良性发展的盈利模式。从创新性来看，这种商业模式的创新之处在于携程立足于传统旅行服务公司的盈利模式，主要是通过"互联网+呼叫中心"完成一个中介任务，用 IT 和互联网技术将盈利水平无限放大。

（资料来源：http://www.caifurensheng.cn/BusinessModel/BusinessModelShow-45376.html, 2020/12/18）

3. C2C 电子商务模式

C2C（Customer to Consumer，简称 C2C）指个人与个人之间的电子商务，比如一个消费者有一台计算机，通过网络进行交易，把它出售给另外一个消费者，此种交易类型就称为 C2C 电子商务，如常用的淘宝网、易趣网则是这种模式的代表。这种模式的特点是网上支付、安全交易、网络营销。淘宝网以连续数年免费的模式，将最大的竞争对手置于被动地位，并吸引众多网上交易的爱好者到淘宝开店。淘宝网还打造了国内先进的网上支付平台"支付宝"，其实质是以支付宝为信用中介，在买家确认收到商品前，由支付宝替买卖双方暂时保管货款的一种增值服务。当然 C2C 的模式也受到中国的消费环境尚不成熟的影响，此外，网络支付的安全性和信用体系的建设也是需要面对的挑战。

4. 免费+增值模式

免费+增值模式先为顾客提供免费服务，直到顾客想要更多的功能或容量，或者想去掉广告，这个时候他们就需要花钱来购买。风险投资人 Fred Wilson 曾经这样表述这种模式：免费提供你的服务，可以用广告支持但也无所谓，借助口碑传播有效地获得大量用户，有系统的搜索营销，然后向你的用户提供增值的附加服务，或你的服务的一个增强版本。后来，Fred Wilson 进一步将这种模式命名为"免费增值商业模式"，特点往往是先免费，积累了大量客户并且客户养成消费习惯，对产品或服务产生一定依赖性后收费。举个例子来说，印象笔记让人们可以免费在云端储存信息，但如果顾客想要更大的存储空间或更多功能，他们每年就要支付 45 美元。

5. 虚拟商品模式

虚拟金币、鲜花、徽章等都是几乎不需任何成本和储存费的商品，然而现在的年轻人却愿意花费资金购买各种游戏、直播中的"金币"进行充值，以提升虚拟产品体验感。现下最流行的抖音等短视频平台、直播平台，以及各种手游等都是属于流量变现+增值服务的虚拟商品模式。

6. 手艺人模式

小牛电动车就是这种模式的典型代表。采用这种模式的初创企业把质量和工艺视为生命。这种企业也许很难做到很大规模，但可以成为这个领域内的翘楚……不过当它搭建起自己的在线交易平台后，一切就发生了很大变化，线下体验店与线上购买相结合，能吸引这个时代更多的年轻购买者。

7. 个性化解决方案模式

个性化解决方案模式是企业深刻了解顾客面临的问题，提供个性化解决方案，尽可能让顾客满意。

拓展阅读 5-4

个性化定制如何倒逼企业进行柔性化生产？

李克强总理在 2016 年政府工作报告中提出：加强供给侧结构性改革，增强持续增长动力。鼓励企业开展个性化定制、柔性化生产，培育精益求精的工匠精神，增品种、提品质、创品牌；促进制造业升级，实施智能制造。

个性化定制是用户介入产品的生产过程，用户获得自己定制的个人属性强烈的商品或获得与其个人需求匹配的产品或服务，定制成为一种时尚，一种潮流，定制俨然成为各行各业未来趋势。正是个性化的衍生倒逼企业无法采用以往的生产方式。

所谓柔性化生产，是指在品质、交期、成本保持一致的条件下，生产线在大量生产和小批量生产之间任意切换。业界谈论更多的"大规模个性化定制"只是柔性生产的一种形式，并不是通用模型。同时，所谓"小多快"（小批量、多品类、快速生产）也不是真正的柔性化，因为大批量订单做不了也不是真正的柔性生产。目前，方兴未艾的"智能制造"，我们认为也是应用IOT技术来实现柔性化生产或定制化生产，总体上也属于这个范畴。

纵观国内，从服装、鞋包到钢铁、原材料，各行各业的制造柔性化都在加速。以炼钢厂为例，以前订单生产都是以月为交期，以"炉"为单位批量生产（一个品种一炉至少50吨）；而现在钢厂面临的多品种、小批次订单越来越多，交期也从按月到按周交货，这样的市场形势倒逼钢厂在生产模式上也发生变化。比如，变连续生产为半连续生产，炼钢炉不停变化钢种，优化钢种排产顺序合并小浇次，精细排产计划。

（资料来源：https://baijiahao.baidu.com/s? id=1667291277110169938&wfr=spider&for=pc，2020/05/21）

8. 多元组合模式

同样的商品用不同的包装和不同的单价在不同的消费场景出售。可口可乐采用的是这种模式。可口可乐公司在超市、便利店、餐馆和自动贩卖机上出售商品。

9. 共享商业模式

共享经济一词最早出现在美国社会学教授马科斯·费尔逊和社会学教授琼·斯潘思于1978年发表的论文中，具体是指社会中的个体通过一个由第三方所创建以信息技术为基础的市场平台来与其他的社会个体进行闲置物品的交换，也可以是分享知识和经验，或者为项目、为企业筹集资金。其本质是对闲置资源的再次利用。共享经济现有五个最基本的要素，分别是闲置资源、连接、信息、使用权和流动性，并且缺一不可，共享经济的关键在于对这些要素进行合理的配置，以最低的成本实现最高的利润。

拓展阅读 5-5

我们生活中的共享产品与服务

"共享"这个词是近年来的一个热词，甚至催生了共享经济。生活中，很多资源通过共享获得了更多的价值，并且为人们的生活带来了便利。

1. 共享单车

共享单车是企业在一些社会公共区域建立共享单车取车点和停放点，为此区域段的出行用户提供自行车自助服务的一种租赁模式。其本质就是以自行车为载体的一种新型绿色环保节能的共享经济体制,也是一种新型的节能减排交通工具租赁行业业务,通过合理的利用公共道路的通过率而带动自行车的使用率,满足国家倡导低碳出行的理念。

2. 共享奶奶

"共享奶奶"(如图5-1所示)项目,成都市武侯区吉福社区以老人和小孩互相照顾为切入点,从居民实际需求出发,建立居民需求对接机制,通过"大手牵小手"的形式,鼓励居民走出家门,让社区的长者和双职工家庭牵手结对。搭建"共享奶奶"平台,让年长的"奶奶"照顾双职工家庭的子女,双职工家庭为长者提供各类关爱服务,形成社区自主的"老小"志愿者模式。

图 5-1 共享奶奶

10. 虚拟经营模式

虚拟经营是适应多变的需求与竞争环境的一种动态企业的经营观的产物,是以内外部资源的合理整合与善用为宗旨,以内部机构的精简和外部协作的强化为目标,以灵活与适应性为原则,把企业的供应商、生产商、顾客或竞争对手等建立起来的动态合作网络作为新型财富创造的方式。美国耐克公司是服装业虚拟经营的典范。耐克公司把精力主要放在设计上,具体生产则承包给劳动力成本低廉的国家和地区的厂家,以此降低生产成本。这种虚拟制造模式使耐克得以迅速在全球拓展市场。近年来,耐克试图转变既有的产品驱动型的商业模式,进而发展成为通过全球核心业务部门的品类管理,推动利润增长,以客户为中心的组织。

当然,随着时代发展,商业模式也需要不断更新迭代,甚至企业的商业模式不一定是单一的,很有可能是几种模式的整合。商业模式的创新一直在路上。

延伸练习 5-1

(1) 你认为日常哪种商业模式比较容易模仿?这种商业模式是基于什么样的商业逻辑?

(2) 学习了一些商业模式后,你认为未来发展的趋势是什么?

A. 获得客户的途径

B. 多元化组合
C. 品牌的效应
D. 虚拟商品

（3）针对目前国际国内形势，各个企业应该如何创新商业模式？

第二节　商业模式的要素

商业模式的提出，最早可追溯到20世纪末，不同的研究者给予了商业模式不同的观点和方向。综合目前关于商业模式的各个概念，我们把商业模式的构成要素概括为：价值定位、目标市场、销售和营销、生产、分销、收入模式、成本结构、竞争以及市场大小、增长情况和份额等。

一、商业模式的9个要素

（一）价值定位

价值定位是企业通过其产品和服务所能向消费者提供的价值，即所要填补的需求是什么或是要解决什么样的问题？价值定位必须清楚地定义目标客户、客户的问题和痛点、独特的解决方案。

（二）目标市场

目标市场是企业瞄准的消费者群体，是企业打算通过营销来吸引的客户群，并向他们出售产品或服务，这些群体具有某些共性，从而使企业能够（针对这些共性）创造价值。目标市场必须明确，否则很可能生产出来的商品销售不出去，或者销售渠道受限，导致企业库存积压过多而失去资金流动性，最终破产。

（三）销售和营销

如何接触到客户？口头演讲和病毒式营销是目前最流行的方式，但是用来启动一项新业务还是远远不够的。创业公司的销售渠道、营销提案应尽量具体化。没有好的销售渠道和好的营销模式，生产能力再强，企业也无法生存下去。

（四）生产

创业公司是如何做产品或服务的？常规的做法包括家庭制作、外包或直接买现成的部件。这里的关键问题是进入市场的时间和成本。生产方式决定了商品在市场上的竞争力，生产效率高的企业能够获得更多利润，从而继续扩大生产规模。

(五) 分销

创业公司如何销售产品或服务？有些产品或服务可以在网上销售，有些产品需要多层次的分销商、合作伙伴或增值零售商。创业公司要规划好自己的产品是只在当地销售还是在全球范围内销售。分销模式可以使企业销售产品获得事半功倍的效果，可以扩展推广渠道。

(六) 收入模式

收入是利润的来源。创业者应向自己和投资人解释清楚定价的过程和依据，收入现金流是否会满足所有的花费，是否能获得预期的回报。收入是企业利润的来源，收入模式决定了企业未来的盈利能力。

(七) 成本结构

创业公司的成本有哪些？通常情况下，创业者往往只关注直接成本，低估营销和销售成本、日常开支和售后成本。准确预估成本，能够为企业提前做好规划，避免资金链断裂而造成严重的后果。因此，在计算成本时，可以把预估的成本与同类公司发布出来的报告进行对比。

(八) 竞争

创业公司面临多少竞争者？没有竞争者很可能意味着没有市场，有10个以上的竞争者表明市场已经饱和。每种产品多多少少都会有竞争者，在市场上一般不会只有一家企业在销售某一种商品或服务，因此需要积极看待企业间的竞争关系，如何在竞争环境中保持优势是企业在发展中需要重点考虑的问题。

(九) 市场大小、增长情况和份额

创业公司产品的市场有多大？是在增长还是在缩小？能获得多少份额？创业公司需要对未来市场占比做一个充分的预估，包括市场是否饱和、市场未来容量大小、市场容量增长情况，以及未来自己在市场容量中的份额。这些要素关系着未来企业的生存压力和发展潜力。

二、商业模式画布

商业模式画布（Business Model Canvas，简称BMC），是由瑞士的亚历山大·奥斯特瓦德在《商业模式新生代》书中提出来的强大的通用商业模型（如图5-2所示）。他认为，一个完整的商业模式应该包括9个模块，基于此他提出了著名的商业模式画布。之后，很多企业发现规划战略和商业模式仅需一页纸就可以完成，而不需要写一个大规模的商业计划书，因此得益于这种精简高效的模式，商业模式画布在全世界流传开来，并在此画布的基础上衍生出很多其他画布。

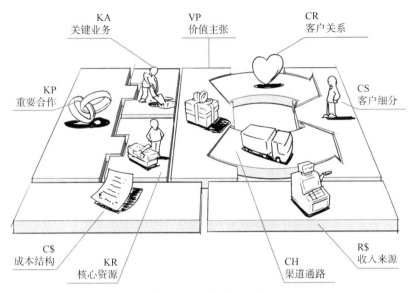

图 5-2　商业模式画布

（图片来源：https://www.jianshu.com/p/121639198d78,2019/03/21）

商业模式画布用九宫格的形式呈现，是一种用于梳理商业模式的思维方式和工具，可以帮助我们描述商业模式、评估商业模式和改变商业模式，并以一种极其简练的、可视化的、一张纸的方式表现出来，描述了企业如何创造价值、传递价值和获取价值的基本原理，展示了企业创造收入的逻辑，帮助我们更加清晰地建立与商业模式有关的各种逻辑关系；能够帮助管理者催生创意、降低风险、精准定位目标用户、合理解决问题、正确审视现有业务和发现新业务机会等。

（一）客户细分

"客户细分"用来描述一个企业想要接触和服务的不同目标用户群或组织机构，明确企业的目标用户群体是谁，这些目标用户群体如何进行细分，每个细分目标群体有什么共同特征。一句话概括，就是企业要赚哪一类人的钱。企业需要对细分的用户群体进行深入分析，并在此基础上设计相应的商业模式。客户细分体现以客户为中心的理念，主要回答企业正在为谁创造价值和谁是企业最重要的客户两个问题。

 拓展阅读 5-6

全聚德的客户细分

1993 年，全聚德成立股份公司，经营业绩在整个餐饮业处于领先地位。这得益于全聚德对客户进行了详细的细分，并进行"攻击型服务"。

1. 多血质——活泼型

这一类型的顾客常常主动与餐厅服务人员攀谈，并很快与之熟悉；点菜时往往过于匆忙，过后可能改变主意而退菜；想象力和联想力丰富，受菜名、菜肴的造型、器皿及就餐环境影响较大。在可能的情况下，服务员要主动同这一类型的消费者交谈，但不应有过多重复；要多向他们提供新菜信息，但要让他们主动选择。

2. 黏液质——安静型

这一类型的顾客喜欢清静、熟悉的就餐环境，不易受服务员现场促销的影响，喜欢对各类菜肴细心比较，缓慢决定。服务员应尽量安排他们坐在较为僻静的地方；点菜时，尽量向他们提供一些熟悉的菜肴，给予其足够的选择时间，不同他们进行太多交谈或表现出过多的热情。

3. 胆汁质——兴奋型

这一类型的顾客具有很强的外倾性；点菜迅速，很少过多考虑，容易接受服务员的意见，喜欢品尝新菜；比较粗心，容易遗失所带物品。服务员应尽量推荐新菜，主动进行现场促销，但不要与他们争执，应避其锋芒；在上菜、结账时尽量迅速，就餐后提醒他们不要遗忘所带物品。

4. 抑郁质——敏感型

这一类型的顾客一般沉默寡言，不善交际，对新环境、新事物难以适应；缺乏活力，情绪不够稳定；遇事敏感多疑，言行谨小慎微，内心复杂，较少外露。服务员领位时尽量将其安排在僻静处；服务时服务语言要清楚明了，谈话要恰到好处；在他们需要服务时，要热情相待。

(资料来源：https://www.docin.com/p-894376436.html，2002/01/21)

（二）价值主张

价值主张用来描绘为特定客户细分创造价值的系列产品和服务，有益于客户的价值主张包括创新、性能、定制、保姆式服务、设计、品牌地位、价格、缩减成本、风险控制、可获得性、便利性、实用性等。概括来说，就是企业能给客户带来什么好处。价值主张主要回答以下问题：

（1）我们该向客户传递什么样的价值？
（2）我们正在帮助我们的客户解决哪一类难题？
（3）我们正在满足客户哪些需求？
（4）我们正在提供给客户细分群体哪些系列的产品和服务？

 拓展阅读 5-7

价值主张：如何用一句话占据用户心智？

要做出爆品、持续受到用户欢迎的产品或服务，不要只想着如何促销、做推广，而要重新思考你的价值主张是不是能够占据用户心智。

什么是价值主张呢？价值主张是企业通过其产品和服务所能向消费者提供的价值。从定义上可以看出，价值主张简单来说就是产品和服务带给用户的价值，这里面包含了两个关键信息，第一是要为用户创造价值，第二是要解决用户痛点。简单来说，价值主张就是给消费者一个理由，"我为什么要买你的产品？"价值主张不是一个公司或产品的介绍、不是使命宣言和广告词。很多企业在描述自己的价值主张时，不是从用户端出发，而是在说自己有什么、在做什么。有一句话是这么说的，顾客不是想买一个直径5毫米的钻孔机，而是想要一个直径5毫米的钻孔。也就是说用户需要的不是产品或服务本身，而是产品或服务背后所带来的价值。

一说到高端瓶装水，我们第一时间想到的可能就是依云。其实农夫山泉也出过高端水，水源优质、瓶身设计高大上，但是当它在便利店与依云等品牌摆在一起时，依然销量不佳。其实没几个人真的能喝出农夫山泉、百岁山或依云的水有什么不同，从物理指标来看，它们都是好水，但是产品定位与市场价格却大有不同。已经建立起平价瓶装水品牌形象的农夫山泉，似乎很难说服消费者去买同品牌的一瓶十几元的水。所以，用户对你的认知很重要。

不同的用户对价值的认可度和认知度是不同的。有的是品质注重型，有的是价格敏感型，有的是外观新颖型，他们的核心关注点是不同的。价值主张一定不是为所有用户设计的，它只针对你的目标用户。如果有不同的目标用户群，就要有不一样的价值主张。

如何占据用户心智？最好的方法，就是成为第一。第一个进入月球的人是谁？阿姆斯特朗；第一高峰的名字叫什么？珠穆朗玛峰。第二呢？第三呢？你还记得吗？这就是首先进入心智的力量，俗称"卡位"。照相业中的柯达、计算机中的IBM、复印机中的施乐、可乐中的可口可乐、电气业中的通用电气等都是这样。正如盒马鲜生，作为新零售的代表，做到第一个将这种模式跑通的公司，天然就占据了一定的传播优势，即使它不够完美，有太多值得"吐槽"的地方，但是第一胜过更好。

对于创业者来说，一开始不可能就做到第一，那么要快速占据用户心智，就是把价值主张简化，最好是能用一句话说清楚。通常我们的产品或服务的价值点不止一个，在设计价值主张的时候，就要忍住把所有优点一次写上去的诱惑，不仅不能通通写上去，还要努力把优点一直删，最好删到只剩一个，那一个就是要强调的核心价值点。

提供越多价值只会把重点价值稀释掉，而且会越让人感到混乱，好的价值主张往往只讲一件事，只要目标用户群记得一件事。比如"困了累了喝红牛""送礼就送脑白金"，这种产品定位和文案描述直击用户需求场景，经过时间沉淀，就对用户形成了"红牛=极限"的心智垄断。

所以，价值主张一定是从用户视角出发，一句话能说清"针对谁、解决什么痛点、提供什么服务"。

（资料来源：https://www.sohu.com/a/250531649_414106,2018/08/28）

（三）客户关系

客户关系用来描绘公司与特定用户细分群体建立的关系类型，概括来说，就是公司如何和客户保持联系。客户关系主要回答以下问题：

（1）我们每个用户细分群体希望我们与之建立和保持何种关系？
（2）哪些关系我们已经建立了？
（3）这些关系成本如何？
（4）如何把它们与商业模式的其余部分进行整合？

拓展阅读 5-8

客户关系的四种常见类型

常见的客户关系有以下4类：

1. 买卖关系

企业与其客户之间的关系维持在买卖关系水平，客户将企业作为一个普通的卖主，客户只是购买企业按其自身标准所生产的产品，交易目的简单。企业与客户之间只有低层次的人员接触，企业在客户企业中知名度低，双方较少进行交易以外的沟通，客户信息极为有限，维护关系的成本与关系创造的价值均极低。

2. 供应关系

处于此种关系水平的企业，销售团队与客户企业中的许多关键人物都有良好的关系，企业可以获得许多优先的甚至独占的机会，与客户之间信息的共享得到扩大，在同等条件下乃至竞争对手有一定优势的情况下，客户对企业仍有偏爱。在此关系水平上，企业需要投入较多的资源维护客户关系，加强双方人员交流等。

3. 合作伙伴

当双方的关系存在于企业的最高管理者之间，企业与客户交易长期化，双方就产品与服务达成认知上的高度一致时，双方进入合作伙伴阶段。在这个阶段，企业深刻地了解客户的需求并进行客户导向的投资，双方人员共同探讨行动计划，企业对竞争对手形成了很高的进入壁垒。

4. 战略联盟

战略联盟是指双方有着正式或非正式的联盟关系，双方的目标和愿景高度一致，双方可能有相互的股权关系或成立合资企业。两个企业通过共同安排争取更大的市场份额与利润，竞争对手进入这一领域存在极大的难度。

（资料来源：https://baike.baidu.com/item/客户关系/5820166?fr=aladdin）

（四）渠道通路

渠道通路用来描绘企业是如何沟通、接触其客户细分群体而传递其价值主张的，概括来

说,就是企业怎样将好处送到客户面前。常见的渠道类型主要有自有渠道与合作伙伴渠道。渠道通路主要回答以下问题:

(1) 通过哪些渠道可以接触我们的客户细分群体?
(2) 我们如何接触他们?我们的渠道如何整合?
(3) 哪些渠道最有效?哪些渠道成本效益最好?
(4) 如何把我们的渠道与客户的例行程序进行整合?

拓展阅读 5-9

全渠道融合 联合利华打通新零售通路

1. 全域直播,提升消费者互动体验,推动渠道下沉

联合利华同时布局了淘宝直播、店铺直播和快手直播三个直播渠道,与各大淘宝主播深度合作,锁定"超头部主播"薇娅、李佳琦,网红主播雪梨、张大奕,明星主播李湘、李响、林依轮等优质直播资源,创造了骄人战绩。

2. 全明星导流,引爆粉丝经济

联合利华充分发挥明星多样性和集群的优势,在"双十一"携手京东平台,推出"明星一日一大牌"、粉丝社群互动等活动。在 2019 年 10 月 18—31 日的京东预售期间,"明星一日一大牌"活动闪亮登场。联合利华旗下 14 个品牌齐发力,每日一款一爆发。

3. 全渠道融合,打通新零售通路

随着"双十一"向纵深发展,线上线下融合成为新零售时代的最大特征之一。2019年"双十一",联合利华积极与阿里、京东及苏宁等合作,为消费者带来了娱乐化、互动式的全渠道购物体验。

4. 大数据赋能,精准触达消费者

联合利华携手阿里、京东、苏宁以及唯品会等,利用自有数据中心以及电商平台大数据,深入洞察各类消费人群的特征和需求,有效提升了品牌广告触达转化率,投资回报率相比 2018 年提升了 20%。

(资料来源:http://news.eastday.com/eastday/13news/auto/news/china/20191113/u7ai8913368.html,2019/11/13)

(五) 收入来源

收入来源用来描绘企业从每个用户群体中获取的现金收入(需要从创收中扣除成本),概括来讲,就是企业从哪方面赚钱。

1. 收入来源要回答的主要问题

(1) 什么样的价值能让用户愿意付费?
(2) 他们现在付费买了什么?
(3) 他们是如何支付费用的?

(4) 他们更愿意如何支付费用？
(5) 每个收入来源占总收入的比例是多少？

2. 收入来源的类型

(1) 经营性收入。这是实体项目最常见的营收形式，例如手机销售、汽车销售、超市产品销售等，传统商业模式都以此为主要营收类别。

(2) 产品或服务的计费使用收入。主要是指为客户提供特定产品或服务，并不以销售为营收方式，而是以计费使用的形式收取费用。如共享单车、租赁充电宝等都是以计费的方式赚取收入。

(3) 广告收入。这种收入来源于为特定的产品、服务或品牌提供广告宣传服务。媒体行业和会展行业及软件和服务行业均以此作为主要收入来源。

(4) 投资性收入。比如房屋投资获得的收入。

(5) 资产性收入。比如品牌、股权、资本增值的收益等。

(6) 会员制收入。很多产品和服务不给自身进行价格定位，而是捆绑在会员体系中，成为会员的独享产品或服务，营收来自会员制的月费或年费。例如各种视频 App 都是以开通视频会员来收费的。

(7) 中介收入。即中介服务收取的佣金，比如房地产中介、股票经纪人等都是收取其产生的佣金。

(8) 其他收入。除上述收入来源形式以外，还有使用收费、订阅收费、授权收费、经纪收费、租赁收费等收入来源。

（六）成本结构

成本结构是指运营一个商业模式所引发的所有成本，概括来讲，就是为了赚钱企业需要在哪些地方花钱。成本结构主要回答以下问题：

(1) 什么是我们商业模式中最重要的固有成本？
(2) 哪些核心资源花费最多？
(3) 哪些关键业务花费最多？

（七）关键业务

关键业务用来描绘未来确保其商业模式可行，企业必须做的最重要的事情，概括来说，就是企业现在要做哪些事才能赚钱。

1. 关键业务回答的主要问题

(1) 我们的价值主张需要哪些关键业务？
(2) 我们的渠道通道需要哪些关键业务？
(3) 企业的用户关系呢？
(4) 企业的收入来源呢？

2. 关键业务的主要类型

(1) 生产。对于生产型企业、制造型企业而言，生产活动占支配地位，决定了企业能以什么样的质量、什么样的价格把产品分销到市场,因此生产是关键业务。

(2) 解决方案。对于服务型企业或机构,如咨询公司、医院等主要为个体客户的需求提供解决方案的组织,关键业务围绕解决方案展开,它们所需要的关键活动是知识管理以及持续的培训。

(3) 平台或网络。对于互联网时代产生的平台型企业,如阿里巴巴、京东等,与网络相关的活动是其关键业务,网络的优化、平台的对接配对、软件的升级改造,甚至品牌的市场影响力等都是需要重点考虑的对象。

(八) 核心资源

核心资源用来描绘商业模式有效运转所必需的最重要因素,概括来讲,就是手上有什么资源能保证企业赚钱。

1. 核心资源回答的主要问题

(1) 企业的价值主张需要什么样的核心资源?
(2) 企业的渠道通路需要什么样的核心资源?
(3) 企业的用户关系呢?
(4) 企业的收入来源呢?

2. 核心资源的类型

(1) 实物资源,也叫作实物资产,是指生产设施、不动产、机器设备、系统、土地、厂房等看得见摸得着的实物,比如沃尔玛、家乐福等拥有强大的仓储体系实物资源,销售、订货、配送同步进行,拥有自己强大的管理系统。

(2) 人力资源,是指企业拥有的核心优秀团队,人力资源对于企业来说是一种不可替代的战略性资源,尤其是在知识密集型产业和创意产业商业模式中,人力资源尤其重要。

(3) 知识性资源,主要指品牌、专利、商标、版权等无形的知识财富。这些知识性资源是商业模式中很重要的一部分,可以为企业带来巨大价值并且不断增值。

(4) 金融资源,主要指现金、银行授信、股票期权池等。有些商业模式需要金融资源或财务担保,例如现金、信贷额度或用来雇用关键雇员的股票期权池。

(九) 重要合作

重要合作,也叫作重要伙伴,是指让商业模式有效运作所需的供应商与合作伙伴,概括来讲,就是谁可以和企业一起赚钱。重要合作主要回答以下问题:

(1) 谁是企业的重要伙伴?
(2) 谁是企业的重要供应商?
(3) 我们正在从伙伴那里获取哪些核心资源?
(4) 合作伙伴都执行哪些关键业务?

重要合作一般分为以下类型:为开发新业务而构建的合作关系;在竞争者之间的战略联盟关系;在竞争者之间的战略合作关系;为确保可靠供应的购买方-供应商关系。

案例分析 5-2

商业模式画布的运用——德粮昌的商业模式

好的商业模式不是一股脑儿就可以想出来的，更多的是通过科学的方法进行分析和拆解，进行多次整合优化后才得出的结果。运用商业模式画布，通过思考画布的九个方面，可以帮助企业寻找和探索最适合的商业模式。以德粮昌为例，该公司是一家农业发展公司，通过画布，得出的商业模式见表5-1，简洁明了。

表 5-1　德粮昌商业模式

重要伙伴	关键业务	价值主张	客户关系	客户细分
农产品供应商 进驻商家 加盟经销商 旅行社	农产品贸易 品质管控 优化体验 文化展示 核心资源 大量的供应商 高端的形象 完整的销售网络 新奇特的体验	农产品选购 多快好省 把天然农场带回家	一站式农贸超市 农业文明博物馆 跨界农业体验中心 渠道通路 品牌官网 互联网商城 手机商城 实体店 方舟营养顾问	零售顾客 批发顾客 旅客
成本结构				收入来源
生产成本、人力成本、运营成本、物流成本、技术开发成本、推广成本				门票 会员预存款 农产品销售（商城与门店） 活动赞助

思考：

（1）商业模式画布对于商业模式构建的作用是什么？

（2）如果你要进行创业，如何运用商业模式画布设计你公司的商业模式？

（资料来源：https://baijiahao.baidu.com/s?id=1600041751106972072&wfr=spider&for=pc，2018/05/10）

第三节　构建合适的商业模式

一、成功商业模式的特征

由哈佛大学教授约翰逊（Mark Johnson）、克里斯坦森（Clayton Christensen）和 SAP 公

司的 CEO 孔翰宁（Henning Kagermann）共同撰写的《商业模式创新白皮书》将成功商业模式的特征概括为客户价值主张、资源和生产过程、盈利模式。

（一）成功商业模式要能提供独特价值

有时候这个独特的价值可能是新的思想；而更多的时候，它往往是产品和服务独特性的组合。这种组合要么可以向客户提供额外的价值，要么使客户能用更低的价格获得同样的利益，或者用同样的价格获得更多的利益。

（二）成功商业模式是难以模仿的

企业通过提供自己与众不同产品和服务，如对客户的悉心照顾、无与伦比的实施能力等，来提高行业的进入门槛，从而保证利润来源不受侵犯。比如，戴尔的直销模式。虽然人人都知道其如何运作，也都知道戴尔公司是直销的标杆，但很难复制戴尔的模式，原因在于"直销"的背后，是一套完整的、极难复制的资源和生产流程。

 拓展阅读 5-10

> **戴尔公司经营模式创新——另辟蹊径的直销成功之道！**
>
> 20 年前，美国《商业周刊》评选全球年度 100 名巨人企业，戴尔公司出人意外地成为第一名，不仅将 IBM、惠普等同行业巨头甩在身后，连当时如日中天的微软也无法和戴尔匹敌，成立短短十多年却能够维持 30%~40% 的高增长率，而当时 IT 界的平均增长率只有 16% 左右。戴尔高速增长的背后到底隐藏着什么秘密？
>
> 戴尔公司成功的关键就是经营模式上的创新——直销订购模式。现在的直销已经非常普遍了，有很多大的企业都采取直销的模式来吸引顾客，但是在戴尔那个年代戴尔公司首创的直销模式和现在的直销有所不同，这在当时给销量低迷的戴尔公司注入了一支强心剂，创造了销量奇迹，可以说是直销模式成就了戴尔，是另辟蹊径的经营奇招成就了戴尔。
>
> （资料来源：http://aihehuo.com/blog/1404，2017/05/26）

（三）成功商业模式是脚踏实地的

企业要做到量入为出、收支平衡。这个道理看似不言而喻，要想年复一年、日复一日地做到，却并不容易。现实当中的很多企业，不管是传统企业还是新型企业，对于自己的钱从何处赚来，为什么客户看中自己企业的产品和服务，乃至有多少客户实际上不能为企业带来利润，反而在侵蚀企业的收入等关键问题，都不甚了解。

二、构建商业模式的原则

(一) 客户价值导向原则

一个商业模式能否持续赢利,是与该模式能否使客户价值最大化有必然关系的。一个不能满足客户价值的商业模式,即使赢利也一定是暂时的、偶然的,是不具有持续性的。反之,一个能使客户价值最大化的商业模式,即使暂时不赢利,但终究也会走向赢利。

(二) 可持续赢利原则

企业能否持续赢利是我们判断其商业模式是否成功的唯一外在标准。因此,在设计商业模式时,赢利和如何赢利也就自然成为重要的原则。持续赢利是指既要"赢利",又要能有发展后劲,具有可持续性,而不是一时的偶然赢利。

(三) 不断创新原则

时代华纳前首席执行官迈克尔·恩说:"在经营企业的过程中,商业模式比技术更重要,因为前者是企业能够立足的先决条件。"成功的商业模式不一定是在技术上的突破,而是对某个环节的改造,或是对原有模式的重组、创新,甚至是对整个游戏规则的颠覆。商业模式的创新形式贯穿于企业经营的整个过程之中,贯穿于企业资源开发研发模式、制造方式、营销体系、市场流通等各个环节,也就是说,在企业经营每个环节上的创新都可能变成一种成功的商业模式。

(四) 有效融资原则

融资模式的打造对企业有着特殊的意义,尤其是对中国广大的中小企业来说更是如此。我们知道,企业生存需要资金,企业发展需要资金,企业快速成长更需要资金。资金已经成为所有企业发展中绕不开的障碍和很难突破的瓶颈。谁能解决资金问题,谁就赢得了企业发展的先机,也就掌握了市场的主动权。曾经与国美不相上下的国通电器,拥有30多亿元的销售额,也仅仅因为几百万元的资金缺口而销声匿迹。所以,商业模式的设计很重要的一环就是考虑融资模式。

(五) 资源合理整合原则

整合就是要优化资源配置,就是要有进有退、有取有舍,就是要获得整体的最优。在战略思维的层面上,资源整合是系统论的思维方式,是通过组织协调,把企业内部彼此相关但却彼此分离的职能,把企业外部既参与共同的使命又拥有独立经济利益的合作伙伴整合成一个为客户服务的系统,取得"1+1>2"的效果。在战术选择的层面上,资源整合是优化配置的决策,是根据企业的发展战略和市场需求对有关的资源进行重新配置,以凸显企业的核心竞争力,并寻求资源配置与客户需求的最佳结合点,目的是要通过组织制度安排和管理运作协调来增强企业的竞争优势，提高客户服务水平。

（六）组织高效管理原则

高效率，是每个企业管理者都梦寐以求的境界，也是企业管理模式追求的最高目标。根据现代管理学理论来看，一个企业要想高效率地运行，首先要解决的是企业的愿景、使命和核心价值观，这是企业生存、成长的动力。其次要有一套科学、实用的运营和管理系统。最后要有科学的奖励激励方案，解决的是如何让员工分享企业的成长果实的问题，也就是向心力的问题。只有把这3个主要问题解决好了，企业的管理才能实现效率。

（七）风险控制原则

设计再好的商业模式，如果抵御风险的能力很差，就会像在沙丘上建立的大厦一样，经不起任何风浪。这个风险是指系统外的风险，如政策、法律和行业风险；也是指系统内的风险，如产品的变化、人员的变更、资金的短缺等。

三、商业模式的分析方法

（一）对企业生命周期进行研究

现阶段人类对于企业生命周期理论的研究，主要目的在于针对企业在不同生命周期的时段，能够寻求到与之相适应的组织结构形式，对企业的总体发展框架进行构建和支撑，让企业能够顺应市场，得到更好的发展。这也使该组织结构形式必须具备两点基本特性：其一，要与企业现阶段的发展特点相适应；其二，该组织结构形式必须能够为企业的发展延续提供促进力，使企业能够从自身的内部管理出发，寻求更加先进的组织模式，确保企业的可持续发展能力，并在四个基本生命周期中，充分地发挥企业自身的特色优势，将企业的生命周期得以延长和充实。企业的生命周期由以下几个阶段构成（如图5-3所示）。

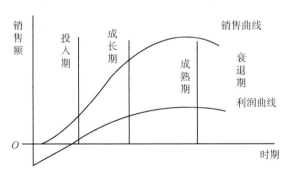

图5-3 企业生命周期示意

对于生命周期的解读方法现行主要有两种形式，一种是运用传统且机械的市场发展观来进行研究，俗称产品生命周期或行业生命周期；另一种是更具有挑战性的方式，通过观察市场顾客需求的变化而做出的产品和技术适应来满足企业的发展，这一种发展观点也被称为需求生命周期。产品/行业生命周期理论是现阶段大多数企业运用的方法，能够根据行业的发展状况来判断企业所处生命周期的相应状态，并以此状态来制定最适合企业良性发展的战略方针。这一种方法实行的假定情况是企业在全生命周期中（包括发展期、成长期、成熟期、衰退期每个阶段）不同时段的竞争情况和竞争力都是不尽相同的。以发展期举例说明，企业推出的产品是由一些早期需求者购买，这些早期需求者对于产品的价格并不敏感，所以相对于其他阶段而言，这一阶段企业产品的利润会相对很高。但从另一个角度来说，发展阶段也需要企业对产品投入大量的资源进行开发研究，同时要具备更优良的质量和更加适合大众购买能力的价格，这样的需求又会在一定程度上降低产品的整体利润。同时这种方法的另一种假定情况是事物发展都会遵循既定的规律，即必然的生命周期模式，这也使这种方法对于企业的预测具有依据性，且并不会出现创意性和改革性的战略变化。

（二）对企业战略转型进行分析

企业进行战略转型都会需要运用企业的内部或外部力量，也可能是在双重力量的推动下，对企业的战略进行相应的调整使之发生变化，以适应企业的良性发展需求。而这种战略调整变化的最高形式表现为企业的战略转型。企业战略转型理论要基于理想的内部和外部条件，通常内部条件是指企业本身原有的生产技术、工艺水准得到一定的创新，且企业的内部组织结构能够随之进行适应性的改变，而外部条件主要是指企业所处的市场、行业技术水准和环境的变化。

战略转型主要是指根据企业所处的外部环境（包括市场环境、社会环境等）和内部环境（包括资源、资金等）发生变化可能导致企业的竞争优势得不到保障甚至减弱时，企业主动或被动地通过调整企业目标来获得更多的竞争优势，并依照调整过的目标对计划进行调整。企业战略转型的主要目标就是让企业获得更多的竞争优势，也可以理解为企业为了顺应行业的发展而对自身进行的调整。

企业的战略转型本质上就是企业为了保持自身的发展趋势而实行的自我调节系统，这个调节系统可以让企业在不断变化且缺少预测前景的内外部环境下获得可持续发展的可能，同时也可以看出如果企业的自我调节系统出现偏差或错误就可能导致企业的衰退，严重来讲也会导致企业的破产。

传统企业如何转型？

互联网对传统行业的冲击巨大，导致传统企业陷入两难境地：坚持传统模式盈利难，想转型更难。《周易》里提道："穷则变，变则通，通则久。"意思就是，当你陷入困境，只有变通才能长久。放在互联网时代来说，就是，唯有转型，才有出路。谁先转型互联网成功，谁就能有一席立足之地。

1. 万达集团：从传统地产行业转型为服务业为主的企业

万达集团作为传统企业里的龙头，之所以发展得那么迅速，就在于万达的四次转型都踏准了节奏。

第一次转型是跨区域发展，从大连做到全国；

第二次转型是从住宅房地产转向商业地产；

第三次转型是向文化旅游行业转型，而这个转型是个进行时。

第四次转型范围更广、力度更大，是代表万达未来发展方向的全新转型升级。

这次转型主要内容是转向服务业为主的企业，包括万达集团的转型和万达商业地产的转型。

万达将加快发展文化旅游、金融、电子商务3种产业，形成商业、文旅、金融、电商基本相当的4大板块，彻底实现转型升级。

2. 苏宁：从传统电器零售企业转型为互联网的零售企业

从前的苏宁是一个传统电器实体企业，而现在提起苏宁，大部分人首先想到的是"苏宁易购"。现在的苏宁已经实现了电商化，变成了互联网的零售企业。

张近东用8个字来概括互联网新苏宁："一体、两翼、三云、四端。"

一体，是坚持苏宁的本体，即零售本质。

两翼，是O2O性质，打造线上线下两个开放平台。

三云，是围绕一体（零售本质）将零售企业的"商品、信息和资金"三大核心资源社会化、市场化，建立面向供应商和消费者以及社会合作伙伴开放的物流云、数据云和金融云。

四端，是围绕线上线下两翼平台，因时因地因人，融合布局POS（销售点）端、PC（个人计算机）端、移动端和电视端。

苏宁的成功转型带动的是苏宁五大产业全面领跑，线上销售增速连超对手，O2O融合最为彻底，全品类爆发，手机、超市等增速领跑行业，品牌商户快速成长，线下农村电商千店连开。

3. 蒙牛：从传统乳业制品企业转型为O2O "互联网+" 的奶制品企业

蒙牛的"互联网+"转型升级是通过跨界战略路线实现的。在毒奶粉事件后，为保证产品的品质，蒙牛在质量与技术方面直接引进国际合作伙伴，整合和运用全球先进的技术、研发和管理经验。而蒙牛的营销手段也非常具有互联网思维，跨界与百度合作，通过二维码追溯牛奶产地"精选牧场"，让客户清晰地了解蒙牛的生产技术和管理体系。

与滴滴战略合作，从线上扩展到线下，如送蒙牛红包，滴滴专车用户上车后有机会享受蒙牛牛奶。蒙牛更是与自行车品牌捷安特、NBA、上海迪士尼度假区等签订了品牌、渠道、资源等多方面的战略合作协议。

蒙牛的转型带来的是更多跨界合作，互联网思维下的营销使蒙牛战略合作深入品牌、渠道、资源甚至供应等方面，这是对蒙牛来说最好的转型方式。

4. 海尔：从传统家电企业转型为一个制造创客和企业家的平台

2014年是海尔全面向互联网时代转型的一年，推出了空气盒子、空气魔方、智能烤箱等智能终端设备，可谓硕果累累。这仅仅只是一部分。

在"互联网+""工业4.0"时代，海尔基于互联网企业和客户关系逆转，提出"人人创客"的口号，在企业内部掀起了管理变革，意欲打造一个"平台型组织"。

"目前，海尔已变成200多个小微企业，人人都是CEO，3~5年内就可能出现几个与海尔同样当量的企业。"海尔集团轮值总裁周云杰说。

海尔互联网转型4年，已经孵化了1 160多个小微创业项目，100个小微企业年收入过亿元，24个小微企业成功引入风投，14个小微企业估值过亿。过去的海尔是一个制造家电的企业，未来的海尔将是一个制造创客和企业家的企业。

思考：

（1）互联网对传统企业造成了哪些冲击？

（2）你还知道哪些转型成功或失败的案例？对你有何启发？

（资料来源：https://www.sohu.com/a/252244069_100263587，2018/09/06）

四、构建商业模式的分析工具

（一）PEST 分析法

PEST 分析法是指企业从政治、经济、社会和技术4个方面的环境因素进行分析，以战略发展的眼光对所处环境下的各个方面进行综合考虑，对企业外部的宏观环境进行深入分析的一种方法。PEST 分析内容如图5-4所示。

图 5-4 PEST 分析内容

（二）STP 战略模型

STP 战略模型中包括3个部分，分别是市场细分、目标市场和市场定位，通过"三步走"的策略将企业的优势发掘出来，以适应市场需求去开拓新的业务市场，这也是现代市场营销战略的一个核心战略模式。

首先，企业应该根据自身所面对的客户群体所展现出来的需求差异，进行不同顾客群体之间的市场细分；其次对已经细分的市场进行进一步研究，确定企业主攻市场，可以选择一个或是多个；最后对已经确认的明确目标市场经营型相关的产品定位，再结合自身的实际情况，以及市场上的相关变化，树立起独特的企业形象，让自身的产品展现出与其他产品不同之处，从而达到获取客流的目的。

案例分析 5-4

STP 理论的威力

20 世纪 60 年代末，米勒啤酒的市场份额只有 8%，和百威、蓝带等差距很大。米勒当然很想提升业绩，但是怎么办？用 STP 理论试试。

首先，把用户细分。米勒对市场做了调查，发现啤酒市场可"细分"为轻度饮用者和重度饮用者，轻度饮用者人数很多，但饮用量只有重度饮用者的 1/8。

其次，定客群目标。那么，服务谁呢？米勒决定把客群"目标"定为重度饮用者。他们继续研究发现，这群人大多是蓝领，爱看电视，爱好体育运动。

最后，差异化定位。米勒决定，重新定位子品牌"海雷夫"为"敞开来喝"，开始宣传"你有多少时间，我们就有多少啤酒"，在广告中鼓励各种蓝领开怀畅饮。

结果"海雷夫"获得了巨大成功，1978 年，它的销量仅次于百威，全美名列第二。这样的例子还有很多。一个卖工具的德国商人也在苦苦思考，怎么提高业绩。于是，他用 STP 理论分析了市场。

把用户细分：买工具的人，可以细分为左撇子和右撇子；

定客群目标：德国有 11% 的人是左撇子，专门服务他们；

差异化定位：开一间左撇子工具公司。

结果，他的"左撇子工具公司"的生意，也非常兴隆。这就是 STP 理论的威力。

思考：

(1) STP 理论对于商业模式的分析有何作用？

(2) 选择一个你知道的品牌，尝试分析和了解其 STP。

(资料来源：https://www.sohu.com/a/293477301_120067725，2019/02/06)

（三）SWOT 分析法

SWOT 分析法是企业普遍运用的一种战略分析方法，此种分析法是根据企业自身的内外在条件进行深入的分析，从而找出企业在内部环境和外部环境条件下所存在的优势、弱势、机会和威胁。S 代表了企业内部优势（即 Strength），W 代表了企业内部弱势（即 Weakness），O 代表了企业外部机会（即 Opportunity），T 代表了企业外部威胁（即 Threat）。根据企业竞争战略的定义，通过 SWOT 分析法得出的结论应该是四种区域的有机组合。

SWOT矩阵分析模型由以下几部分组成（见表5-2）。

表5-2 SWOT矩阵分析

维度		内部环境	
		优势（S）	劣势（W）
外部环境	机会（O）	SO战略 机会、优势组合 （可能采取的战略： 最大限度地发展）	WO战略 机会、劣势组合 （可能采取的战略： 利用机会、回避弱点）
	威胁（T）	ST战略 威胁、优势组合 （可能采取的战略： 利用优势、减少威胁）	WT战略 威胁、劣势组合 （可能采取的战略： 收缩、合并）

从整体上看，SWOT分析法可以将企业所处环境分为两个部分：第一部分为SW，主要用来分析企业内部管理条件；第二部分为OT，主要用来分析企业外部环境条件。利用这种分析方法可以在企业内外部环境中找出对自己有利和有待挖掘的因素，避免对自身企业发展不利，且存在风险的因素，从而发现企业发展过程中可能存在的问题，及时地找出相对应的解决方法，以明确日后的发展方向。

延伸练习5-2

（1）你认为创业需要进行哪方面的基础调研，是基于客户群体还是基于行业营销数据？

（2）通过对工商管理的一些基础理论的学习，你认为未来发展互联网的前景如何？

A. 互联网与实业比起来没有可比性

B. 实体老板已经必须走线上营销这条路了

C. 互联网运营的客户群体比较庞大，线下营销局限性太强

D. 直播带货会让年轻人纷纷加入，无心搞线下营销

（3）根据生命周期理论，你认为传统行业的周期都要多久？

第六章 组建创业团队

【章节目标】

一、知识目标

1. 创业者的概念及其分类。
2. 创业者的素质和能力。
3. 团队的概念以及团队与群体的区别。
4. 创业团队的概念、构成要素及类型。
5. 高效创业团队的特征。
6. 团队组建的原则及过程。
7. 团队冲突的分类、产生原因及管理策略。

二、能力目标

1. 了解如何选择创业合作伙伴。
2. 了解如何组建一个高绩效的团队。
3. 掌握解决团队冲突的策略及技巧。

三、素质目标

1. 培养学生对人性的深入认识和理解，关注他人，关注集体。
2. 教会学生换位思考，多倾听，强化利益共同体意识。
3. 养成系统思考的习惯，学会从大局出发处理矛盾，化解纷争。
4. 引导学生正确认识自身价值，发挥个人在团队中的积极作用，提升团队合作能力和人际沟通能力。

【章节导入】

郭鑫：创业是希望的种子

1. 汶川地震让他变得更坚强

1.8米出头的瘦高身材，白净的脸上架着眼镜，背着个大大的双肩包，郭鑫说，他命运的转折要从2008年说起。

他的家在四川阿坝藏族羌族自治州，汶川地震，家里的房子化为瓦砾，16岁的郭鑫失去了外婆和爷爷。他看着战士连夜搭建帐篷，志愿者劳苦运送食物，素不相识的好心人在"初升高"考试中留他在家里休息。灾难让郭鑫变得坚强，也将感恩的种子埋在他的心里。

在成都树德中学读高中时，郭鑫做了一项关于"灾区高三学生心理状况"的调研，通过连续三年跟踪调研100名灾区高三学生做出调研报告并反馈给心理援助机构，为来自灾区的高三学生提供心理援助。

2011年，郭鑫考入天津南开大学周恩来政府管理学院政治学与行政学专业。大一时，郭鑫看到一条新闻：某县城是离北京最近的沙源地，2000年开始退耕还林，10年后原本很富裕的县变成了国家级贫困县。这让他想起了自己的家乡，能不能让曾经水草丰美的故乡走出沙化和贫穷的两难困境？他因此组建了项目小组并入选了学校的"百项工程"，获得了资金、导师、信息等方面的支持。

郭鑫奔波在去农村调研的路上，无数个夜晚，他一个人疲惫地坐在返回天津的火车上，想起几天来被人拒之门外和恶语相加，感到无奈和委屈；调研几乎没有什么经费，小组里五六个人挤在一间房里，郭鑫常常是在桌上和衣而睡；为了更好地分析调查数据，郭鑫还辅修了数学学院的部分课程。

经过努力，郭鑫的项目入选"国家大学生创新科研计划"。凭借"林业碳汇商业化模式"，郭鑫和他的团队在"挑战杯"大学生创业大赛中获得金奖，而他也是获奖团队中年级最低的队长。

2. 创业瞄准解决社会难题

没想到，金奖却给郭鑫带来了更多烦恼。历经诸多艰难努力的创业成果难道就此束之高阁吗？郭鑫的脑子里出现了一个新的概念：社会创业。"为区别以营利为目的的商业创业，我们的创业称为社会创业，以解决社会问题为创业的核心目标。我们团队的每项创业都要解决一个社会问题。"郭鑫说。

郭鑫想到了一个捷径，他在网上找到大学生村官的QQ群，和每个大学生村官打招呼，推荐碳汇林："如果让村民种植碳汇林，国际认可的认证机构颁发的认定书和国家主管部门发放的碳汇证可以作为有价证券出售给企业，一方面增加收入，另一方面也减轻了出口企业的负担。"大部分大学生村官不搭理他，郭鑫并没有气馁。

终于，一位河北邯郸邱县的大学生村官和郭鑫攀谈起来，两人很快达成共识。郭鑫带着团队辗转来到邱县的村庄，通过大学生村官与当地村民建立了联系。为了赢得农民的信任，郭鑫买了酒和卤肉坐到农民炕头上，讲碳汇林怎么挣钱又环保，那一个月他吃住在村里的一间简陋办公室，农民有事随叫随到，终于在邱县开辟了碳汇林模式的第一块2 000亩的试验田。

郭鑫带着团队指导种植的碳汇林达到了有利于土壤发育、有利于涵养水源、有利于改善气候等5个国家标准。农民们人均净增收也从1 800元增加到3 900元，他们如约以每吨抽取10~20元的利润付给郭鑫。美好的设想变为现实，郭鑫赚到了创业的第一桶金。

听说郭鑫的项目后，各地有相关需求的政府部门相继邀请郭鑫团队到当地推广林业碳汇商业化模式，随后项目由小到大，逐渐铺开。如今，碳汇林项目已经在18个省市100多个县生根发芽。

在创业的路上，郭鑫继续朝着难以解决的社会需求的方向前进。在一次调研中，郭鑫发现海南三沙等海疆地区许多人由于长期吃不上新鲜蔬菜，患上了各类疾病。郭鑫提出了这样的解决思路："我校化学学院有一项配置营养液的技术，但因成本过高一直闲置。为了成功地把这个技术转化成产业，我们自己组建了研发团队对技术进行了再研发，极大地降低了产品成本,提高了使用便利性,从而使产品能够很好地满足海军以及岛民的需要。"他将这个项目称为"海南离岛蔬菜绿箱子项目",绿箱子里种上本岛的各种蔬菜,利用当地充足的光和热来促进蔬菜的生长,一般情况下,5天左右蔬菜就可上餐桌了。到2013年年底,他的蔬菜绿箱子项目,销售额达到1.13亿元。

3. 让更多人实现创业梦

推广"绿箱子"时,郭鑫还成立了创新公寓公司。公司在北京高校聚集的五道口地区以每月每套3 500元租下50套公寓,统一装修设计后以每月1 500元的价钱租给刚刚毕业的大学生。入住这一物美价廉公寓的条件是"有梦想并努力实现"。入住前,郭鑫公司的员工会花几十元钱,和他们边吃边聊一下午,并对"梦想"做出评估。入住后还有专门人员为这些大学生提供实现梦想的服务。其中最典型的例子是一位清华大学美术学院的毕业生,入住公寓时是一家广告公司的美编。他在公寓的帮助下利用业余时间,先后拍摄了5部青春微电影,并通过公寓与土豆网的合作获得广泛好评,影片获利促使他辞去工作,专注于自己的梦想。创新公寓现已基本租罄。郭鑫相信,它一定能成为一个青年人追梦的社区,并最终形成一种盈利模式,在他看来,年轻人除了要图生存,更要保留梦想,培育梦想。

"不能把开网店、摆地摊拉到大学生创业的概念中,因为这些项目体现不了大学生的价值。"郭鑫看来,一些大学生不能成功创业是因为缺乏创业精神,没有创新意识,依赖性很强。对于请教他创业秘诀的同学,他的回答都是:不要急功近利,创造价值比创造财富更重要。价值变大了以后,财富自己就会来。

"创业是希望的种子,我创业的经验就是不想盈利点,做好失败的准备,随时准备回到原地。"郭鑫的梦想就是有一天中国能出个创业型大学,这个大学的学生都有创业者的精神,有社会担当,"我想培养出更多的这样的学生"。

思考:

(1) 郭鑫的创业动机是什么?

(2) 从郭鑫身上能看到创业者的哪些素质和能力?

(资料来源:http://theory.people.com.cn/n/2014/0710/c386705-25265625.html,2014/02/24)

第一节 创业者

一、创业者的概念

创业者是创业活动的主体,承担着主要的创业责任,也是创业目标能否实现的关键因素,其概念经历了一个不断发展的过程。1755年,法国经济学家坎蒂隆首次将敢于冒险开创一项新事业并勇于承担责任的人定义为"创业者"。1880年,法国经济学家萨伊丰富了创业者内涵,将其描述为开创一个事业或企业的经济个体,是将经济资源从生产率较低的区域转移到生产率较高区域的人,是经济活动过程中协调资金和劳动力关系的代理人。美籍奥地利政治经济学家熊彼特认为创业者应该是创新者,具有发现和引入新的、盈利能力更强的产品、服务和过程的能力。在日本,创业者也被称为"起业家",顾名思义,就是发起事业的人。

拓展阅读 6-1

改革开放以来的四代创业者

改革开放 40 余年来创业者群体的产生与变化,大体上分为 4 个阶段。

1. 第一代创业者

20 世纪 80 年代,乡村能人、城市经济中的边缘青年、大型国营工厂的下岗人员、找不到工作的退役军人,以及不甘于平庸生活的基层官员,成为构成那个时代创业者群体的主体。

2. 第二代创业者

改革开放以来创业第二阶段的起点是 20 世纪 80 年代末,特别是 1992 年邓小平南方谈话后,创业者群体的转成党政干部和事业单位的知识分子,他们受国家政策的鼓舞而投入商业活动中。他们的受教育程度明显提高,但也仍然具有社会边缘群体的性质。

3. 第三代创业者

创业第三阶段大体始于 20 世纪末,触发因素是东南亚金融危机、互联网公司兴起等经济技术因素,海归派和高科技出身的企业家成为这一时期的标志,这些企业家也被称为第三代创业者。

4. 第四代创业者

第四阶段难以准确划分,基本上是第三阶段的延续,但创业者群体日益多元、日趋大众化现象值得关注。互联网技术进一步普及大大降低了创业门槛,政府顺应社会转型和技术趋势,强力推动创新驱动发展战略以及"大众创业、万众创新"的"双创"政策,新技术、新业态、新模式层出不穷,"让科学有用武之地"的企业家价值观得以体现。同时,关注社会价值的社会创业开始活跃,在中国从大国走向强国的进程中,创业者群体努力并积极地做出贡献,有的甚至起到了引领作用,创业者被尊重的成分在慢慢提升。

(资料来源:https://www.sohu.com/a/271608135_708421,2018/10/27)

二、创业者的分类

创业者按不同的划分标准可分为不同类型。

(一)按创业动机分类

按照创业者动机的来源可分为被动型创业和主动型创业两类。

1. 被动型创业

被动型创业也叫生存型创业、谋生型创业，创业的动机往往是因为迫于生存的压力或在劳动力市场上没有找到合适的岗位而决定创业，现阶段主要是刚毕业难以找到工作的大学生、下岗工人、失地农民或赋闲的社会人员。这种类型的创业者占中国创业者的绝大部分，他们多数起步资金较少，创业规模一般较小，着眼于在现有的市场中寻找创业的契机，多集中在商业贸易、服务业或规模较小的加工业等领域。当摆脱了生存危机后往往小富即安，缺乏长远发展的持续精神动力。

2. 主动型创业

主动型创业的创业者创业的主观意愿强烈，常常是为了满足更高层次的需求而创业。主动型创业者可分为如下几种：

（1）投资型创业者。

投资型创业者的创业目标是经济利益。他们力图通过创业在已有的经济基础与实力的基础上获取更多的经济收益和回报。

（2）机会型创业者。

机会型创业者拥有敏锐的商业嗅觉，他们洞悉市场前沿，能够充分把握国家、产业相关政策，抓住商机，进入新的领域，创造出新的需求或商业模式，从而促进产业的发展。

（3）事业型创业者。

事业型创业者成就动机很强，把创业作为自己的人生梦想，并愿意为之付出自己的毕生精力。稳定不是他们追求的首要目标，他们愿意通过奋斗拼搏取得创业成功来实现自己的人生价值，获得社会认可。

（二）按创业资源分类

按照创业资源的不同创业者可分为体力型创业者、科技型创业者、知识型创业者和技能型创业者等。

1. 体力型创业者

体力型创业者主要利用自身所具有的体力进行创业，如快递、外卖、代购、运输等，多集中在服务业。

2. 科技型创业者

科技型创业者是指自身拥有前沿技术、高新项目，或具有科技含量高的专利项目，并利用这些科技资源进行创业的人员，如各类高科技公司或新兴产业的创业者。

3. 知识型创业者

知识型创业者是指利用自己所掌握的知识为大众提供知识产品或专业服务的创业者，如会计师事务所、律师事务所、咨询公司、广告公司和网络音视频知识产品提供者等。

4. 技能型创业者

技能型创业者是指利用已掌握的独特的技艺或突出的能力进行创业，如咖啡业、烘焙业、酿酒业、手工艺品行业等。

名言名句 6-1

企业发展就是要发展一批狼。狼有三大特性：一是敏锐的嗅觉；二是不屈不挠、奋不顾身的进攻精神；三是群体奋斗的意识。

——任正非

对所有创业者来说，永远告诉自己一句话：从创业的第一天起，你每天要面对的是困难和失败，而不是成功。我最困难的时候还没有到，但有一天一定会到。

——马云

对信念的偏执创造奇迹。历史是这样写就的，竞争版图是这样重画的，世界是这样改变的。

——孙宏斌

创业前，很多困难你都不会把它认为是困难，当它突然成为你的困难时，很多人会承受不了压力，就放弃了，这样的人一定是不能成功的。

——史玉柱

三、创业者的素质和能力

创业是一项需要具备复合素质和能力的活动，创业者的素质和能力在很大程度上决定着企业的成败，具体来说有以下一些方面。

（一）品质素质

良好的品质是创业成功的先决条件。虽然靠一时的投机取巧也许能获得短期的小利，但却不能使企业发展壮大和长远盈利。创业者需要具有以下一些道德品质：

1. 遵守社会公德

创业者首先要遵守国家法律法规、相关政策，创业的初衷不能是为了违法的利益，也不能以损人利己的方式创业，先做一个守法的公民，然后才是一个创业者。

2. 恪守商业道德

商业世界充满竞争，创业者为了追求自身利益而力图胜过其他市场主体是进取心的充分体现，也是让企业存活的先决条件。竞争促进经济发展，推动社会进步，但要遵循公认的商业道德，遵守商业世界的游戏规则，遵循和维护自愿、平等、公正、公平的商业环境。

3. 诚实守信

孔子说，"人而无信，不知其可也"。诚信不仅是为人处世之本，更是经商之魂。诚信就是"童叟无欺，信守诺言，言行相符，表里如一"。在企业经营的过程中，诚信是克敌制胜的无形武器，也是赢得客户的隐形名片，通过诚信积累起来的信誉度、美誉度和忠诚度是企业的巨大精神财富和源源不断的物质财富。

4. 履行社会责任

企业不仅要创造经济价值，也要创造社会价值，承担社会责任，开展一些慈善公益活动或进行捐赠捐款，为社会公益、人类进步尽一份力。有的创业者甚至一开始就是为了某种社会公益事业或为弱势群体解决问题而萌发了创业的愿望。

5. 积极进取和拼搏奋进

创业者需要具有强烈的自我成就欲望，要实现这个欲望，创业者需要很强的行动力并且朝着目标奋勇拼搏。在这个过程中，要始终保持乐观进取的态度，走出舒适区，义无反顾地去追求目标的实现，给企业发展提供取之不尽、用之不竭的精神源泉。

案例分析 6-1

白景琦怒烧假药

《大宅门》是一部根据真人真事改编的电视剧。剧中百草厅药铺的原型就是大清末年的同仁堂，这是清朝年间京城最有名的药铺，其掌门人是白景琦。电视剧第29集中，白景琦的儿子白敬业在柜上掌管配药房，一批药品的制药工序少两道、药材成分少三成，因偷工减料惹得许先生、涂二爷递了辞呈。白景琦得知此事后义愤填膺，当众秉公处置了儿子白敬业，焚烧了价值上万两白银的药品，告知天下"白家老号"始终坚守诚信为本，以诚信制药卖药惠及天下百姓。

思考：白景琦为什么要烧药？诚信对于一个企业的价值在哪里？

6. 敢于竞争和接受挑战

在商业世界的浪潮中搏击犹如逆水行舟，不进则退。创业者要做好应对残酷竞争的准备，要敢于挑战风险，敢于尝试。但是挑战不等于冒险，创业都会有风险，理智的创业者会努力把创业风险降到一个合理的范围以保证创业的成功。所以既不能因为创业有风险就故步自封，也不能盲目冒进，需要理性冒险。

7. 创新精神

创新是推动经济和社会发展的重要力量，是民族兴旺昌盛之源。创业者要敢于突破陈规，不断追求创新。创新可以是发明或创造某种新的产品或服务，也可以对原有产品或服务进行适当变革，对流程进行再造，对组织形式进行调整。无论是巨大有影响力的发明创造还是微变革、微创新都值得倡导和肯定。

8. 敏锐的商业直觉

对创业者来说，机遇稍纵即逝，因此需要创业者在不断的市场磨砺中把握住机会，成就一番事业。在资源条件和市场条件相同或相近的情况下，具有敏锐商业直觉的创业者更容易取得成功。他们更善于去关注自己身边的世界，提前做好准备等待机遇，一旦机遇来临，便牢牢把握机遇，从而在竞争中拔得头筹。要锻炼自己的商业直觉，首先就要做生活中的有心人，多观察思考，学会将不同的事物进行连接，形成系统思维。同时多向他人请教，多向同行学习，集思广益。

案例分析 6-2

"汉服达人"的文化复兴梦

近年来，"互联网+"成为潮流，由此引发的新业态和新模式层出不穷。在"大众创业、万众创新"的大潮下，凭着对互联网新技术的敏感和青春的激情，越来越多的年轻人加入互联网创业大军。

"有结婚20周年的夫妇来拍结婚纪念照，有年龄加在一起超过80岁的闺蜜来拍写真，还有毕业前的大学生专门来拍照庆祝。"在十步汉飔汉服体验馆里，"90后"汉服造型师韩爽每天都要给来体验汉服的人设计造型。

成为汉服造型师之前，韩爽曾是一名西班牙语翻译和国家认证金融理财师，还是微博等平台的旅行博主。"在旅游中，我看到许多游客都把和服体验当作去日本旅行的固定打卡项目。在韩国，穿传统服装游览一些景点甚至可以免门票。"热爱汉服和传统文化的韩爽由此萌生了创业的想法，并创立了十步汉飔汉服体验馆。

创业的艰辛超出韩爽的想象。从创业想法萌芽、制订方案、寻找合伙人、选址、拿着方案找了不下100个投资人谈融资，到店面成功试营业，韩爽都一手操办。如今，十步汉飔品牌已小有名气，在线上了解产品、预约体验的消费者稳步增长，全国首家汉服室内实景体验自拍馆也应运而生。其背后，汉服体验和消费日益成为潮流。美团点评统计数据显示，目前汉服体验消费者以"95后"居多，占比超过三成，新生消费力量"00后"占比达13%。汉服体验消费者中也不乏"60后"们的身影。

"活在过去的是文物，走上街头的才潮酷。"韩爽说，自己做汉服体验店的目的不是让人们回到过去，而是让汉服来到现代人的生活当中。在传播汉服文化的路上，韩爽乐在其中，并决定在汉服造型师的新职业之路上继续探索。

思考：
(1) 韩爽抓住了什么商业契机？她的创业动机与创业梦想是如何结合的？
(2) 韩爽为什么能够抓住商机？

(资料来源：https://epaper.gmw.cn/gmrb/html/2020-09/25/nw.D110000gmrb_20200925_6-12.htm，2020/09/25)

(二) 知识素质

1. 专业知识

创业者需要掌握所在领域的专业知识，专业知识越扎实，在行业的竞争力就越强，这就需要在校学习期间，打牢专业基础，学好专业技能。

2. 通用知识

创业者不但要是本领域的行家里手，还需要广泛涉猎各方面的知识，这些领域的知识有可能与创业没有直接的关系，但创业者对这些领域的了解会拓宽视野，为创业者提供更多的思维源泉，有助于激发创业灵感，开发出更多创新的产品和服务。

3. 工具知识

俗话说"工欲善其事，必先利其器"，随着信息技术的发展和社会进步，创业者还需要掌握一些常用的工具，如外语、互联网、计算机相关的知识，才能在商业竞争中事倍功半。

案例分析 6-3

"90后"创业者让中国最后通公路县迎来首个电商实体店

母婴洗衣机、人工智能音响、声控窗帘……各类时尚的现代家电、新潮的数码产品已经翻越大山来到了西藏素有"莲花秘境"之称的墨脱县，走进了当地民众家里。

林芝墨脱县位于西藏东南部，平均海拔1 200米，由于这里地势复杂、自然灾害频发，直到2013年10月，墨脱公路才正式通车，这个中国最后一个不通公路的县终于结束了"高原孤岛"的历史。

随着墨脱交通逐渐便利，网购开始触及这里。而除了网购，不断下沉的电商平台也开始在这里开设实体店，提供送货、安装、维修等一条龙服务。

曾有过销售互联网产品和智能产品经验的"90后"青年熊建，考察墨脱市场后，决定当"第一个吃螃蟹的人"。墨脱全县人口仅1万多人，传统家用电器销售已经在市场稳定运营，如何能加入质量和服务都有保障的电商平台，让智能家电线下产业在墨脱落户，成为熊建面临的最大难题。

于是，熊建与京东家电专卖店取得联系后，靠自己的营销经验建立墨脱县客户社交网络群，通过多次沟通，"京东红"终于出现在墨脱县城。

2020年6月，熊建正式开店，短短半年时间，该店零售额已经约200万元，丰富的产品和及时的售后服务让这家年轻的门店很快在墨脱家电市场占有一席之地。

熊建说，因为交通原因，墨脱一直是类似"高原孤岛"的存在，但随着交通的改善和互联网的兴起，他发现当地百姓接受新鲜事物的能力很强，"大家都喜欢新潮的电子产品，也会尝试购买和使用各种智能家电、智能家居系统。我们在上门安装的时候也会教他们使用这些产品。"

临近新年，相关的促销活动在线上、线下渠道火热展开，墨脱县民众也能参与其中，用实惠的价格为家里添置新的家电。下一步，熊建打算考取驾照，提升配送效率，把销售范围辐射得更广。

思考：

（1）熊建创业成功的原因有哪些？

（2）创业者需要哪些知识素质？

（资料来源：https://www.chinanews.com/sh/2021/01-29/9399865.shtml，2021/01/29）

(三) 能力素质

1. 领导决策能力

创业者常常也是一个团队的领袖,需要具备出色的领导能力,在风云变幻的商业领域能够科学地分析环境、审时度势,做出正确的判断和决定。因此,需要在日常学习和生活中有意识地锻炼自己的领导力和决策力,勤思考,多学习。

2. 组织协调能力

创业从本质上来说就是各种资源的挖掘、协调与运用。常见的资源主要有人、财、物三类。这要求创业者科学选人、用人、育人、留人,学会资金的合理聚集、核算、分配、使用,做到物尽其用,人尽其才,让创业的各种资源要素有效组合,发挥最大的价值。

3. 人际沟通能力

创业过程中需要与内外部各种行业不同类别的人进行交流,因此创业者需要具备良好的人际沟通能力。在现代社会中,人脉资源也是一种非常重要的资源,良好的人际沟通能帮助创业者积累人脉资源,让自己的创业过程获得更多人的帮助。在创业过程中,会不可避免地出现一些矛盾,这时需要创业者具备良好的矛盾化解能力和利益协调能力,促进交流,求同存异。

4. 团队合作能力

俗话说,三个臭皮匠顶个诸葛亮。现代社会单打独斗并不容易取得成功,只有进行团队合作,发挥团队的优势,各取所长才能有所建树。因此,创业者必须具备良好的合作能力,要学会选择创业伙伴,与创业伙伴同舟共济,同心协力,互利合作,从而形成利益共同体,让创业成为大家共同的事业。

5. 学习能力

现代社会变化迅速,知识更新迭代很快,创业者要树立终身学习意识,培养持续学习的习惯。创业者要学习与企业经营管理密切相关的知识,如企业战略管理、市场营销、财务会计、商业沟通、人力资源管理、互联网电子商务等方面的知识,为进行创业做好充足的准备。此外,还要努力寻找机会进行实践,加深对所学理论的理解,积极找到适合自己企业的管理方法。

6. 心理调适和抗压能力

创业者需要具备良好的心理素质,在顺境时能够居安思危,高瞻远瞩,预见可能发生的风险和危机,做好应对准备。逆境时能够积极面对挫折,那些压不垮我们的,都将使我们更强大,要用信心和意志发挥无限的力量去克服困难。日本八佰伴创始人和田一夫开始只有一个小水果商铺,结果还被一场大火烧个精光。但在"不摧毁旧的,就不能建设新的"的乐观信念支持下,他最终东山再起,成为世界知名的成功企业家。

 拓展阅读 6-2

成功创业者的健康心理特征

美国研究人员对一些取得成功的创业者进行了研究,归纳出他们取得成功的健康心理特征。

（1）自信：他们普遍都有很强的自信心，有时有咄咄逼人的感觉。

（2）急迫感：他们通常很急切地想见到事物的成果，因此会给别人带来许多的压力。他们信仰"时间就是金钱"，不喜欢也不会把宝贵的时间浪费在琐碎的无聊事情上。

（3）脚踏实地做事：不会为了使自己舒服一点而马虎从事。

（4）崇高的理想：为了实现个人理想，他们不会计较虚名。他们生活简单朴实，必要时常常身兼数职。

（5）情绪稳定：他们通常不喜形于色，也很少在人前抱怨、发牢骚。遇到困难时，他们总是坚韧不拔地去突破困境。

（6）喜欢迎接挑战：喜欢承担风险，但并不是盲目地冒险。他们乐于接受挑战，并从克服困难中获得无穷乐趣。

（7）控制及指挥的欲望：他们通常非常执着于自己的决策，不习惯只听命于人。如果你在公司里是一个唯唯诺诺、不吭一声的人，或只是一个"虽不喜欢公司的环境，但又没有勇气辞职自创前途"的人，要成为创业者还有一段距离。

（8）客观的人际关系态度：他们为了事业往往是"冷酷无情""不顾情面"，给人以"大公无私""就事论事"的感觉。

（资料来源：https://baidajob.com/article-189859.html，2013/07/04）

当然要具备这些能力素质并不会一蹴而就，需要创业者在长期的学习和实践中积累和成长，而且也不是一定要等到所有的素质、能力、知识都具备了才可以创业，创业者在确保能够掌控风险的前提下，可以去做一些创业尝试，积累一些创业经验，在实践中提升和锻炼自己，从而为自己在未来的创业之路上走得更长、更远打下基础。

脑力测验 6-1

创业个性特征测试

测试说明：在每题中选择1个最能反映你个人观点的句子（A或B），根据表6-1，将每题所得分数相加。

（1）A. 工作一定要完成。
　　　B. 我喜欢与优秀的朋友在一起，这样我能够获得他们对我的工作的见解和建议。

（2）A. 当我的责任增加时，我会感到更加快乐。
　　　B. 我依靠运气把事情完成。

（3）A. 我决不做任何可能使自己受损失的事情。
　　　B. 对如何赚钱的理解是进入商业的第一步。

（4）A. 不管是多好的事情，如果这件事情的失败可能使我招致嘲笑，我就不会冒险去做。
　　　B. 除工作之外，我还记挂别人的安康。

（5）A. 我会为自己开创的任何事业而努力。
　　　B. 我只会做那些使我开心并有安全感的事。

(6) A. 如果我失败了,别人会嘲笑我。
    B. 尽管我对自己很有信心,我还是需要别人的建议。
(7) A. 在遇到困难时,我要去找到解决的方法。
    B. 如果在新开创的事业中失败,我会继续目前的工作。
(8) A. 如果我觉得一个想法是好主意,我就会去实践这个想法。
    B. 我能够比现在做得更好。
(9) A. 工作时,我会注意维系良好的人际关系。
    B. 不管发生什么事,都是我从经历中学习的机会。
(10) A. 即使我的努力失败了,我也能从中学到东西。
     B. 我喜欢舒适的生活。
(11) A. 我只会投资比赛或彩票,总有一天幸运会落在我头上的。
     B. 如果我在工作中失利,我会努力找出原因。
(12) A. 我会尊敬我的员工,并对他们一视同仁。
     B. 如果能有更好的工作,我就会离开现在的工作。
(13) A. 在实施一个新的想法之前,我会慎重考虑。
     B. 如果我的叔叔去世,我将立刻奔赴出殡室,即使这会导致公司订单延误好几天。
(14) A. 只有当我拥有资本时,我才能够发展一份事业。
     B. 我希望能够自己做出重要决定。
(15) A. 当别人的好意和信任被背叛时,我不会坐视不理。
     B. 如果事情没有按照我的想法发展,我会寻求其他的替代机会。
(16) A. 我可以犯错误。
     B. 我非常喜欢与朋友谈天。
(17) A. 我希望我的钱能够安全地存在银行里。
     B. 我完全信任我的工作,同时我也了解它的优劣。
(18) A. 我希望我能够拥有很多钱从而过上舒适的生活。
     B. 如果年长者建议我不要做某事,我将绝不会去做。
(19) A. 人们首先应该照顾好自己的亲人和朋友。
     B. 如果我能维持公司场地清洁,这将帮助提高产品的质量。
(20) A. 即便可能使自己受损害,我也不会做让别人不开心的事情。
     B. 钱是事业发展的必需品。
(21) A. 我希望我的事业能够很快发展起来,这样我就不会遇到经济紧张的困难。
     B. 我要清醒地认识到,不能因为不成功就去责备自己。
(22) A. 我应该能够独立地按照自己的想法去做事。
     B. 只有为自己的未来积累了一大笔钱后我才会幸福。
(23) A. 如果我失败了,那主要是因为别人的错。
     B. 我只会做那些让我感觉舒服且令我满意的事情。

(24) A. 在开始一份工作之前,我会认真考虑它是否会对我的声誉有不利的影响。
　　　B. 我希望自己能和别人一样,也买得起昂贵的东西。
(25) A. 我希望我能够有舒适的房子住。
　　　B. 我会从失败中吸取教训。
(26) A. 在做任何工作之前,我都要考虑它的长期影响。
　　　B. 我希望每件事情都能按照我的想法进行。
(27) A. 金钱能够带来舒适,所以我的主要目标在于赚钱。
　　　B. 我喜欢在能够经常见到朋友们的地方工作。
(28) A. 我了解自己正在做的事,我不怕受到别人的批评。
　　　B. 如果我失败了,我会觉得自己非常差劲。
(29) A. 我知道碰到困难是常有的事,我应该去做一些好的新工作。
　　　B. 在开始新工作之前,我会采纳有经验的朋友们的建议。
(30) A. 我的所有经历都会激励我前进。
　　　B. 我希望我能有很多钱。
(31) A. 我喜欢每天从容不迫,万事顺利,没有任何烦恼。
　　　B. 不管遇到多大的障碍,我将努力达到目标。
(32) A. 我不喜欢别人无故干涉我做事。
　　　B. 为了赚钱我可以做任何事情。

表 6-1　各题对应分数

题号	A/分	B/分	题号	A/分	B/分	题号	A/分	B/分	题号	A/分	B/分
(1)	1	2	(9)	1	2	(17)	0	2	(25)	1	2
(2)	2	1	(10)	2	1	(18)	1	0	(26)	1	1
(3)	0	1	(11)	0	2	(19)	0	2	(27)	1	1
(4)	0	1	(12)	1	1	(20)	1	1	(28)	2	0
(5)	2	1	(13)	2	0	(21)	1	0	(29)	0	1
(6)	0	2	(14)	1	1	(22)	1	1	(30)	2	1
(7)	2	0	(15)	1	1	(23)	0	2	(31)	1	2
(8)	1	2	(16)	2	1	(24)	1	1	(32)	1	0

您的得分合计:_____分

得分说明

0~25分:不具有创业性。

26~36分:中立。

37~47分:具有一定的创业性。

48分以上:非常具备创业性。

(资料来源:https://wenku.baidu.com/view/d62b17c9b72acfc789eb172ded630b1c58ee9be7, 2014/10/21)

第二节 创业团队

案例分析 6-4

湖南邵阳返乡创业大学生：心中一直有个美丽乡村梦

在湖南省邵阳市新邵县小塘镇马埠江村，返乡创业大学生何美凤、陈艳玲、毕涛颇有名气，去年他们流转了400多亩稻田种植优质稻，养殖了5万多羽小塘麻鸭，带动当地100余名贫困户增收。他们放弃在城市的工作返乡创业，只为一个质朴的情怀，把家乡的老字号品牌——小塘麻鸭振兴起来。

1. 白领变潮农

这3个返乡创业大学生中学历最高的是何美凤，1989年出生的她毕业于湖南农业大学，本科专业是水产养殖，研究生专业是水生生物。

"我们马埠江村依山傍水，有水质清澈的石马江，又有被评为中国地理保护标志产品——小塘麻鸭。这么好的品牌，但一直最缺的就是农业人才！"何美凤说。自己2016年毕业后一直从事教育培训工作，工资待遇也还不错，但在她的心中一直有个美丽乡村梦，希望将自己所学的专业知识应用到振兴家乡中。

2018年，她把这个想法与同是湖南农业大学毕业的陈艳玲分享，两人一拍即合。与此同时，在她们的游说下，同村学过机电专业的"90后"大学生退役士兵毕涛加入团队。三个昔日城市"白领"变身新时代"潮农"，三人分工明确，学种养专业的何美凤是团队的"技术专家"，学人力资源的陈艳玲负责整个合作社的人员配备和调剂，学机电专业的毕涛扛起了农机操作和维修的"大旗"。当年年底，三个踌躇满志的大学生成立新邵县城山头生态农业合作社。2019年采取村民入股分红的模式，流转土地种植400亩优质稻，养殖小塘麻鸭5万多只。

2. 有苦也有甜

万事开头难，刚从事农业生产时，繁重的农活压得三人喘不过气来。就连既当过兵，又当过健身教练的毕涛都有点扛不住了。2019年5月插秧时，为抢抓播种时节，毕涛往往开着插秧机在地里从早上一直忙到天黑，晚上一到家躺在椅子上动都不想动，连饭也吃不下，但一想到唯一懂机械操作的自己要是累趴下了，插秧就会错过时节，所以再苦再累也逼着自己去干完。

一分耕耘，一分收获。2019年，他们种的优质稻，由于采取的是鸭粪育肥，生物方法防虫害，稻米在市场上供不应求。他们养的麻鸭采取传统散养模式，吃的是石马江里的小鱼小虾，稻田里的虫子和田螺，而且足足养够4个月才销售。一上市，因肉质劲道、口感好，同样销售火爆。

更让3个大学生心头甜蜜蜜的是，村里不少贫困户到合作社务工后，彻底改变了生活。

70多岁的贫困户刘素娥，因丈夫瘫痪一直生活拮据，2019年在合作社务工赚了2万多元。50多岁的刘梨花腿部有残疾，走路一瘸一拐，但在大学生们的照顾下，在合作社负责看鸭子，每年也有2万元左右的收入。"他们有时在山上采了蘑菇，就拿来感谢我们，这些细节让我很感动，觉得自己做了一件很有意义的事。"陈艳玲说。

3. 心中有梦

2019年小试牛刀后，3个大学生的创业故事在当地传为美谈。不少村民慕名而来，纷纷投资这支潜力股，成为合作社股东，目前共有106名村民入股合作社。2020年他们进一步扩大种养规模，流转新田铺、小塘、巨口铺3个乡镇5 000余亩土地种植优质稻，小塘麻鸭的养殖规模达到20万羽以上。

2020年除了扩大种养规模，他们还发挥自己特长，自编自导以小塘麻鸭为主题的短视频段子，希望通过抖音等平台销售家乡特产。"我们虽然每天忙起来可能只睡五六个小时，但只要有时间我们就想文案、拍视频、编段子。"何美凤说。拍视频的目的一方面是展示小塘麻鸭，另一方面也希望展现新时代农村青年的活力，吸引更多有志青年回乡创业，一起把小塘麻鸭品牌做大做强，未来把马埠江建设成一个"麻鸭小镇"。

思考：

（1）何美凤是如何组建她的创业团队的？

（2）通过案例进行分析，说明团队对于创业的重要性。

（3）何美凤团队的成员是如何实现合理组合的？

（资料来源：https://article.xuexi.cn/articles/index.html?art_id=5641684672122642542&item_id=5641684672122642542&study_style_id=feeds_default&t=1592446212722&showmenu=false&ref_read_id=c31b6903-4360-49ea-8e7d-74decd8e5631_1612307806141&pid=&ptype=-1&source=share&share_to=wx_single，2020/06/11）

俗话说不打无准备之战，商场如战场，要想在商业竞争中取得成功，要做一系列前期准备，其中最重要的准备之一就是组建创业团队。不排除有个人创业成功的事实和案例，但随着现代社会竞争的加剧，个人的力量毕竟是有限的，据统计有60%以上的创业都是团队创业，可见团队在创业当中的力量不可忽视。

一、团队与创业团队

（一）团队

创业团队是团队的一种。那什么是团队呢？团队与群体有何区别？

1. 团队的概念

美国管理学家斯蒂芬·P. 罗宾斯认为：团队就是由两个或者两个以上的相互作用、相互依赖的个体，为了特定目标而按照一定规则结合在一起的组织。

2. 团队与群体的区别

团队与群体虽然都是个体的聚集，但二者有本质的区别，主要体现在6个方面。

（1）领导。

领导方面，团队和群体都有领导，群体有明确的领导人，且有较为集中的决策权，但是团队可能不一样，一般团队中有一个核心人物作为领导者，在其带动下，团队的主要成员之间通过商议共同决策，尤其团队发展越成熟，团队成员共享决策权就越大，决策就越民主。

（2）目标。

目标方面，团队的目标是非常明确而且一致的，而群体的目标是分散的，甚至成员没有共同的目标。

（3）协作。

协作方面，团队在协作上非常紧密，就像足球队一样，赛场上只有耀眼的球星是不够的，还需要不同位置的配合，协同一致发挥各自的作用，从而让团队取得最大的成果。因此，协作在团队中是表现得非常突出和明显的，而群体的协作性可能是中等程度的，有时成员间不但没有合作，甚至还存在消极对立。

（4）责任。

责任方面，团队中责任不是团队领导一个人的，而是所有团队成员共担的，而群体中如果出了问题，个人的责任会更多。

（5）技能。

技能方面，团队对成员技能方面的要求是很高的，技能要有所差异，而且需要互补，不同知识、技能和经验的人组合在一起，形成角色互补，从而达到整个团队的有效整合。而群体成员的技能可以相同，也可以不同。

（6）结果。

结果方面，团队的成果是所有团队成员共同努力的结果，单靠个人力量是无法实现团队目标的，而群体的结果是个体结果的组合和叠加。

当然，虽然团队和群体有区别，但二者不是绝对对立的，甚至在一定条件下可以互相转化。如群体通过一段时间的协调、磨合、沟通，成员能够形成共同的目标，并且愿意为此目标而协作努力，那么一个松散的群体有可能形成一个团队；一个优秀的团队也有可能在发展中途遇到一些突发情况或企业经营业绩变化，导致一些团队成员对共同目标有所怀疑甚至有了自己的小算盘，互相争斗，矛盾冲突不能解决，最终由团队走向群体，甚至走向解散。

（二）创业团队

1. 创业团队的概念

创业团队是为进行创业而形成的集体，是指由两个或两个以上具有一定利益关系、愿意运用相互补充的知识和技能、彼此分享资源、共同解决问题以达到一致目标的共同体。

2. 创业团队的意义

（1）创业团队有助于更好地实现创业目标。

俗话说"众人拾柴火焰高""一个篱笆三个桩，一个好汉三个帮"，团队力量是个人力量的汇集，甚至通过合作能够产生比简单个人力量加起来更大的团队力量。团队成员可以实现多元化的知识技能融合以及专业化的分工，每个人都发挥自己的优势和特长，贡献自己差异化的资源,从而更好地实现创业目标。

(2) 创业团队有助于更好地把握创业机会。

第一,创业团队具有较强的机会识别能力。现代社会信息量极大而且迭代速度很快,个人的认知能力是有限的,团队成员在一起研究探讨,彼此思想进行碰撞、互相启发,就能够产生创业的灵感和火花,更容易在纷繁复杂的商业领域识别有利的机会。

第二,团队具有较强的机会开发和获取能力。团队识别机会后,还需要通过努力才能将其开发出来发挥作用,而团队成员的共同协作有助于将潜在的机会转化为可利用的现实机会,从而成就事业。

(3) 团队创业更容易受到投资人的青睐。

改革开放以后,社会发展非常迅速,创业资源不但需要自身积累,更需要去外部获取,而在获取资源的过程中,投资人一般会将团队作为评估项目的一个关键因素,如果团队成员配置合理、协同度高、管理科学、有发展潜力,项目就更容易受到投资人的青睐。

二、创业团队的构成要素

一般来说,创业团队的构成有5个要素,也就是常说的"5P"。

(一) 目标(Purpose)

人们常说,心往一处想,劲往一处使,"一处"便是指团队目标。团队应该有一个共同的、明确的目标,为团队成员导航,知道企业要向何处去,没有目标团队就容易迷失方向。第一,团队的目标要与组织目标一致;第二,目标在宏观层面表现为组织的愿景、价值观和发展战略等,在中观和微观层面,可以把大目标分解成部门目标、小组目标、个人目标等小目标,所有团队成员合力去实现这个共同的目标;第三,目标还应该广泛宣传,不但需要在组织内部让目标深入人心,成为成员的行动指南,也需要有效地向大众传播,让公众、客户了解企业目标,扩大企业的影响力,争取获得更多的社会认同和接纳。

(二) 定位(Place)

目标确定以后还要对团队进行清晰的定位。定位包括:第一,企业在社会中的定位,即企业在整个社会系统和行业中处于什么样的位置?是否需要承担一定的社会责任?第二,团队的定位。创业团队在企业中处于什么位置?成员的决定权和选择权如何确定?第三,团队成员个人的定位。团队当中,不同的成员最终应该向谁负责?承担什么责任?这些都需要进行明确的规定。

(三) 权限(Power)

权限是指团队当中领导人的权力如何界定,拥有什么样的决策权,职权的归属和界定如何。一般来说,团队当中领导人的权力大小跟团队的发展阶段相关,在团队发展的初期阶段,领导权是相对比较集中的,这样有利于迅速把握机会,缩短决策时间,但到中后期,随着团队发展逐渐成熟,团队领导者所拥有的权力则会逐步减小,更多进行授权或是权限的分享。

(四)人(People)

在任何情况下人都是团队最关键和最重要的因素,人具有主观能动性,在所有的团队要素当中是最活跃的一个要素。一方面,团队组建时要充分考虑团队成员的来源构成、知识才能、性格特征、优劣势,分工合作,充分调动团队的人力资源,使其转化为人力资本,为企业创造价值;另一方面,人员使用也是有成本的,在最大限度地激发人的主动性和创造力的同时,也要合理地对人力成本进行规划和控制,以确保企业长远发展。

(五)计划(Plan)

计划是实现目标的保证。目标可以很远大、很宏伟,但目标的实现要靠计划转化为脚踏实地的行动。制订计划的过程也就是将目标细化为具体行动方案和工作程序的过程。计划要围绕着目标来制订,要具有现实性、可操作性和时间性,同时要把职责和权限分配给个人,让其在行动中按照计划的步骤执行。

名言名句6-2

共同的事业,共同的斗争,可以使人们产生忍受一切的力量。

——奥斯特洛夫斯基

我们知道个人是微弱的,但是我们也知道整体就是力量。

——马克思

创业不是一个人的战斗,作为一个想创造些什么出来的创业者来说,真正需要的是一个优秀的团队。我把所有的时间都花在了创建团队上。

——扎克伯格

一个人走路,可能会走得很快,但不一定能走得很远,而一群人走路,不一定走得很快,但可能走得很远!

——俞敏洪

三、创业团队的类型

(一)星状创业团队

星状创业团队(如图6-1所示)中一般有一个核心充当团队的领军人物,团队在创建之时,核心人物就对团队组建以及创业有自己的设想并进行过仔细思考,同时根据自己的想法选择相应人员加入团队。这些加入的成员,有可能是核心人物熟悉或有联系的人,也可能是不熟悉的人,团队成员更多地是围绕在核心人物周围作为支持者的角色。

这种创业团队的优势在于决策程序相对简单,组织效率较高;组织结构紧密,向心力强。劣势在于企业发展过度依赖核心人物，一旦核心人物决策偏差，容易给企业带来较严重的后果；主导人物在组织中的行为对其他个体影响巨大，容易形成权力过分集中的局面，从而使决策失误的风险加大；当其他团队成员和主导人物发生冲突时，因为核心主导人物的特殊权威，其他团队成员在冲突发生时往往处于被动地位，在冲突较严重时，一般会选择离开团队，因而对组织的影响较大，使人员出现不稳定因素。

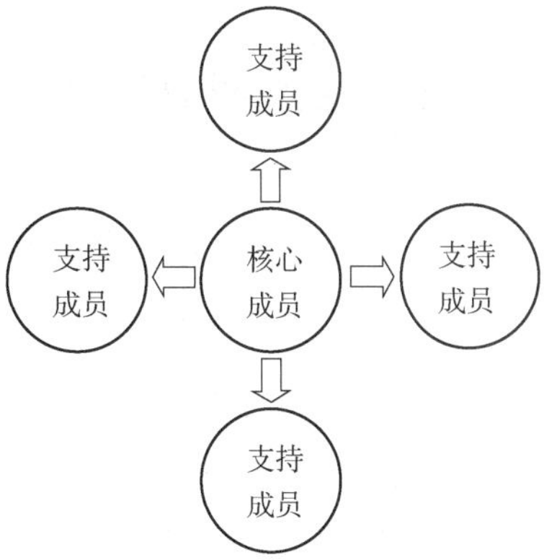

（二）网状创业团队

图 6-1 星状创业团队

网状创业团队（如图 6-2 所示）成员在创业之前往往相识并且有密切的联系，如同学、亲友、同事等，互相比较了解，他们在交往过程中共同认可某一创业想法，达成共识之后开始合作创业。在创建之初网状创业团队并没有明确的核心人物，大家根据各自特点自发进行角色定位，成员基本上扮演的是协作者或伙伴角色。这种创业团队有几个突出的特点：一是因为团队成员彼此熟悉，磨合期短；二是权力较为分散，团队没有明显的核心，组织中容易形成多头领导的局面；三是决策上通过大量的沟通和讨论达成一致意见而不是某个人物一言堂，一般采取集体决策的方式，比较民主，但组织的决策效率相对较低；四是由于团队成员在团队中的地位相似，在冲突解决方式上，当团队成员之间发生冲突时，一般采取平等协商、积极解决的态度消除冲突，团队成员不会轻易离开，但是一旦冲突升级，某些团队成员撤出团队，就容易导致整个团队涣散。

（三）虚拟星状创业团队

虚拟星状创业团队（如图 6-3 所示）是由网状创业团队演化而来，基本上是前两种的中间形态。在团队中，有一个核心成员，但不像星状创业团队中的核心主导人物那样有权威，核心成员地位的确立是团队成员协商和共同认可的结果，因此核心人物从某种意义上说是整个团队的代言人，而不是主导型人物，其在团队中的行为必须充分考虑其他团队成员的意见。

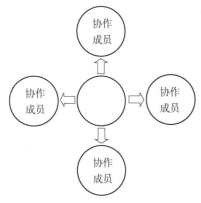

图 6-2 网状创业团队

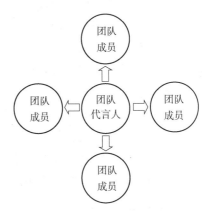

图 6-3 虚拟星状创业团队

四、高效创业团队的特征

（一）有凝聚力的团队精神

无论是创建企业还是发展企业，创业精神都是非常重要的。世界上没有一帆风顺的创业，事业发展过程中总会遇到挫折和困难，而战胜这些挫折和困难的最好动力就是团队精神。比如提起新东方，大家不会只想到它是一家外语培训机构，更会想到它代表的一种朝气蓬勃、奋发向上的精神，一种从绝望中义无反顾地寻找希望的精神。其创始人俞敏洪放弃了在北京大学稳定舒适的教师工作转而创业，在创业之初曾自己发传单、贴小广告，甚至被城管驱赶。虽然历经磨难，但创业精神支持着他一直坚持下来，这成为新东方精神的最好诠释，也影响着团队的其他成员。

（二）有明确远大的团队目标

目标作为创业团队构成的主要要素，第一，要具体明确，只有明确的目标才能给人清晰的方向；第二，目标一定要高远，短浅的目标只会让人只看到眼前的利益而缺乏长远发展的动力。目标越高远越具有凝聚力和感召力，从而更容易形成团队成员共同的愿景。马云离开北京回杭州创业时，告诉团队成员，每月工资只有500元，外出不许打车，办公就在他150平方米的家里。条件虽然艰苦，但大家要做的是创办世界上最伟大的互联网公司。最终这个远大的团队目标让团队成员克服了创业之初的种种困难，最终走出了一条光明的道路。

（三）有清晰的团队角色

清晰的团队角色，包括明确每个人的责任、职权，清楚应该做什么、不该做什么、对谁负责、要完成哪些任务、发挥什么作用等。《西游记》中取经团队之所以能够历经八十一难取得真经，就在于其团队成员角色分工明确且配合默契。唐僧扮演了鞭策者、凝聚者和善始善终者的角色，他将孙悟空、猪八戒、沙和尚和白龙马凝聚在一起，到西天去取经，尽管路途遥远、历尽磨难，但他始终坚持、不放弃，不达目的不罢休，并且在过程中不断鼓励、鞭策团队成员，有时还要使用紧箍咒进行监督和管理；孙悟空承担了实干家、智多星和专家的角色，他最聪明、点子最多，而且法力高强，降妖除魔总是冲在第一线，是业务工作的行家里手；猪八戒充当了协调人、调解员、联络员的角色，尽管能力有限，但却是不可或缺的成员，经常要去协调师徒之间、师兄弟之间的关系，化解矛盾冲突，让团队关系融洽；沙和尚和白龙马都是典型的实干家，埋头干活，任劳任怨，执行力强，同时白龙马还在关键时刻大显身手，起到危难时候挺身救主和适时补位的作用。

（四）信息互通，取长补短

创业团队成员之间要做到充分的信息沟通，避免信息不对称的现象出现，并且这种沟通要及时,对事不对人。此外最好有互补性,这种互补,既是知识、经验、资源上的互补,也是性格、能力上的互补。这样,在创业过程中,大家能分别掌管不同的领域,在一起工作时能起到事半功倍的效果。

(五) 彼此了解,相互信任

团队成员之间要对彼此各方面的情况有深入和细致的了解,同时要建立起基于共同目标的信任,这是合作的基础。这就要求团队成员之间要进行及时有效的沟通,相互理解,多站在对方的角度思考,促进共识的达成。

拓展阅读 6-3

一个优秀创业团队需要具备这六种角色

成功的创业者从来都不是单打独斗,在一个团队中,只有各种角色各司其职,才能发挥出团队最大的战斗力。

1. 怂恿者

怂恿者,是那种会推动你,让你思考的人。他会一直让你有动力早起做事,尝试并将事情变为可能。你会希望这个人充满活力并保持热情。这是灵感之声。

2. 支持者

他是一个大粉丝,一个强有力的支持者,并且是一个为你和你的工作进行狂热传播的人。让他得到奖励,持续让他参与。这是动力之声。

3. 怀疑者

他是魔鬼的代言人,常常会指出一些尖锐的问题,还能提前发现问题。你会需要他的这种态度。因为他常常能看到你角度以外的事,并希望你的成功会与安全同行。这是理智之声。

4. 严厉者

他是让你把事情做好的爱找茬的"大声公",也是冲动的管家,他会确保团队在截止日期前完成目标。这是前进之声。

5. 联结者

他会帮助你找到新的途径和新的盟友。这个人打破路障并为你找到魔法实现的方法。你需要他帮你接近你所不能接近的人和地方。这是合作之声。

6. 标杆者

他是你可信赖的顾问,你的北极星,也是你想要赶超的那个人。他是你的指导者,是可以时刻提醒你,促使你做出神奇事情的存在,你需要让他感到骄傲。这是权威之声。

(资料来源:https://www.sohu.com/a/127582478_485586,2017/03/01)

五、创业团队的组建

（一）组建原则

1. 志同道合

尽管每个人都有不同的经历，认知技能也不尽相同，但是不同的人能够走到一起，那一定是因为志同道合。所以团队组建首先要考察的是团队成员对目标是否认同，是否具有一致的创业志向，是否有倾力合作的强烈愿望。

2. 富有热情

是否有足够的创业热情是衡量一个人能否成功的基本标准。创业团队一定要选择对项目有高度热情的人加入，并且所有人在企业初创时期都要做好每天长时间工作的准备。任何人，不管有无专业水平，如果对事业的信心不足，都无法适应创业的需求。

3. 数量合理

虽然对于创业团队人数多少并没有定论，但是总的来说要遵循数量合理、精简高效的原则。一般认为3~5人比较适宜。人数太多会导致过多的人力成本，同时思想不统一，容易产生冲突；人数过少又不能发挥团队的作用，以至于丧失一些有利的资源。在创业初期，为了减少运作成本，最大比例地分享成果，创业团队人员应在保证企业能够高效运作的前提下尽量精简。

4. 团队利益导向

团队中没有个人英雄主义，每位成员的价值，表现为其对于团队整体价值的贡献。每位成员都应将团队利益置于个人利益之上，个人利益是建立在团队利益基础上的，因此成员必须愿意牺牲短期利益来换取长期的成功果实，而不计较短期薪资、福利、津贴等，将利益分享放在成功后。拥有这样成员的团队是不可能不成功的。

5. 风险共担

团队是企业凝聚力的基础，成败是整体而非个人，只能同甘不能共苦、遇事互相推诿、不愿承担责任的团队都无法走远。因此，团队要建立起风险共担和利益共享机制，从而形成一个命运共同体。

6. 动态开放

创业过程是一个充满不确定性的过程，团队中可能因为能力、观念等多种原因不断有人离开，同时也有人要求加入。因此，在组建创业团队时，应注意保持团队的动态性和开放性，使真正完美匹配的人员能够被吸纳到创业团队中。

 拓展阅读6-4

> **创业几个人最合适？周鸿祎认为3人最好！**
>
> 几个人一起合伙创业比较好？古有桃园三结义，还有史上最牛团队——唐僧取经团

队；现有像马云那样一开始 18 个人一起合伙，腾讯 5 个人合伙。合伙人数量多少有什么优劣和讲究吗？

360 公司的创始人周鸿祎曾经说，有很多人问我，创业团队里有几个创始人合适？我创业过几次，也投资过很多创业公司，我建议 2~3 人是最好的组合。美国大片里的超人、蜘蛛侠都是孤胆英雄，而中国故事里有"七侠五义"，有"桃园三结义"，甚至有"梁山一百单八将"，讲的都是几个志同道合的朋友、一帮人，合作办成一件大事。

那么，是一个非常牛的人带领强大的团队，像"秦扫六合"一样，完成一个开创性的成功？还是让四五个人或者更多人组成一个"史上最牛团队"来打天下？在我看来，第一种难度不小，因为世界上这种英雄难觅其踪；第二种往往人多嘴杂，很难形成合力。因此，应该在中间找一个平衡。

首先，一个孤胆英雄，独揽大局，就算他再强，但总是"一言堂"，决策难免有失偏颇，这种团队很难成功。就像一部电影，其他人都是跑龙套的，也没有好的导演、编剧来配合，就一个明星，他浑身是铁也打不了几根钉子，肯定拍不出好电影。

其次，是不是人越多越好？有七八个联合创始人，这就会走向另一个极端，也不利于企业发展。因为这种团队往往会面临两个不能忽视的重要问题。

1. 1+1 并不大于 2

这种团队，往往是把很强的人绑在一起。敢于创业的人，一般胃口都比较大，比较自我，不能形成合力。就像足球比赛一样，全都是大牌球星，互相之间谁也不服气，唯一的结果就是输球。

2. 意见难以统一

情侣、夫妻之间，刚开始的时候都是柔情蜜意，但蜜月期一过，各种问题都出现了。创业也是这样，斗志昂扬的初创期之后，公司会遇到越来越多的问题：往左走还是往右走？要张三的投资，还是要李四的融资？产品应该这么做，还是那么做？这是每个企业必经的成人礼。

就算大家为了同一个梦想走到一起，但在这些琐碎的小事上，大家的利益点实际上是不一样的。这时如果创始人太多，沟通成本就会太高。意见过于不一致，缺乏主心骨，冲突就会越来越多，最后很有可能分崩离析，每个人都去做一个自己的公司。

这 2~3 位创始人，最好在性格和为人处世的方式上能形成一个互补。有人强势一点，有人温柔一点；有人张扬一点，有人内敛一点。如果他们能有相似的价值观就更好了，这就是所谓的"君子和而不同"。但如果两个人都是暴脾气，就跟夫妻似的，每天"针尖对麦芒"，肯定也会打架。

（资料来源：https://www.sohu.com/a/236770205_100198451,2018/06/20）

（二）组建过程

创业团队组建过程如图 6-4 所示。

图 6-4 创业团队组建过程

1. 形成创业构想

创业构想是创业团队产生的基础。没有一个凝聚人心的创业梦想，就不会有一个高效的创业团队。因此，创建团队的第一步是创始人要对项目有清晰的认知和设想，并能够通过书面或口头方式将这种构想准确地表达出来，传达给合作伙伴。

2. 制订组建计划

在构想的基础上，进一步制订组建计划。这种计划既包括对于创业企业组建和未来发展的计划，也包括对团队成员招募和管理的计划，如去哪里寻找合作伙伴，如何将其吸纳到团队当中，如何进行责、权、利的分配、如何进行激励等一系列的人员计划。

3. 招募团队成员

招募合适的人员是组建创业团队最关键的一步。根据已经制订好的组建计划，进行成员招募。对于创业者来说，招募主要的团队成员可以通过以下一些渠道：第一，学校的人际关系网络，包括老师、同学、校友以及学生社团、兴趣小组等，在这些组织里有一些志同道合的人，大家能够想到一起、做到一起，是我们寻找团队伙伴的重要来源；第二，大学生的校外社交网络，如大学生做兼职时所在企业的同事，参加比赛或文艺演出、社会公益活动等结识的朋友，以及校外众创空间、孵化器等的成员，如果多加留意这些渠道也是创业合作伙伴的来源；第三，自己的亲朋好友或熟人推荐，通过这种渠道认识的团队成员一般联系较为紧密，且信息了解较为全面，可信度较高；第四，可以考虑寻找一些公众平台发布招募合伙人公告，从而找到自己心仪的合作伙伴。

4. 职权合理划分

为了保证团队成员执行创业计划、顺利开展各项工作，必须预先在团队内部进行职权的划分。创业团队的职权划分就是根据执行创业计划的需要，具体确定每个团队成员所要担负的职责以及相应所享有的权限。团队成员间职权的划分必须明确，既要避免职权的重叠和交叉，也要避免无人承担造成工作上的疏漏。此外，还要根据创业环境的变化、团队成员的变更对职权进行动态调整。

5. 长期调整磨合

完美的创业团队不是自然而然产生的，优秀的团队成员走到一起并不一定能够成为一个优质的创业整体。随着团队的发展，团队组建时在人员匹配、制度设计、职权划分等方面的不合理之处会逐渐暴露出来，这时就需要对团队进行调整融合。好的创业团队要经过时间的考验、困难的磨砺，在不断解决问题、不断处理矛盾、不断调整利益、不断沟通磨合中产生。在进行团队调整融合的过程中，最为重要的是保证团队成员间及时进行有效的沟通与协调，培养团队精神，提升团队士气。

延伸练习 6-1

组建创业团队

1. 制作广告

在小组内(也可以小组外)寻找合伙人共同创业,基于前面找到的创业项目创办企业,请拟一份征集合伙人的广告。注意以下几个方面。

你是召集人,不一定是领导者;创业的初始目标、计划;你掌握的资源及你需要的资源;所需伙伴的数量和特点;你对股权分配、团队管理的设想;有吸引力的回报及可能的风险;其他你认为需要说明的问题。

2. 3 分钟演讲

张贴自己的广告,并用 3 分钟宣传自身优势,吸引同学加入团队;同学共同评估,选出几位同学做团队创建者,并自愿加入一个团队。

3. 评估团队结构

同学们从以下 4 个方面,分析哪个团队组成更好。每项 25 分,总分为 100 分。看看哪个队的分数高,落后的队谈一谈将如何赶超对方。

(1)团队成员加入的目的。

(2)团队成员的知识结构。

(3)团队成员的性格、个性、兴趣。

(4)团队成员的价值观念。

4. 确定团队成员

团队创建者可以根据同学对下面 5 个问题的解答情况,决定其去留。

(1)团队中唯一权威主管问题。

(2)团队成员间的相互信任问题。

(3)妥善处理不同意见和矛盾。

(4)合理分配股权问题。

(5)妥善处理团队成员间利益。

然后请团队中的一位成员,对本团队做出最后调整(增人或减人)。

5. 团队展示

各团队经过讨论,完成表 6-2,并进行集体展示。

表 6-2 团队展示

团队名称	
设计 LOGO	
团队口号	
团队愿景	
创业项目	

六、创业团队管理

(一) 创业团队管理的一般策略

管理既是一门科学,也是一门艺术,不同的企业、不同的团队,在企业发展的不同阶段,管理方法也不尽相同。在考虑差异性的基础上,有一些共同的管理策略,可以作为参考。

1. 以身作则

作为团队领导人,如果没有展现出令人信服的能力和品格,根本没办法要求其他人相信并帮助自己实现创业愿景。创业者必须明白,创始人的思考、执行和沟通方式都会影响团队的积极性、奉献精神和信心,从而影响团队成员的态度和行为。古今中外,很多创业成功企业的创始人都是非常有人格魅力的,他们身先士卒、以身作则,起到了很好的带头和示范作用。

2. 授权管理

管理学中有一个"例外原则",就是管理者不需要事事过问、事必躬亲,只需要遇到例外的情况才亲自进行决策和处理。原因很简单,每个人的时间和精力都是有限的,团队领导人要学会把自己有限的时间和精力投入最重要的团队事务当中。授权除了能够减轻团队领导人的压力,还有一个最重要的作用就是激励团队成员,适当的分权有助于让团队成员感受到信任,提高工作意愿和工作满意度。

案例分析 6-5

地产"教父"的斜杠人生

他是万科地产创始人,缔造了中国最具实力的房地产公司;他是超级探险家,两次登顶世界最高峰珠穆朗玛峰,还曾打破中国滑翔伞攀高纪录;他是万众瞩目的商业价值明星,曾给多个国际品牌代言;作为具有影响力的商界精英,他又被看作公益界的先行者、企业家中的公益领袖……在众多耀眼的光环下,他在年近 50 岁时才接受自己"企业家"的身份,而他的终极梦想其实是成为一名教育家。他就是有着多个标签的"斜杠中年"——王石。

1. "斜杠青年"的商业帝国之路

1978 年,王石从兰州铁道学院毕业后,先后供职于广州铁路局、广东省外经贸委,一待就是 6 年。舒适的生活并不能满足猎奇心强烈的王石,1983 年 5 月 7 日,王石坐上火车从广州抵达深圳,开始了新的人生探索道路。

在深圳寻找商机的王石靠"倒腾"玉米赚了 300 多万元,这是 32 岁的王石获得的人生第一桶金。正是这笔不大不小的第一桶金和深圳这块土地蕴藏的各种可能,让王石拥有了创业的冲动。

5 年后,一个名叫"深圳万科股份有限公司"的股票上市交易,董事长和总经理就是王石。

到了1991年，万科的业务已经囊括房地产、投资、饮料、影视、广告、印刷和电气工程等各大品类。

1994年，在王石带领下，万科开始从一个小商品经营起家的公司，放弃多元化业务转而走专业化道路，逐步进入房地产开发领域。1997年，万科成为中国最大的房地产企业，王石也因而拉开画卷式的人生序幕。

2. 真正的"王者"，懂得放权

从1988年开始，王石与万科，就在做一场漫长的告别。正是这种渐进式的退出，让万科能够在创始人离开之后，仍然保持平稳的发展态势。

1999年，王石将万科总经理的位置交由郁亮。王石在个人传记《大道当然》中曾提及："辞去总经理职务那年，我48岁。在辞去总经理最初那段时间，我是不大适应的，尝到了各种失落感，难受极了。"

王石在后来的演讲中表述："要建立一个伟大的企业，一定要在制度、团队、品牌、市场上营造一个标准，不能为一个强人所左右。"

真正的智者不会始终停留在镁光灯下，他会将舞台让给更加年轻的人去施展。学会放手，世人看到的是一位王者的功成身退，然后他身后留下的整个万科王国，将成为历史上一抹照亮的星，永远闪烁光辉。

3. 学习才是永无止境的追求

2018年6月7日，经过12个小时的长途飞行，王石抵达以色列首都特拉维夫本古里安机场，再次开启留学生涯，他此行的目的地是以色列希伯来大学，留学为期两年。这是67岁的王石继哈佛大学、剑桥大学、牛津大学之后的又一次自我尝试和人生突破。

思考：

（1）是什么让王石可以成为一名"斜杠"企业家？

（2）创业者应如何科学使用自己的时间和精力？

（资料来源：https://www.sohu.com/a/438867183_120284538, 2020/12/17）

3. 透明管理

团队成员之间要开诚布公，互相信任，遇到问题不是掩盖、互相指责，而应该尽早将问题提出，并且充分进行沟通和讨论，寻求问题的解决方案。在反复的沟通中，一方面，团队成员更清楚企业的战略和方向，能与公司的利益保持一致，另一方面也有助于团队领导人了解员工的想法和诉求，更好地设计出共赢的发展方案。在Facebook，一切都是透明的。在其位于加州门罗帕克，最多可以容纳2 800人办公的新大楼中，创始人兼CEO扎克伯格的工位和普通员工一样，没有单独的办公室，并且Facebook没人有单独的办公室。这座办公大楼采取了开放式设计，连用来会客的会议室也是全透明的。

4. 走动管理

走动管理是指管理者利用时间经常抽空前往各个办公室走动，以了解更丰富、更直接的工作问题，并及时解决所属员工工作困境的一种策略。走动管理的概念起源于美国管理学者彼得思与瓦特门在1982年出版的名著《追求卓越》一书。书中提到，表现卓越的知名企业中，高阶主管不是成天待在豪华的办公室中，等候部属的报告，而是在日理万机之余，仍能经常到各个单位或部门走动。走动管理最重要的不只是走动，而是通过走动搜集最直接的讯息，以弥补正式沟通的不足。而且，上司亲自察看工作并倾听每个员工的心声也是一种很好的激励方式。

5. 目标管理

团队管理要以目标为导向，把结果放在管理工作的中心。围绕目标，要科学地进行目标分解，做好目标落实，设计科学的奖惩制度、目标考核和激励机制，号召团队成员共同追求要达到的目标，促进团队精神。

6. 文化管理

企业文化，或称组织文化是企业的灵魂。企业文化是一个组织由其价值观、信念、仪式、符号、处事方式等组成的其特有的文化形象，是在一定的条件下，企业生产经营和管理活动中所创造的具有该企业特色的精神财富和物质形态的总和。其中价值观是企业文化的核心。作为创业团队来说，一方面团队在企业最初组建的时候就要注意凝练企业文化，并且在生产经营活动当中体现企业文化，同时在发展中，可以开展一些团队建设活动，进行企业文化管理，让企业特有的文化基因深入人心。

7. 系统管理

企业管理千头万绪，牵一发而动全身，要将整个企业和创业团队作为一个整体来进行系统思考。从大处着眼、小处着手，对人、财、物、信息等各种资源进行合理的配置和使用，要更多依靠制度和机制管理，而不是人为的随意管理，提高团队管理的系统化和科学化程度。

案例分析 6-6

腾讯五虎：难得的创业团队

腾讯创造出奇迹靠的是团队。1998年的秋天，马化腾与他的同学张志东"合资"注册了深圳腾讯计算机系统有限公司。之后又吸纳了3位股东：曾李青、许晨晔、陈一丹。这五个创始人的QQ号，据说是从10001到10005。

为避免彼此争夺权力，马化腾在创立腾讯之初就和4个伙伴约定清楚：各展所长、各管一摊。马化腾是CEO（首席执行官），张志东是CTO（首席技术官），曾李青是COO（首席运营官），许晨晔是CIO（首席信息官），陈一丹是CAO（首席行政官）。

在企业迅速壮大的过程中，要保持创始人团队的稳定合作尤其不易。在这个背后，工程师出身的马化腾一开始对于团队合作的理性设计功不可没。

从股份构成上看，五个人一共凑了50万元，其中马化腾出资23.75万元，占47.5%的股份；张志东出了10万元，占20%的股份；曾李青出了6.25万元，占12.5%的股份；其他两人各出5万元，各占10%的股份。

虽然主要资金都由马化腾出，他却自愿把所占的股份降到一半以下。"要他们的总和比我多一点点，不要形成垄断、独裁的局面。"而同时，他自己又一定要出主要的资金，占大股。"如果没有一个主心骨，股份大家平分，到时候也肯定会出问题，同样完蛋。"

保持稳定的另一个关键因素，就在于搭档之间的"合理组合"。据《中国互联网史》作者林军回忆说，"马化腾非常聪明，但非常固执，注重用户体验，愿意从用户的角度去看产品。张志东是脑袋非常活跃，对技术很沉迷的一个人。马化腾技术上也非常好，但是他的长处是能够把很多事情简单化，而张志东更多是把一件事情做得完美化"。

许晨晔和马化腾、张志东同为深圳大学计算机的同学，他是一个非常随和、有主见，但不轻易表达的人，是有名的"好好先生"。而陈一丹是马化腾在深圳中学时的同学，后来也就读深圳大学，他十分严谨，同时又是一个非常张扬的人，他能在不同的状态下激起大家的激情。

如果说其他几位合作者都只是"搭档级人物"的话，那么曾李青就是腾讯5个创始人中最好玩、最开放、最具激情和感召力的一个人，与温和的马化腾、爱好技术的张志东相比，是另一个类型。其大开大合的性格，也比马化腾更具攻击性，更像拿主意的人。不过或许正是这一点，也导致他最早脱离了团队，单独创业。

后来，马化腾在接受多家媒体的联合采访时承认，他最开始也考虑过和张志东、曾李青三个人均分股份的方法，但是最后还是采取了五人创业团队，根据分工占据不同的股份结构的策略。即便是后来有人想加钱、占更大股份，马化腾说不行，"根据我对你能力的判断，你不适合拿更多的股份"。因为在马化腾看来，未来的潜力要和应有的股份匹配，不匹配就要出问题。如果拿大股的不干事，干事的股份又少，矛盾就会发生。

当然经过几次稀释，最后他们上市所持有的股份比例只有当初的1/3，但即便是这样，他们每个人的身价都还是达到了数十亿元，是一个皆大欢喜的结局。

可以说，在中国的民营企业中，能够像马化腾这样，既包容又拉拢，选择性格不同、各有特长的人组成一个创业团队，并在成功开拓局面后还能依旧保持着长期默契的合作，是很少见的。而马化腾成功之处，就在于其从一开始就很好地设计了创业团队的责、权、利。能力越大，责任越大，权力越大，收益也就越大。

思考：

（1）马化腾是如何组建腾讯创业团队的？

（2）腾讯的创业五兄弟各有什么特点？

（3）马化腾是如何管理其创业团队的？对我们有何启示？

（资料来源：https://baijiahao.baidu.com/s?id=1593253883151720001&wfr=spider&for=pc，2018/2/24）

（二）创业团队冲突管理

对于团队来说，冲突既可能是有益的，也可能是有害的，主要取决于如何看待冲突和如何处理冲突。

1. 团队冲突的分类

一般来说，冲突可以分为认知冲突和情感冲突。认知冲突就是团队成员对于一些问题的见解、观点和看法不同而产生的冲突。认知冲突常常对事不对人，在团队管理中，团队成员有可能会对一些问题产生分歧,这是很正常的。正是由于这样的一种分歧让大家看到了问题的存在,并且认识到了问题解决的多元途径。如果彼此采用坦率沟通和开放交流的方法来处理冲突,将有助于改善决策质量和提高成功执行决策的机会,进而提高团队绩效。因此,认知冲突在一定程度上来说对团队是有益的。情感冲突是团队成员因为个人恩怨或私人情感而产生的冲突,这种冲突一般是对人不对事,常常源于个人的利益或是一些非理性情绪。情感冲突降低了决策质量,破坏了对成功执行决策的理解,甚至成员因为冲突不愿意履行作为团队成员的义务,进而降低团队的凝聚力,导致团队绩效下降。因此,如果不能很好地解决情感冲突,将对团队的发展产生不良影响。

2. 团队冲突产生的原因

(1)目标冲突。

创业团队中,成员一般会有自己的判断,对团队的发展有一定独立的想法和目标。虽然在团队成立之初,团队成员都有一致的目标,但是在企业发展过程中,随着一些因素的出现,成员之间的目标有可能发生冲突,主要有下面两种情况。第一,创业团队下面会有一些子团队,当创业成员隶属于不同或管理不同子团队时,目标就有可能发生冲突。比如,市场营销部门要实现营销目标,就必须得到生产部门、财务部门、人事部门、研发部门的配合与支持。但现实情况是,各个团队的目标经常发生冲突。比如,营销部门的目标是吸引客户,培养客户忠诚度,这就要求生产部门生产出质优价廉的商品。而生产部门的目标是降低成本,减少开支,以尽可能少的资源生产尽可能多的商品,而这就不能保证商品质量。因此,营销部门与生产部门就可能发生目标冲突。第二,当团队的外部环境发生变化,需要团队做出调整时,尤其是出现一些对企业来说很有威胁和挑战的影响因素时,团队成员对环境和挑战认识的不一致很容易发生目标冲突。

(2)资源冲突。

资源是有限的,资金、人力、设备、时间等资源在组织内部分配时总是按照各个团队的工作性质、岗位职责、在组织中的地位以及组织目标等因素分配,不会绝对公平。各类团队在成员数量、权力大致相同的情况下,会为了组织内有限的预算、空间、人力资源、辅助服务等资源而展开竞争,产生冲突。另外,团队之间可能会共用一些组织资源,但是在具体使用过程中会出现谁先谁后、谁多谁少的矛盾。

(3)沟通不畅。

团队之间的目标、观念、时间和资源利用等方面的差异是客观存在的,如果沟通不够,或沟通不成功,就会加剧团队之间的隔阂和误解,加深团队之间的对立和矛盾。美国在1998年发射火星气候探测器失败,正是由于负责项目的两组科学家分别使用了公制单位和英制单位。

(4)关系冲突。

每个人都是独特的个体,创业团队成员之间的认知、经验、意见等各不相同,能力存在差异,再加上可能因为个性、价值观等不同造成成员之间的误解或隔阂,或是由于平时积累起来的小矛盾使成员关系紧张,进而发生关系冲突。

案例分析 6-7

毕业季俨然成为大学生创业团队的"分手季"
创业合伙人为何难过"毕业分手关"

回想起来，杨书有些不敢想象，自己曾经最核心也是最信任的合伙人林珊离开公司差不多快一年了。2018 年 5 月 20 日，就在杨书毕业前夕，两人彻底闹翻并分道扬镳。

散伙的导火线是之前的寒假赚到的那笔钱的使用问题。两人合伙创办的一家"校园大学创业联盟"近两年处于亏损状态，寒假期间，林珊通过招聘学生兼职收取人力资源佣金，让公司短时间内获得了 15 万元的利润。作为第一股东，杨书想将钱都用在公司办公室的建设上。

在会议室，第二股东林珊公开质疑杨书的做法。他认为挣了钱就应该犒劳兄弟，而不是花在"无用"的地方，况且钱是他挣的，他有权力支配。但杨书觉得，公司成立时的钱都是自己掏的，公司百分百应该是他一个人说了算。

两个人在争吵中提出了"分家"。从大学起跟着杨书干了 5 年的林珊，带走了部分客户资源，2018 年 9 月底公司清账时又拿走了一部分公司资产。

校园毕业季俨然成为不少创业大学生团队的"分手季"，合伙人从同舟共济到同室操戈，甚至因利益之争对簿公堂。站在毕业的十字路口，留给创业大学生们的命题远不止公司的生存发展，还有利益纠葛与信任危机。

思考：

（1）毕业季，大学生创业团队不稳定的主要影响因素有哪些？

（2）大学生应该如何选择自己的创业伙伴？

（资料来源：http://zqb.cyol.com/html/2019-05/24/nw.D110000zgqnb_20190524_1-08.htm，中国青年报，2019/05/24）

---

3. 管理团队冲突的策略

（1）正视冲突。

正确认识冲突是处理冲突的前提。在处理团队冲突时，处理者首先要引导冲突各方正确看待冲突，认识到冲突是不可避免的，只要有利益存在的地方就会有冲突。其次，不管是因为资源分配不公、工作目标有别、职责权限不清、权力地位争议、交流沟通不畅等引起的冲突，都要认清冲突的原因，建设性的冲突要适当鼓励，破坏性的冲突则应该减低到最低程度；再次，要从企业整体利益出发，求同存异；最后，要允许进行利益表达，在团队当中形成互相尊重、愿意倾听的民主氛围，从而通过协商，争取让冲突各方适当让步，达成协议。

（2）完善机制。

既然冲突会伴随企业的成长和发展，那么冲突不可怕也不必怕，怕的是冲突来了才临时抱佛脚，不能应变，给企业造成损失。为此，创业团队要不断完善各项管理制度和部门职责，厘清权限，合理进行利益分配，尽量避免产生冲突的可能因素，另外，要重点加强专门应对冲突的调解机制和管理机制的建立，理顺解决冲突的流程，积累解决冲突的经验。

（3）内向思维。

在团队内部，宜提倡"内向型思维"，即凡事均与我有关。任何部门任何个人工作出了问题都应该从本部门本人角度考虑该如何改善、如何出主意、如何给予帮助，绝不可有半点指责、看笑话的表现，若如此坚持，团队冲突将控制在较小范围。

（4）善用技巧。

善用一些小技巧可以使冲突更高效地解决。一是交涉与谈判。通过交涉，双方都能了解、体谅对方的问题，交涉也是宣泄各自情感的良好渠道。认识到分歧的关键点所在后，进而辨明是非，找出分歧的原因，提出办法，最终选择一个双方都能接受的解决方案。二是第三者仲裁。当团队之间通过交涉与谈判仍无法解决问题时，可以邀请局外的第三者或较高阶层团队成员处理，也可以建立联络小组促进冲突双方的交流，这样有利于做出更公平公正的裁决。三是吸收合并。当冲突双方规模、实力、地位相差悬殊时，实力较强的团队可以接受实力较弱团队的要求并使其失去继续存在的理由，进而与实力较强的团队完全融合为一体。四是强制。强制即借助或利用组织的力量，或是利用领导地位的权力，或是利用来自联合阵线的力量，强制解决冲突。当然，这种方法的应用一定要非常谨慎，事先权衡利弊，不然有可能会适得其反，造成团队向心力的降低。五是回避。当团队之间的冲突对组织目标的实现影响不大而又难以解决时，管理者不妨采取回避的方法。通过冲突造成的不良后果，冲突双方能够意识到冲突只会造成"两败俱伤"，因此自觉由冲突转向合作。

（5）预防冲突。

俗话说防患于未然，管理冲突的最高境界是预测或预防冲突。如果能预测到某个团队冲突即将以什么方式、什么规模、什么等级、什么时候出现，则可以提前做好预案，做到"打有准备之仗"或让其发生在可控范围之内。预防冲突的方法有：加强组织内的信息公开和共享；加强团队之间正式和非正式的沟通；正确选拔团队成员；增强组织资源；建立合理的评价体系，防止本位主义；进行工作轮换，加强换位思考；明确团队的责任和权利；加强教育，建立崇尚合作的组织文化；设立共同的竞争对象；拟订一个能满足各团队目标的超级目标；避免出现团队之间、成员之间争胜负的情况。

（6）激发冲突。

充满冲突的团队等于一座火山，没有任何冲突的团队等于一潭死水。因此，既要预防团队之间的冲突，也要适度激发团队之间的冲突，尤其是利用一些积极的冲突。团队冲突很少、一团和气吃大锅饭的时候，可以采用以下一些方法适度制造冲突：引入竞争机制，加大考核、提高对工作的要求；在设计绩效考评和激励制度时，强调团队的利益和团队之间的利益比较；运用沟通的方式，通过模棱两可或具有威胁性的信息来提高冲突水平；引进一些在背景、价值观、态度和管理风格方面均与当前团队成员不同的外人；调整组织结构，提高团队之间的相互依赖性；故意引入与组织中大多数人的观点不一致的"批评家"，也就是"鲶鱼效应"。这些方法都能适当增加团队冲突，激发团队活力。

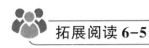

拓展阅读 6-5

马云：解决冲突的十大原则

（1）用正确的态度去对待冲突。

只要有人的地方就有冲突，不是所有的冲突都是坏事。有的冲突使我和员工增加了了解，加深了感情；有的冲突使我把问题看得更深刻、更全面；有的冲突让我经受锻炼，变得更成熟。

（2）"穿上别人的鞋"走路。

把自己放在别人的角度去考虑同一问题，并问我自己："如果换上了我，把我放在员工的位置上，我的态度会是怎样？"只有这样，我才能理解我的员工。

（3）有矛盾冲突就有解决问题的办法。

不要忽视矛盾的存在，不用等待的态度希望矛盾自动消失。尝试用不同的方式解决不同的问题。

（4）向问题进攻，不向人进攻。

对事不对人，就事论事。不掺杂个人感情和偏见，不感情用事。

（5）不要非辩论成功不罢休。

不要强词夺理地和员工争论，不装腔作势去压人。如果员工在表面上迎合了上级，但他不是心服口服，其实是上级领导输了。

（6）当员工持不同看法时，不要认为自己的权力受到冲击，威信受到挑战，一定要认真分析他为什么持这种观点。

（7）当谈话使情绪过于激动时，应该立即停下来，等到他情绪稳定后再谈。

（8）尊重员工。

即使员工犯了不可饶恕的错误，要开除他，也要给予他同样的尊重。因为他在人格上，永远和我是同等的。

（9）该让步时就得让步。

只要是对工作、对员工有利，不要怕损伤自己的威信和丢了面子。

（10）避免使用结论性的词语。

"你总是""你一贯""大家都说你""你从来不"，我也不用带感情方面的词语："我最恨的""我气愤极了""我最不喜欢"等等。应该用一些准确表达的词语："在这个问题上""这次""有时"和"我更主张""我更赞同""我感到最理想的办法"，等等。

（资料来源：https://www.sohu.com/a/130608180_119898, 2017/03/28）

第七章　整合创业资源

【章节目标】

一、知识目标

1. 创业资源的内涵与分类。
2. 影响创业资源获取的因素，创业资源获取的途径及技巧。
3. 创业资源整合的策略及过程。
4. 创业融资的概念及常见的融资渠道与方式。

二、能力目标

1. 了解创业资源的整合与有效利用。
2. 掌握创业资源整合的策略和过程。
3. 学会创造性利用有限的创业资源。

三、素质目标

1. 保持良好的品质，培育高尚的道德情操，塑造健全人格，树立公平、公正的价值观，使用正确合法的渠道和方式获取资源。
2. 珍视信用资源，积累良好的个人信用，在日常生活中做到诚实守信。
3. 能够换位思考，尊重他人利益，懂得共享、感恩。

【章节导入】

四川理县祁富云：三次创业 闯出养殖致富路

1997年，刚满17岁的四川省阿坝州理县蒲溪乡奎寨村村民祁富云不安于现状，毅然外出打工。他先后到薛城、红原、马尔康、成都等地，砌墙、学厨师、开餐馆，挖虫草、开铺子……走了很多地方做了很多份工作，这让祁富云开阔了视野，学到了知识，也赚到了属于自己的第一桶金。

"5·12"汶川地震后，国家灾后重建政策致力于调整产业结构，这也让灾区农民在发展产业上有了更多的机会。机缘巧合下，祁富云决定拿着自己这些年的积蓄返乡创业。第一次创业并不顺利，他在汶川县水磨镇承包了50亩退耕还林地作为养殖基地，买了5 000只鸡苗开始饲养，却因经验不足，鸡死了很多，加之没有销售渠道，投资的30万元资金化为乌有。"当时感觉特别挫败，但我不断提醒自己，有理想就应该去实现，不管再苦再难也要坚持下去。"祁富云说。

直到2011年，祁富云决定为自己的理想再赌一次。他回到家乡重新开始搞养殖，但这一次他提前做起了功课。"考虑到理县高半山土地较多，利用退耕还林地和气候差异搞跑山鸡养殖应该是再合适不过了。"说干就干，祁富云一下就购进了 100 只鸡苗，眼看着跑山鸡即将出栏，却因一场大雪压垮了养殖场内的防护网，100 多只鸡全部跑掉了。眼睁睁地看着所有的投资和努力瞬间成了泡影，但祁富云没有选择放弃，而是做出了一个大胆的决定，他卖掉了自己在县城的住房，并在农村信用社贷款 10 万元，开始了自己的第三次创业。

有了前几次的失败经历，这一次，他不仅在网上查资料，还到各地考察、学习别人的先进经验和技术。于是，2012 年 4 月祁富云创办了富裕专业合作社，以养殖跑山鸡为主，林下种植天然绿色农产品为辅。渐渐地，在技术的支撑和自身的努力下，合作社慢慢开始产生了经济效益。"一人富不算富，大家富才是富"，祁富云通过合作社免费为养殖户提供技术、上门指导等服务，鼓励大家一起发展跑山鸡养殖，从而带动更多人致富。

眼看着合作社发展越来越好，祁富云又开始考虑建立完整规范的林下养殖管理体系，他从农户手中流转了 50 亩土地用来种植玉米，作为养殖跑山鸡的纯天然饲料基地。2015 年、2016 年自己又创办了阿坝州飞鹏杰生态农业开发有限公司，承包了甘堡乡联合村集体高山撂荒地 100 多亩发展林上经济；后期，为提升产品附加值，又修建了定点屠宰加工厂房，完善了冻库、检验室、办公室、库房等设施设备，成立了屠宰生产线、加工生产线、包装生产线，并注册了商标，走出了一条"公司+合作社+农户+基地"的发展路子。

如今，合作社已养殖跑山鸡 15 000 余只，辐射带动农户 480 余户，除了理县，还涉及小金、金川、马尔康、茂县等地农户，培养农户养殖合作社 10 余个。此外合作社免费为养殖困难户送鸡苗，年底合作社回收鸡和鸡蛋，除了提供鸡苗，还加强技术指导，积极开展林下养殖技术培训，指导农户进行成本核算，引导他们适时买卖，增加收益，做大产业。

"我希望更多的农户加入合作社，共同养殖跑山鸡致富，让高半山飞出更多的'金凤凰'！"祁富云说道。

思考：
（1）祁富云三次创业成功和失败的原因有哪些？
（2）祁富云每次创业分别使用了哪些资源？他是如何利用和整合这些资源的？

（资料来源：https://article.xuexi.cn/articles/index.html？art_id=11526083701053548131&item_id=11526083701053548131&study_style_id=feeds_default&t=1611286643229&showmenu=false&ref_read_id=e063476e-f513-4366-9a4b-c2fee2e57531_1612306721637&pid=&ptype=-1&source=share&share_to=wx_single，2021/01/23）

第一节　创业需要的资源

名言名句 7-1

在我们每个人的身边都有用不完的资源，当你有所需要时，不妨看看你的身边，或许你所需要的就在你身边。把身边的资源充分利用起来，很多问题都会轻易解决。

——罗伯特·默多克

一、创业资源的概念

一切能够产生价值的东西就叫作资源。创业资源是商业资源的一种但又不同于普通的商业资源,它是一种特殊的资源,是指在创业过程中那些能够为企业创造价值的生产要素和支撑条件的总称,也泛指一切对创业企业和项目有帮助的要素。资源是进行创业的必要条件,从本质上来说,创业活动就是创业者挖掘特定资源的价值并且有效利用的过程。

一般商业资源是指经济学意义上的资源,即具有经济价值或能够产生新的价值和使用价值的客观存在物。从这个意义上说,具有经济价值并能够创造新的价值,这是创业资源与一般商业资源的共同点。但资源的通用性无法使企业获得高水平绩效和持续的竞争优势,也无法实现创业企业的成长。

二、创业资源的特点

(一) 异质稀缺

企业内部拥有的那些异质性资源和能力是创业企业成长的重要原因。资源基础理论认为企业的竞争优势源于企业拥有的异质性资源,创业者就是为了协调稀缺资源而实施判断性决策的人。所谓资源异质性,是指其具有价值性、稀缺性、难以模仿性和难以替代性,从而构成了企业竞争优势的内生来源。这些异质性资源包括创业者在创业过程中形成的独特创意、商业模式、创业精神、创业情境等。

(二) 创新效用

资源价值来自资源属性的效用,而资源效用不是一成不变的东西,会在社会活动中不断被发现。创业者按自身发现的效用对所获资源进行开发利用,把发现的资源新效用变成产品或服务的新功能,以此获得价值增值甚至是超额利润。

(三) 价值差异

人类知识不仅总是对于具体事物而言,而且总是分属于不同的认识主体,相互之间难以完全统一,这就是所谓的知识分散性。分散性知识的存在,意味着对于同样的资源创业者会看到他人未能发现的不同效用,产生不同期望,做出不同的投入产出判断,从而产生超出一般商业资源的新价值,甚至是超额利润的效果。

由此可见,创业资源是指经由创业者识别并开发利用,充分实现其新效用,获得新价值甚至是超额利润,具有异质性的商业资源。创业者必须注重控制、整合和充分利用创业资源,以建立创业企业的竞争优势。

延伸练习 7-1

（1）拿出一张白纸，写下你目前所拥有的所有资源。要尽量多写，发散性地去思考。
（2）在写出的资源中找出你认为属于创业资源的部分并进行标注。
（3）与同学两两进行讨论，分享自己所拥有的资源并就自己认为的创业资源与同学进行探讨斟酌。

三、创业资源的分类

创业资源从不同角度来说，可以进行不同的分类。

（一）按照资源的存在形态划分

创业资源按照存在形态可以分为有形资源和无形资源，而无形资源往往是撬动有形资源的重要杠杆。

1. 有形资源

有形资源是指以物质形态存在的创业资源，如厂房、设备、原材料、资金、场地、产品等。这些资源可以用货币来进行衡量，是企业得以存在的物质基础。

2. 无形资源

无形资源主要指以非物质形态存在的资源，如人力资源、品牌资源、信息资源、关系资源、信誉资源、政策资源、企业形象资源等。这些资源难以用货币衡量却客观存在，而且非常重要，能够为企业创造更多的客户、盈利，关乎企业能否做大做强、长远发展，因此企业自始至终都应该重视无形资源这样一双"隐形的翅膀"，通过这双翅膀带动企业的有形资源展翅高飞，带领企业飞向更加辉煌的未来。

（二）按照资源的呈现形式划分

按照资源的呈现形式可划分为人力资源、财务资源、实物资源、组织资源、科技资源、品牌资源、信息资源等。

1. 人力资源

人力资源是能够推动经济和社会发展的具有体力和智力的人的总和。人力资源是企业最重要的资源，它的特点为能动性、社会性、再生性、生物性、动态性、智力性。人力资源作为一种特殊的创业资源，其价值体现在它是其他所有资源的操作者和载体，决定着其他资源效用的发挥，是决定企业兴衰成败的最关键因素。现代社会企业与企业之间的竞争很大程度上是人力资源的竞争，尤其是高素质高技能复合型人才对于企业的发展至关重要。因此，现代企业尤其要注重人力资源管理，对人力资源进行有效的使用和开发，科学地进行员工招聘、培训和激励，不断提升人才的满意度和忠诚度，从而发挥出人力资源最大的价值。

2. 财务资源

财务资源是企业资源的货币表现，一般包括资金、债权和其他与财务有关的资源。财务资源对于企业来说非常重要，筹集到足够的财务资源是企业创立和正常经营的重要条件，尤其是在初创阶段，很多好的创意和项目都是因为缺少资金的支持而无法落地。在企业发展的过程中财务资源非常重要，成功的企业经营都需要充足的资金流，一旦资金链断裂，就犹如高楼大厦地基崩塌，让企业不可避免地走向失败。

案例分析 7-1

凡客诚品，一个文人的商业梦，究竟走了多远

凡客诚品（如图7-1所示），现在是一个已经被很多人遗忘的品牌，但其曾经在市场上异常火爆，有过十分辉煌的时刻。

凡客诚品创办于2007年，主要经营的是服装，包括男装、女装等。凡客的创始人是陈年。陈年只是笔名，原名叫王玮，曾经担任《好书》的主编，自己在1998年还创办了在文化界非常有名的刊物《书评周刊》。

2000年，在那个互联网刚刚起步的时代，陈年舍弃了笔杆子，和雷军一起创建了卓越网，做起了电子商务，这一干就是4年，最后卓越网以7 500万美元卖给了亚马逊。随后陈年和雷军各自忙起了自己的事业，陈年创立了凡客，雷军成立了小米。

当然，现在的雷军比陈年出名，但是陈年的成功却比雷军早了好几年。

2007年，刚刚进军服装行业的凡客，通过模仿和简单的设计，生产出物美价廉的时装。可能因为之前做电商的缘故，陈年的凡客选择了在网络上出售。那几年，正是我国电商起步发展的阶段，网购的人数逐年增多。再加上凡客诚品店铺的所有商品都包邮，有客服24小时服务，以及30天无理由退货，吸引了很多买家来购买凡客诚品的衣服。

到了2009年，凡客就拥有了自己建立的物流体系，店铺里面的所有货都不用快递公司，而是自家的物流。这样做的好处就是发货送货速度特别快。就这短短两年的时间，凡客的平均增长速度是295 76%，没看错，这数字没有小数点，涨了将近300倍。

2010年，凡客诚品更是全面发力，邀请了韩寒、王珞丹当产品代言人。由此创造的"凡客体"文案，更是一下子火爆了全国。越来越多的买家选择买凡客诚品，尤其是年轻人、学生群体。这一年，放眼全国，似乎只有两个服装品牌，一个是其他品牌，一个是凡客。

但是也就在这时候，凡客诚品犯了两个致命的错误。第一，大规模地快速扩张导致了库存过多。一方面是凡客诚品本来走的就是物美价廉的路子，利润比较低；另一方面，库存多，资金回流就比较慢，结果导致资金链断裂，负债十多亿元。第二，转型错误。本来只专注做服装的凡客，开始扩大经营范围，童装、鞋子、包包，甚至还有拖把。这些转型直接破坏了之前通过辛辛苦苦营销在消费者心中建立的凡客形象。

于是，消费者减少，产品卖不出去，库存增加，资金跟不上，就这样形成了一个恶性循

环，最终把凡客拖垮了。

图 7-1　凡客诚品

思考：

（1）凡客的失败给了我们什么启示？

（2）企业资金链断裂的原因有哪些？如何防止企业资金链断裂？

（资料来源：https://baijiahao.baidu.com/s?id=1630493499026809788&wfr=spider&for=pc，2019/04/11）

3. 实物资源

实物资源主要是以实物形态存在的资源，包括建筑物、设施、办公设备等，有一些自然资源，如矿山、森林、湖泊等也可归属于实物资源，为企业生产经营活动提供生产资料。

4. 组织资源

组织资源是为了实现创业目标，按照一定的方式和规则设置的组织结构、制度流程、人员管理方案、岗位体系等。组织资源是一种能够体现企业文化、让组织区别于其他竞争对手的重要资源，符合现代社会发展的先进组织结构、流程制度、人员管理方案能够在很大程度上提高生产效率，从而在竞争中赢得优势。

5. 科技资源

现代社会企业之间的竞争很大程度上依靠科技，在拥有人才的前提下，得先进科技者得天下。现代科技发展日新月异，如果不能把握科技发展的脉搏，势必被社会发展的浪潮所吞没。科技资源包括：根据生产实践或经验积累而形成的加工方法、工艺制作流程或生产经验、诀窍等，也包括承载这些技术流程的作业开发、专用生产设备。也就是说，科技资源可以是无形的，如商业秘密、专利版权、知识产权等；也可以是有形的，如为解决实际问题而发明的设备工具。企业一方面要加大资金投入，重视科技研发，加强研发队伍建设；另一方面要注重知识成果、科技专利的保护和转化，不断培育自身的核心科技竞争力。

 拓展阅读 7-1

中国企业巨头斥巨资占领研发高地

随着科技的发展，越来越多中国企业意识到技术研发的重要性，要想领先世界，进行科技研发势在必行。其实很多中国企业已经做出表率，就科技领域来讲，不少企业的科研投入让人惊叹不已。

作为手机市场的性价比代表，小米公司在科技研发上位列第二十二位，排名略显尴尬。但同样是手机四大厂之一的OPPO，以3亿的优势排名第二十一位，全年技术研发投入为40亿元。在2019年小米和OPPO均有提升研发投入的打算，OPPO更是表示要将研发投入提升至100亿元，手机市场角逐愈发激烈，增加技术研发投入势在必行。

近日与小米结盟的TCL位列第二十位，未来小米和TCL会在智能家电领域有着怎样的表现，让人十分期待。京东位列第十一位，研发投入121亿元，目前京东已经成为电商领域的佼佼者，在快递行业也有很高的地位，这与其高额的投入脱不开干系。

老牌通信厂商中兴，在经历美国封杀事件后也没有停止科研脚步，全年投入132亿元，值得称赞。百度位列第六位，技术研发投入为152亿元。

阿里巴巴和腾讯分别位列第二和第三位，两家全年研发投入分别为287亿元和212亿元。第一名遥遥领先，它就是华为。2018年华为的技术投入为1 200亿元，接近OPPO和小米的40倍。即使是阿里巴巴和腾讯也没法与之比较。有投入必定有回报，5G时代来临，华为无疑是世界级别的领军企业，能同时兼顾5G网络、5G设备和5G终端的厂商也仅有华为一家。

（资料来源：https://www.sohu.com/a/291368311_589721, 2019/01/25）

6. 品牌资源

品牌资源主要包括产品品牌、企业品牌、服务品牌等，虽然是一种无形资源，却能够帮助企业在竞争中形成自身独特的辨识度和品牌效应，具有不可小觑的价值。

7. 信息资源

现代社会是信息高度发达的社会，拥有信息资源的创业者更容易获得成功，尤其是信息资源中的政策性信息资源，如鼓励政策、准入政策、优惠政策等，往往能够给创业者以启发，丰富其创业灵感，如果能够敏锐地捕捉和利用这些政策资源，就可以把握先机，在竞争中独占鳌头，推动企业跨越式发展。

（三）按照资源的重要程度划分

按照资源的重要程度来分，企业的创业资源可以分为核心资源与非核心资源。虽然不同企业的核心资源有一定差异，但总的来说，人力资源和科技资源对于任何一个企业来说都是非常重要的，被认为是核心资源。除核心资源之外的其他资源被认为是非核心资源，虽然不是关乎企业生死的资源，但同样不可忽视。成功的企业犹如一棵大树，核心资源就是树的根基和主干，能够让企业强壮，但仅有主干的树并不完整，还需要足够的枝干、繁茂的枝叶才能让这棵树成为参天大树，屹立百年。

（四）按照资源的来源渠道划分

按照资源的来源渠道划分，企业的创业资源可以分为内部资源和外部资源。

1. 内部资源

内部资源也叫作自有资源,是指创业者或创业团队自身所拥有的资源,这些资源主要来自企业内部的积累。

2. 外部资源

外部资源主要来自企业外部,需要通过创业者及其团队积极主动地从外部获取。外部资源的来源主要包括亲朋好友、商务合作伙伴、外部投资人、政府、新闻媒体、行业协会等。

企业的发展需要内外部资源的有效结合,尤其是在企业初创时期,企业还很弱小,往往面临着资源的集中准备和消耗,需要充分挖掘内外部资源,实现资源的积累。进入发展壮大期,企业自身内部的资源获得了长足的发展和进步,打铁已经自身硬,修炼好内功后,在一定程度上就可以利用内部资源获取更多的外部资源为企业所用。

第二节 创业资源的获取

一、影响创业资源获取的因素

创业需要各种资源,但资源在一定范围内是有限的,如何能够从众多的竞争者中脱颖而出获得资源是所有创业者面临的一道难题。创业资源的获取与很多因素有关,主要有以下一些因素:

(一)创业导向

创业导向是创业者在经营、实践和决策的过程中所采取的创新、承担风险、抢先行动、主动竞争和追求机会的一种态度或意愿。创业导向就像一面旗帜,指导着创业者的创业行为,贯穿创业活动始终,创业导向强调如何行动。创业导向体现着创业精神,具备开拓创新意识、主动承担风险的态度、对事业的执着追求、面对压力时积极应战、高瞻远瞩的提前预判等都是非常良好的创业导向,具有这些导向的企业更容易获得资源的青睐。

(二)创业者及其团队的能力

创业者及其团队的能力是获取创业资源的软实力。这种软实力一方面来自创业者,另一方面来自创业团队。第一是创业者资源禀赋,指创业者所具有的与创业相关的自身素质和外在关系的总和,主要包括创业者的经济资本、社会资本和人力资本等,它们能够为创业行为和创业企业生存与成长提供有价值的资源。大量的文献强调企业家资源禀赋在创业过程中的重要作用,认为企业家资源禀赋是创业行为过程中的关键资源,甚至在一定程度上决定创业企业的资源构成特征(Morris,1998 年)。第二是创业团队的综合能力。团队的管理能力、沟通能力、协调能力、谈判能力越强,越容易获取优质的创业资源。

(三)创意价值

良好的创业往往是源于一个有价值的创意。创意的产生是创业导向和创业者个人禀赋共同作用的结果。好的创意一旦产生,如果能够激起广泛的共鸣,让资源所有人认可,让其看到创意付诸实施以后所带来的巨大商业价值,则更有利于获得资源。

(四)资源整合能力

企业需要运用科学方法将不同来源、不同效用的资源组合起来进行优化配置,充分利用才能发挥"1+1>2"的价值。资源的获取与整合密不可分,有效获取是整合的基础,而创业资源的整合能力越强,反过来越能推动企业获得进一步优势,去获取更多的资源。

(五)社会网络

社会网络是机构与机构之间、人与人之间通过一定的纽带形成的较为持久的稳定的多种关系的结合。资源与社会网络相伴而生,创业者拥有的社会网络越丰富,可能接触到的资源就越多,信息也越灵敏。创业者在社会网络当中具有的优势越大,就越容易获得不同资源所有者的理解和信任,从而从不同的网络成员那里获得对自己有利的创业资源。

(六)环境支持

创业需要一个良好的环境,主要包括外部环境和政府政策支持。创业环境与创业活跃程度呈很强的正相关关系。创业企业与创业环境有着密切的关系,而这种关系的核心是创业企业资源的需求和创业环境资源的供给所具有的有机联系。环境能够产生聚集和辐射作用,有助于创新产业链的形成。回顾我国改革开放的历程,哪个地方的创业环境好,对创业者有吸引力,哪个地方的企业就办得多,哪个地方的就业压力就小,哪个地方的经济增长就快。创业环境好的地方一般会呈现较高的创业活动水平,而政府创业政策作为创业环境的重要内容是直接影响一个国家和地区创业活动水平的重要因素。纵观欧美国家创业浪潮的发展,与政府的大力倡导和扶持密切相关。政府的创业激励-保障政策系统包括创业供给政策、创业需求政策、创业激励政策、创业资源配置政策、创业宣讲政策、创业市场竞争政策等。

拓展阅读 7-2

坚持创新驱动发展,全面塑造发展新优势

坚持创新在我国现代化建设全局中的核心地位,把科技自立自强作为国家发展的战略支撑,面向世界科技前沿、面向经济主战场、面向国家重大需求、面向人民生命健康,深入实施科教兴国战略、人才强国战略、创新驱动发展战略,完善国家创新体系,加快建设科技强国。

(资料来源:节选自《中共中央关于制定国民经济和社会发展第十四个五年规划和二〇三五年远景目标的建议》)

二、创业资源获取的途径

很多人有非常高的创业热情,有获得创业资源的强烈需求,却苦于不知道从何处去寻找创业资源,缺乏资源获取的渠道和方法。首先要根据资源的类别有针对性地去获取,其次要多留意身边的一些资源来源,充分挖掘可以利用的一些优质资源。

(一)不同资源的获取途径

如前所述,人力资源和科技资源是企业的两类核心资源,这里重点阐述这两类资源的获取途径。

1. 人力资源的获取途径

这里的人力资源不仅是指创业伙伴和企业员工,也是指创业者及其团队拥有的经验、知识、技能、社会资源、商务网络等。尤其是大学生在创业前往往与外界联系不多,因此在校期间应多参加一些社会实践活动,或者做一些兼职,通过打工的经历学习行业知识,建立客户资源渠道,了解企业运作的经验,学习开拓市场的方法,认识赢利模式。同时要在做兼职的过程中,多与优秀的人交流沟通,从他们那里汲取创业知识和创业营养。如果有可能,可以在校期间做一些微创业,如做一些产品的校园或地区代理或代购、微商等。在这个过程中不仅能为创业积累一些启动资金,更重要的是能增长关于市场的知识,加深对社会的了解,认识一些对自己创业有帮助的人,或者从他们那里获取一些创业的经验和技巧。如果是团队创业还可以锻炼组织能力、协调能力、人际沟通能力。此外,参加学校或地区、行业组织的创新创业大赛也是获取创业人力资源的良好渠道,很多时候参赛的合作伙伴很有可能成为未来创业事业的合作伙伴。

2. 科技资源的获取途径

获取创业所依赖科技资源的途径有购买和研发两种。购买技术可以是购买他人已经成熟的技术为己所用;也可以是购买他人的前景型技术,再通过后续的完善开发,使之达到商业化要求。当然还可以吸引技术的持有者和研究者加入企业,加入的同时这些人员会把其技术带到企业。购买技术的方式周期短,能让技术迅速投入生产,转化为企业的经济价值,但购买需要支付足够的资金,需要企业有较强大的经济实力。另一种方式是自己研发,但这种方式需要时间长,耗资也比较大。但是一旦研发成功,则有可能转化为企业的核心技术竞争力,为企业赢得长远发展。为此,我们要养成及时关注科技信息,浏览各种科技报道从中发现具有巨大商机的技术的习惯。同时,应该随时关注各高校实验室、老师或学生的研发成果,定期去国家专利局查阅各种申请专利,政府机构、同行创业者或同行企业、专业信息机构、大学研究机构、图书馆、新闻媒体、科技论坛、社群、会议及互联网等,都是我们获取这些信息的渠道,可以根据自己的实际情况与各种方式的特点,选择一种或多种方式,尽可能多地获取信息,获得更多价值。

（二）大学生创业资源的获取途径

与社会创业人士相比，高校大学生在创业资源获取方面的能力更加薄弱。他们因为缺乏社会阅历和创业经验，与外界接触有限，存在信息不对称的问题，而且本身所拥有的资源有一定局限，即使大学生身边有不少创业资源，但因为缺乏获取信息的途径，这些资源"养在深闺人未识"，还没有被大学生意识、知晓和了解到，更谈不上加以运用了。大学生应该多留意这些在身边的资源，加以充分利用，这样能更好地提高自己创业判断分析和把握机遇的能力。大学生常见的获取创业资源的途径有以下一些：

1. 学校创业教育与创业指导

学校的创新创业教育与创业指导是离大学生最近、可利用性最强、便利度最高的一种资源获取途径。

（1）创新创业课程。

目前，创新创业课程在我国高校中已经普及，授课主体不仅有学校的创业指导老师，也有校外企业家、专家，通过大班讲座、小班操练、案例剖析、创业比赛、专家辅导、实战模拟等一系列创新的教育方法和手段，帮助大学生们对创业要素、创业过程以及创业者所涉及的问题有更为透彻全面的了解。有些高校甚至开设了创业专业本科教育课程和研究生教育课程。SYB 创业培训也在很多高校中推广开来。

拓展阅读 7-3

> ### SYB 创业培训
>
> SYB，英文全称是"Start Your Business"，意为"创办你的企业"，它是"创办和改善你的企业"（SIYB）系列培训教程的一个重要组成部分，由联合国国际劳工组织开发，是为有意愿开办自己中小企业的朋友量身定制的培训项目。创业培训是国际劳工组织针对培养微小型企业经营者而开发的培训项目。经国家劳动和社会保障部引入我国后，部分省市进行试点运行，取得了良好的效果。创业培训不仅使学员的就业观念发生转变，而且激发了他们的创业意识，使他们掌握创业技能，增强微小企业抗风险能力，使学员在短时间内成为微型企业的老板。SYB 是为微小企业设计的一门课程，主要教学员如何创业，如何创办自己的企业，如何计划资金预算。
>
> （资料来源：https://baike.baidu.com/item/SYB%E5%88%9B%E4%B8%9A%E5%9F%B9%E8%AE%AD/5371493?fromtitle=SYB&fromid=9704455&fr=aladdin）

（2）各类创业活动。

学校或学生组织的创业社团、协会等层出不穷，各种创业沙龙、论坛、讲座和比赛等非常丰富，通过这些方式营造出了创新创业的良好学习氛围，激发了大学生的创业热情。通过创业课程和社团活动，大学生们可以找到志同道合的创业伙伴，通过讲座可以学习成功企业家先进的经验。

拓展阅读 7-4

KAB 课程

KAB（英文全称是 Know About Business），意思是"了解企业"，是国际劳工组织为培养大学生的创业意识和创业能力而专门开发的教育项目。

该项目通过教授有关企业和创业的基本知识和技能，帮助大学生对创业进行全面认识，普及创业意识和创业知识，培养有创新精神和创业能力的青年人才。该项目一般以选修课形式在大学开展，学生通过选修该课程可以获得相应的学分。KAB 课程一个很大的特点就是先让学员去体验，体验之后再回来讨论，而不是先学习若干理论知识。

（资料来源：https://baike.baidu.com/item/kab/3239066? fr=aladdin，百度百科）

（3）创新创业指导。

对于大学生的创业实践活动，很多学校都有专门的指导。有的大学组织来自企业、高校、科研单位和政府职能部门的有关人士成立大学生创业导师团，通过创业讲座、政策咨询、业务指导等方式，为大学生创业团队现身说法、答疑解惑，提供项目论证、业务咨询和决策参考等服务，甚至发掘有潜力的创业项目进行跟踪辅导。有的学校有自己的创业产业园或孵化园，对大学生的创业项目进行孵化，提供创业支持。有些学校还与地方政府、行业协会合作，为大学生梳理、编制创业服务指南，搭建信息咨询平台，如通过制作和发布专业创业服务网页等方式，引导大学生积极创业。

大学生在校期间要认真学习学校开设的创新创业课程，充分利用学校提供的创业资源，开展创业探索，深化创业知识。

（4）高校校友会。

校友是高校创新创业的重要资源。成功的创业校友不仅能够以个人力量开展创业讲座、举行创业培训，而且由高校校友组成的校友会更是创业资源尤其是人脉资源的集聚地。校友手中掌握的资源，可以为步入创业起步阶段的创业者提供一定的创业指导及资源支持，相对于大学生这个群体而言通过此途径获取创业资源比较有利。

2. 政府及社会创业支持

为深入推进"六稳""六保"，贯彻落实创新驱动发展战略，完善促进创业带动就业、多渠道灵活就业的保障制度，缓解越来越严峻的大学生就业形势，国家和地方政府推出了多项针对大学生的创新创业扶持政策，一些社会机构、企业也设立了针对大学生的专门孵化项目、创业指导或培训扶持资金。

（1）政府专项大学生创业扶持。

政府拨出专项创新创业资金来扶持大学生创业，符合条件的可以考虑申请政府基金或创新基金。同时为鼓励创业，政府出台了一系列支持计划，其中与大学生创业有密切关系的一个是"中国青年创业国际计划（YBC）"。

 **拓展阅读 7-5**

YBC 项目简介

中国青年创业国际计划是共青团中央、中华全国青年联合会、中华全国工商业联合会共同倡导发起的青年创业教育项目。该项目参考总部在英国的青年创业国际计划（Youth Business International）扶助青年创业的模式，动员社会各界特别是工商界的力量为青年创业提供咨询以及资金、技术、网络支持，以帮助青年成功创业。

中国青年创业国际计划的英文名称是 Youth Business China，简称 YBC。

YBC 项目的宗旨是：培养创业精神，提高创业能力，提倡企业社会责任，促进经济与社会协调发展。

YBC 项目的业务主管单位是共青团中央，组织实施单位是中国青少年社会教育基金会。

YBC 通过接受社会捐赠和资助，建立青年创业专项基金，为符合条件的青年创业者提供无息启动资金和"一对一"导师辅导等公益服务。

（资料来源：http://ybc.cye.com.cn/jj/20070821202831.htm，2007/08/21）

除了中央政府，各地也先后出台了有关创业的帮扶项目、计划，或者设置了相应的针对大学生创新创业的基金。

因此，大学生要多关心时事新闻，关注政府创业政策和导向，培养自己对政策信息的敏锐度，提升政策领悟和利用能力。

 拓展阅读 7-6

"我能飞"大学生成功创业者提升培训

2019年5月22日，第十届"我能飞"大学生成功创业者提升培训班开班式在成都举行。培训将分7期实施，计划将培训700名创业大学生，首期培训120人，所有学员全部免费参训。

"我能飞"大学生成功创业者提升培训由四川省人社厅、省教育厅联合主办，省就业训练中心（省创业服务指导中心）承办，主要针对有创业实体或创业项目的在校大学生和毕业5年内大学生开展集中培训，提升创业成功率和初创期企业存活率。2010年"我能飞"大学生成功创业者提升培训实施以来已举办九届，共培训大学生3 820名，学员遍布全省21个市（州）、181个县（市、区）。经过9年来的不懈坚持和长足发展，已形成了一套比较完整、成熟的培训体系，研发了独有的"四乘四创业涡轮矩阵"课程体系和集授课、咨询、辅导于一体的"我能飞"课后课体系。在全国率先制定发布了《大学生提升培训地方标准》和《大学生创业咨询辅导工作指南》两项省级地方标准，成为四川省大学生创业培训的品牌项目，受到各级领导和大学生的充分肯定和普遍好评，被誉为大学生创业培训的"黄埔军校"。

（资料来源：http://scnews.newssc.org/system/20190522/000967155.html，四川新闻网，2019/05/22）

（2）社会机构或企业的大学生创业扶持。

除了政府，一些民间的社会机构、公益组织或知名企业也会为大学生提供创业方面的资金支持、创业孵化或指导。比如中国大学生创业基金，它是由中国社会福利教育基金会发起设立的一个资助型公益基金。通过为捐资者设计企业社会责任与公益链结合的公益项目，为有创业梦想的大学生筹措资助资金，通过建立资本市场与大学生创业项目的良性互动机制，每年在各高校推选优秀创业项目的基础上，为大学生创业计划实施提供资金资助，缓解大学生创业资金匮乏的问题。

三、创业资源获取的技巧

创业资源的获取并不是一件容易的事情，掌握一定的技巧有助于创业者以较低的成本获取有用的资源。

（一）善于利用软实力

从来源看，创业资源获取无外乎来自两个方面，一是自有资源，二是外部资源。外部创业资源获取渠道主要包括市场渠道和非市场渠道。市场渠道是指通过支付费用在市场购买相关资源，非市场渠道则指通过社会关系，用最小的代价甚至是无偿获取资源。由于起步阶段的创业者往往资金有限，很难通过支付费用购买获取创业所需的各种外部资源，因而采用非市场渠道用最小的代价获取创业资源成为创业者首选。而创业资源非市场渠道获取的关键往往取决于人品、知识、素质、能力、创意等无形资源，也就是软实力，这些实力虽然无形，但能够撬动硬实力，如合理利用，将大大助力资源的获取。

（二）善于利用杠杆资源

在创业过程中要善于发挥资源的杠杆效应。成功的创业者善于识别并利用关键资源的杠杆效应，利用他人或别的企业的资源来完成自己创业的目的；用一种资源补足另一种资源，产生更高的复合价值；或者利用一种资源撬动和获得其他资源，建立起自身的复合资源链条。

（三）善于有效控制，步步为营

创业不是一蹴而就的，尤其是在创业资源有限的情况下，要想稳健成熟地发展，就必须步步为营、稳扎稳打。在创业过程中要分多个阶段投入资源并在每个阶段投入最有限的资源。在这一过程中要设法降低资源的使用量，降低管理成本，减少对外部资源的依赖，尽力降低经营风险，加强对所创事业的控制。除了积累资源，还要逐步探索资源互换，不断进行资源结构的调整和优化,积累战略性资源。

创业资源包括的范围极其广泛,如创业者拥有的有形资产、无形资产、性别、年龄、民族、长相、体力、智力、经验、经历、技能、知识、社会关系等,还包括对这些有形和无形资源的整合。只要唤起强烈的创业愿景,点燃头脑中的创业火炬,就会发现"商机满地跑,只要你肯找""身上一根草,创业是个宝"。因此,创业者要从创业资源角度对自身重新认识、分析和整合。请利用表7-1对自身资源进行评估。

表7-1 创业资源自我评估

说明:从自主创业的角度,重新评估自己的创业资源
我的有形资产资源是:现金、房屋、设备、材料、运输工具,其他:
我的有形资产的优势是:
我的有形资产的劣势是:
针对创业我拟采取的对策是:
我的无形资产资源是:特殊技能、经营权、秘方、口碑、声誉,其他:
我的无形资产的优势是:
我的无形资产的劣势是:
针对创业我拟采取的对策是:
我的社会关系资源是:亲属、朋友、同学,其他:
我的社会关系的优势是:
我的社会关系的劣势是:
针对创业我拟采取的对策是:
我的人际交往资源是:人缘、交际能力,其他:
我的人际交往的优势是:
我的人际交往的劣势是:
针对创业我拟采取的对策是:
我的体力资源是:力量、速度、耐力、灵活,其他:
我的体力资源优势是:
我的体力资源劣势是:
针对创业我拟采取的对策是:
我的脑力资源是:算术、语言、悟性、记忆,其他:

续表

我的脑力资源优势是：
我的脑力资源劣势是：
针对创业我拟采取的对策是：
我的技术资源是：经营管理、销售、烹饪、修车、养鱼、品茶，其他：
我的技术资源优势是：
我的技术资源劣势是：
针对创业我拟采取的对策是：
我的知识资源是：学历、阅历、社会知识，其他：
我的知识资源优势是：
我的知识资源劣势是：
针对创业我拟采取的对策是：
我的学习资源是（能学什么）：手艺、语言，其他：
我的学习资源优势是：
我的学习资源劣势是：
针对创业我拟采取的对策是：
我的兴趣资源是：花卉、汽车，其他：
我的兴趣资源优势是：
我的兴趣资源劣势是：
针对创业我拟采取的对策是：
我的经历资源是：读书、务农、做工、参军，其他：
我的经历资源优势是：
我的经历资源劣势是：
针对创业我拟采取的对策是：
我的经验资源是：销售经验、经商经验、管理经验，其他：
我的经验资源优势是：
我的经验资源劣势是：

续表

针对创业我拟采取的对策是：
我的年龄资源是：青年、中年、老年，其他：
我的年龄资源优势是：
我的年龄资源劣势是：
针对创业我拟采取的对策是：
我的民族资源是：少数民族、特殊风俗，其他：
我的民族资源优势是：
我的民族资源劣势是：
针对创业我拟采取的对策是：
我的貌相资源是：憨厚、机灵、俊美，其他：
我的貌相资源优势是：
我的貌相资源劣势是：
针对创业我拟采取的对策是：
我的其他资源是：
我的优势是：
我的劣势是：

按重要性排序，我的优势资源是：
    1.   2.
    3.   4.
    5.   6.

按重要性排序，我的劣势资源是：
    1.   2.
    3.   4.
    5.   6.

扬长避短，整合自己的创业资源，并转化为创业核心竞争力的战略：

（资料来源：https://wenku.baidu.com/view/433f7c966bec0975f465e284.html，2011/10/18）

第三节 创业资源的整合

一、整合创业资源的意义

根据熊彼特的观点,"创业者的功能就是实现新组合"。决定能否创业的往往不是所控制资源绝对数量的多少,而是能够整合的资源量和资源整合后发挥的效用和价值。创业资源整合是指在创业过程中对资源有意识地进行识别、获取、配置和利用。

案例分析 7-2

向赵本山学习资源整合

本山传媒集团,想必无人不知,无人不晓。

本山传媒共赢的资源整合理念基于以下三点:

(1) 赵本山凭借个人品牌资源广收门徒,给徒弟们提供平台,师徒共同将一块蛋糕做大,人人受益,共赢未来。

(2) 众人拾柴火焰高,一个人前进一百步永远比不上一百个人共同前进一步。有了品牌和优质核心资源,企业才能着眼于长远发展。除了名利双收,淳朴的民间艺术与文化也由此走向了世界。

(3) 资源整合造就了一个民族品牌的诞生,赵本山的资源整合也让潜在的竞争对手(被整合的民间艺人与演员)与自己共同发展,共事而无忧。

思考:

(1) 赵本山整合了哪些创业资源?

(2) 赵本山的创业资源整合对我们有何启示?

(一)资源整合对企业创立至关重要

很多人在初次创业的时候,资源都是十分欠缺的。大量例证也表明很多创业者几乎是白手起家,但并不影响其后来事业的风生水起。例如,1946年井深大与和盛田昭夫创立东京通信工业公司(索尼公司前身)时初创资本仅为500美元,乔布斯著名的"车库创业",中国刘氏家族创办希望集团等,都是典型的案例。可见,整合资源的能力远胜于拥有创业资源。在创业起步阶段,资源整合能力影响并决定了创业者对创业机会的评估、识别与开发,同时帮助创业者摆脱资源约束,取得所需资源。大学生在创业路途上除了不断积累创业资源,还需要时常对已有的创业资源进行准确的分析和定位,并在此基础上进行进一步的整合利用，使资源效用最大化。

（二）资源整合对企业发展非常关键

生存与成长阶段创业企业需要筹措更多的资源来满足自身的发展，创业者资源整合能力会对创业企业成长过程的战略决策与运营能力产生重要影响，资源整合的深度与广度将保障组织运作的持续性，进而影响创业绩效。可见在创业的各个阶段，资源整合都是非常重要的。

二、创业资源整合的策略

创业成功并不需要100%拥有所有资源，但100%需要资源整合，掌握和运用一些整合策略是创业者的必修课。

（一）资源拼凑

拼凑不是简单地把资源放在一起，而是要创造性地加以改造，让资源产生更多的附加价值，比如通过加入一些新元素，改变结构以实现有效组合；或者资源本身也许不是最好的资源，但通过加入一些新元素，与已有的元素进行组合，在资源利用方面形成创新行为，实现"无中生有"或"变废为宝"。创业者就像能工巧匠，有一双善于发现的眼睛，能够洞悉身边各种资源的属性；有一双灵巧的双手，能够将它们创造性地整合起来，开发新机会，解决新问题。这种整合大多不是事前仔细计划好的，往往是具体情况具体分析、"摸着石头过河"的产物。

拼凑策略分为全面拼凑和选择性拼凑两种。全面拼凑是指创业者在物质资源、人力资源、技术资源、制度规范和顾客市场等诸多方面长期使用拼凑方法，在企业现金流步入稳定后依然没有停止拼凑的行为。选择性拼凑指创业者在拼凑行为上有一定的选择性，有所为，有所不为。在领域上，他们往往只选择在一两个领域内进行拼凑策略，以避免全面拼凑策略；在应用时间上，他们只在早期创业资源紧缺的情况下采用拼凑策略，随着企业的发展逐渐减少拼凑策略，甚至到最后完全放弃。

（二）设置合理利益机制

资源通常与利益相关。创业不是你输我赢的零和博弈，成功的创业要从全局和整体出发，善于从利益共同体的角度去考虑问题，争取获得双赢或多赢的结果。在资源整合过程中，切记不能单方追求利益最大化，必须设计出共同获利的盈利模式。这个获利预期不一定都是经济利益，也可能是社会利益、品牌效应等，是各方不同利益追求的综合平衡。要做到利益机制的合理设置首先要明确利益相关者及其利益；其次要加强沟通，构建共赢机制；最后要加强信任，争取长期合作。

（三）理性够用

每个人都希望自己拥有的资源足够多、足够好，甚至很多人因为追求资源的完美而错失了最佳创业时机，任由机会从眼前溜走。而实际上创业者不需要等到"万事俱备"才开始创业。只要创业者在突破固有观念，忽视正常情况下人们对资源和产品的常规理解，坚持尝试，即使资源整合的结果并不是最优方案，甚至在一定程度上是不完整、不全面、有缺陷的，此时创业者一定要改变完美主义，接受有限理性，也就是资源是在目前情况下唯一可以选择的理性的方案即可，怀揣着美好愿望，脚踏实地地出发，并在未来的资源整合中不断完善和改进。

三、资源整合的过程

随着知识经济的发展，资源整合越来越成为企业经营中提升核心竞争力的关键。那么，资源整合有哪些步骤呢？创业资源整合的过程如图7-2所示。

（一）资源清点

资源整合的第一步是清点资源，首先要清楚自己拥有的资源状况，也就是现有资源存量。我们要分析现有资源，分析这些资源对于创业的价值，资源优势和劣势分别是什么，创业还差哪些资源。当然这一过程还需要放眼市场，了解竞争对手的资源状况，知己知彼，从而形成自己现有的资源清单。

（二）资源开拓

资源整合的第二步是努力开拓外部资源。面对自身资源的不足，一方面要练好内功，不断扩大资源存量；另一方面要放眼外部环境，开发更多的资源渠道，主动出击，识别利益相关者及其利益，扩大人际网络，构建共赢的机制，建立信任，积极扩充资源增量。

（三）资源盘活

资源整合的第三步是资源盘活。当内外部资源都已梳理完毕后，对自己内外部资源进行系统思考，厘清网络关系，形成自身的资源库。要对库中的资源进行整体设计，找出关键资源点，发挥其连接作用，整合所有资源，盘活利用，并由此不断衍生出新资源，从而让自己的资源从零散状态成为统筹规划的"一盘棋"，使它们互相补充、互相增强。

（四）资源利用

资源整合的第四步是资源利用。资源盘活后所有静态的资源都成为有生命力能够创造价值的动态资源，此时就要最大限度地运用好这些配置合理的资源，人尽其才，物尽其用，最大限度地发挥资源在创业中的效用。

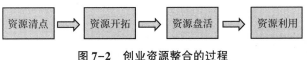

图7-2 创业资源整合的过程

延伸练习 7-2

（1）划分小组，准备好延伸练习7-1中团队每个成员列出的资源清单。
（2）将团队成员的个人清单整合为团队清单。
（3）分析团队资源清单的优劣势，讨论如何最大限度发挥团队创业资源优势，以及对于劣势如何通过现有资源去整合和弥补。

延伸练习 7-3

挑战"白手起家"

基于自己设想的创业项目和组建的创业团队，挑战"白手起家"这个项目，假设现在团队只有50元，看能利用这50元创造多少利润。

（1）和自己的团队讨论并设计出行动方案。注意：这50元是创业团队拥有的唯一种子资金，此资金不能从事非法活动（包括赌博），不能参与抽奖活动（包括买彩票）；在活动期间，不能筹集资金。团队的计划要尽可能详细、具体，并估算出可能赚取的利润额。
（2）展示团队的计划，并描述自己的团队是如何产生"创意"的？50元发挥了什么作用？
（3）评选出利润额最高的团队和最有创造力的团队。
（4）行动起来，实施自己团队的计划！一周后，再来看一看哪个团队赚取了最多的利润。
（5）反思：在这次活动中最令自己感到意外的是什么？是否顺利地实施了计划？成功或失败的因素有哪些？
（6）讨论：如何"白手起家"？

第八章　撰写创业计划书

【章节目标】

一、知识目标

1. 了解创业计划书的概念和作用。
2. 区分创业计划书的受众。
3. 熟悉优秀创业计划书的特征。
4. 了解创业计划书的撰写步骤。
5. 熟悉创业计划书的内容以及各部分撰写的要求。

二、能力目标

1. 能够识别优质的创业计划书。
2. 能够做好创业计划书写作之前的准备。
3. 在前期准备的基础上，结合自身创业设想及企业情况按照创业计划书的结构以及撰写要求，撰写出创业计划书，并尽量确保准确无误。

三、素质目标

1. 养成结构化思维的习惯，增强逻辑思维能力。
2. 培养良好的书面表达和语言表达能力。
3. 培养竞争意识，遵守竞争规则，养成实事求是、脚踏实地的优良作风。

【章节导入】

艺电公司：一切始于商业计划

在美国超级橄榄球决赛仅剩 6 秒时，费城老鹰队获得一次 37 码球机会，大卫·阿克斯正站在罚球点准备射门。此时，老鹰队仅落后新英格兰爱国队 2 分。老鹰队其他球员都弯着腰，静静地等待着，因为如果阿克斯得手，老鹰队就将捧回超级杯。"啪"的一声响，阿克斯一脚怒射，皮球绕过爱国者队防卫队员的手臂，射门得分，老鹰队最终战胜了爱国者队。

但很快，爱国者又与卡罗来纳黑豹队在超级杯决赛中争夺起来。这究竟是怎么回事？我们描述的赛况来自宾夕法尼亚州安布勒地区一个 16 岁男孩的索尼 PS2 游戏，并非美国橄榄球职业联赛的赛场。这个男孩是数百万"疯狂橄榄球 2003"游戏的购买者之一，该游戏做得十分逼真，男孩能在游戏的整个赛季扮演老鹰队教练，并最终帮助球队赢得超级杯。请不要以为这很容易，为了最终得到超级杯，他必须正确处理整个赛季中可能出现的队员伤病、三连败和黑色五分钟等状况。

"疯狂橄榄球2003"游戏出自美国艺电公司,它是全球最大的交互式电子游戏开发商。为了反映联赛各队球员名单的变化,该游戏每年都会更新,结果导致那些在"疯狂橄榄球2003"游戏中努力赢取超级杯的宾夕法尼亚青少年,极可能继续购买"疯狂橄榄球2004""疯狂橄榄球2005"……

艺电公司还开发了许多大众游戏,包括模拟人生、哈利·波特、詹姆斯·邦德和FIFA足球等。仅在2002年,艺电公司销售量超过百万的游戏就有16种,公司年收入高达17亿美元,净利润超过1.015亿美元。艺电公司不仅开发电脑游戏,还为索尼公司PS2、任天堂公司GameCube和微软公司Xbox等控制台系统开发游戏。

尽管艺电公司已经成为一家成功的大企业,但对它如何走向成功进行反思仍有意义。事实表明,它的成功始于一份商业计划和特里普·霍金斯的愿景,即创立一家新式的电子游戏公司。

快到20岁的时候,霍金斯开始尝试进行创业。他创办了一家企业,销售由他发明的名为ACCU-Stat的桌面足球游戏。当时,个人计算机时代远未来临,游戏开发者使用方块和图表来模拟现实世界。ACCU-Stat是"疯狂橄榄球"游戏的雏形。在提到他的第一家企业时,霍金斯说道:

"我当时只有19岁,毫无疑问,自己对所做的事情一无所知,所以就失败了。但是,它也许是我工作生涯中最主要的一段经历。因为我发现,对游戏开发的喜爱可以和创业热情相结合,对我来说,这次失败反而成为事业助推剂。很多年来,我的朋友们总说,我创立公司的唯一原因就是为了有朝一日能开发出另一个足球游戏。"

1980年,在第一家企业失败后,霍金斯进入苹果公司工作。在那里,他为个人计算机产业的出现而兴奋不已。尽管在苹果公司工作很舒服,但他仍决定再次创业。不过,这次他更加谨慎小心。直到1982年,他才下决心创立一家电子游戏开发企业,并围绕创意制订了详细的商业计划。

霍金斯认识到,他需要一个真正的"大创意"以便使新企业有别于计算机游戏产业中的其他公司。事实上,他找到了3个大创意,围绕这3个大创意的商业计划使艺电公司超越了当时软件出版商之间的趋同风潮。

艺电公司引入了"软件艺术家"的概念。与其他软件企业不同,艺电公司雇用软件工程师和电影制片人而非程序员,强调把每个游戏开发都当作好莱坞的电影制作,是编制、特技师和音乐师等组成的团队努力的结果。这种做法不仅鼓励了创造力,而且也要求创造力。

艺电公司把产品直接送交零售店出售。艺电公司成立时,软件出版商一般都通过第三方渠道来销售产品,而艺电公司却认为直接通过零售商销售产品,能帮助公司更好地捕捉市场脉搏和把握未来趋势。

艺电公司完全采用自有工具和技术,通过有组织的高效率交叉平台开发流程来开发游戏产品。

数年后,霍金斯发现艺电公司最初的商业计划简直就是一个奇迹,因为它准确预测了公司的未来。他进一步强调,在起步时就注定艺电走向成功的是"战略愿景与发现错误、不断调整并执着行事能力的结合"。

思考：商业计划书对艺电公司的产生和成长起到了什么作用？

（资料来源：https://wenku.baidu.com/view/7c98d215a2161479171128a8.html，2012/11/06）

第一节 认识创业计划书

创业计划书描述了新创企业计划的目标，以及新创企业如何实现这些目标。创业计划书是一份用于企业内外的两用文件。对企业内部而言，创业计划书能帮助企业设计出实施其战略和计划的"路线图"；对于企业外部来说，创业计划书向潜在投资者及其他利益相关者汇报企业试图追求的商业计划以及如何把握机会的行动计划。

因此每个创业者都要学会撰写创业计划书。

一、创业计划书的概念

创业计划书，也叫商业计划书（Business Plan，简称 BP），是指创业者在创业初期所编写的一份书面创业计划，用以描述创办一个新的风险企业时所有的外部及内部要素。即指创业者在正式启动创业项目之前，基于前期对整个项目的调研、策划的成果，对创业项目进行全面说明的计划性文件。

二、创业计划书的作用

（一）指导作用

创业计划书是创业全过程的纲领性文件，是创业实践的战略设计和现实指导。它帮助创业企业明确目标和商业模式，也能使读者坚信商业创意有价值，并相信旨在开发创意而创立的企业必然有光明的前途。在企业创立时期，创业计划书是指引管理团队和员工行为的重要路线图。

（二）整合作用

创业计划书是创业者的创业思路通过书面或视频等形式的呈现，通过编写创业计划书，创业者会进行前期调研、梳理思路、完善信息等工作，找到各种程序之间的衔接点，最终把各种资源有序地调动起来、围绕着创造和形成商业利润，进行最佳要素的组合。

（三）展示自我

创业计划书是创业者及创业企业自我展示、自我推销的文件，创业计划书对于创业项目的作用，就相当于个人在求职过程中简历的作用，是向外界展示的一扇窗口，为创业企业提供了一种向潜在投资者、供应商、商业伙伴和关键职位应聘者宣传自身的机制。这种机制清晰地展现了创业企业如何通过各个部分的有机匹配，塑造实现企业使命和目标的组织能力。

（四）聚才作用

创业计划书既像求职简历，也像一则硬核的招聘广告，可以吸引创业人才进入，吸引新股东加盟，吸引有志之士参加创业团队，吸引对创业计划感兴趣的单位赞助和支持，从而聚集更多优秀人才加入创业事业。

（五）争取资金

创业企业要获得风险投资的支持，其中一个重要的途径就是从审验创业计划书开始。美国一位著名投资商说过："风险企业邀人投资或加盟，就像向离过婚的女人求婚，而不像和女孩子初恋，双方各有打算，仅靠空口许诺是无济于事的。"可见创业要获得资金的支持就必须有一些能够实实在在打动投资者的地方，其中最重要的一个渠道就是创业计划书，它向投资者展示了项目的价值，很大程度上决定了创业融资能否成功。

案例分析 8-1

你选谁？

Peter 是一名天使投资人，在某创客咖啡厅，与几位创业者闲聊后，他打算进一步了解其中两家新创企业的详细信息。

当他向第一家创业者索要创业计划书时，对方迟疑了一下并告诉 Peter 他还没有正式准备创业计划书，但如果有时间的话他可以再约时间当面讨论创业细节。

接着，Peter 联系第二位创业者并提出同样要求，对方立刻表示乐意提供一份 30 页的创业计划书以及 18 张幻灯片的计划概要，包括一段简要的创业计划视频。10 分钟后，Peter 通过电子邮件收到了幻灯片文件，同时邮件中还提到，第二天早上对方会将创业计划书送到 Peter 的办公室。Peter 看完这些幻灯片后，觉得它们轻松愉快又不失重点，非常巧妙地突出了创业计划书的优势。第二天创业计划书如期送到，其内容也给人留下了非常深刻的印象。

思考：哪位创业者会赢得 Peter 的投资？为什么？

三、创业计划书的受众

创业计划书的受众也就是谁会阅读创业计划书，主要受众有两类，一类是内部受众，另一类是外部受众。

（一）内部受众

内部受众主要包括企业员工、企业创立者和创业团队以及董事会成员等。表述清晰的书面创业计划书有助于企业内部全体成员协调工作，并通过一致行动向目标前进。

（二）外部受众

外部受众包括投资者、潜在商业伙伴、潜在客户、前来应聘的关键员工等外部利益相关者。要吸引这些人，创业计划书必须论证商业创意的可行性，并与那些风险更小的投资选择进行比较。商业创意要能够给潜在投资者带来更高的资金回报，并开发出一套行之有效的商业模式，同时深入认识所处的竞争环境，要做到实事求是，千万不要夸大其词。对于商业伙伴、客户和前来应聘的关键员工而言，仍须如此。表 8-1 向我们展示了谁会阅读创业计划书，他们希望看到什么。

表 8-1 谁会阅读创业计划书，他们希望看到什么

类别	创业计划书的受众	他们希望看到什么
内部受众	企业创立者和初始管理团队	编写创业计划书的过程促使企业的初始管理团队思考企业的各部分，并就一些问题达成一致
内部受众	普通员工	愿意看到企业计划实现什么以及如何实现的清晰阐述，这些信息有助于员工将自己行为与企业目标和预期方向保持一致
内部受众	董事会成员	对那些有董事会的企业来说，创业计划书树立起一个标杆，根据这个标杆，就能够评价高层管理团队的绩效
外部受众	潜在投资者	对投资者来说，创业计划书提供有关商业机会优势、企业高层管理团队质量和其他相关信息的证据。投资者也会对他们将如何实现投资回报感兴趣，如首次公开上市、出售企业或管理层回购
外部受众	潜在银行家	银行家关心创业企业的贷款何时以及如何偿付，创业企业担保贷款是否安全。此外，银行家还会对企业如何从潜在危机中谋生感兴趣
外部受众	潜在联盟伙伴和大型客户	高质量的联盟伙伴和大型客户一般不愿意与不熟悉的公司打交道，一份有说服力的创业计划书有助于打消他们的顾虑
外部受众	前来应聘的关键员工	关键职位应聘者往往看重商业机会的吸引力、报酬、计划与企业前景
外部受众	并购候选人	为了增加灵活性，企业要么通过兼并成长，要么剥离下属单位。但无论是哪种情形，潜在并购候选人都会索要企业创业计划书复本，并将其作为第一个筛选标准

（资料来源：https://wenku.baidu.com/view/7c98d215a2161479171128a8.html，2012/11/06）

四、优秀创业计划书的特征

一些创业者因为缺乏撰写创业计划书的知识，因此在写作过程当中会出现一些问题，如许多创业者无法把自己的创意准确而清晰地表达出来，缺少个性化的信息传递，一些计划甚至是不知所云；对目标市场和竞争对手情况缺乏了解，分析时采用的数据经不起推敲，没有

说服力，缺乏可操作性等。因此，创业者首先需要了解好的创业计划书的特征。

（一）定位准确

创业计划书首先要准确定位。定位就是企业要做什么，提供什么产品和服务。优秀的企业，都能够一句话说明白自己在做什么。比如，新浪公司开始主要是提供互联网新闻；再比如，当当网开始主要是做中国的图书销售电商平台。有了准确的定位才能看清自己在行业和社会中的位置，才能聚焦客户群体做有针对性的产品和服务开发，并进一步做市场推广，一旦定位错误或不准确，那么创业的价值就会大打折扣。

（二）结构清晰

创业计划书不是洋洋洒洒、文采飘逸的文字作品，而是有严谨结构的商业文件。投资者时间有限，每天要阅读所收到的大量创业计划书，清晰的结构可以让他们按图索骥，最快地找到期望看到的关键信息。而结构混乱会让投资者有一种大海捞针的感觉，很有可能直接放弃而阅读下一份计划书。

（三）言简意赅

现代人的生活工作节奏很快，职业投资者的节奏更快，一个专业投资机构的职业投资者，一年起码要见上百个创业者，而看过的创业计划书更是不计其数。这就导致，投资者平均看一份创业计划书的时间极其有限。一份简历，如果没在5秒钟内引起HR的兴趣，就可能被扔到垃圾桶。同理，想在投资者堆积如山的创业计划书中脱颖而出拿到融资，更需要下功夫。一个项目几分钟说不清楚，一般来说算不上是好项目。

（四）客观求实

好的创业计划书以其客观性说服读者。人们常说"空谈误国"，其实空谈也会"误业"。我国著名的财经作家吴晓波说过，97%的创业企业都会在18个月里死去，而企业遭遇失败的原因之一就是——梦太大，"每年至少有300多个创业者给我寄创业计划书，说要改变人类，改变世界。但改变世界的是科学家、政治家，而不是创业者"。可见，创业计划书不是空中楼阁，要以科学的调查和客观分析为基础，实事求是，开诚布公地说明创业价值、产品特点、市场状况、自身优劣势、可能产生的收益和风险等，而不要想着能够在专业投资者的慧眼面前蒙混过关。

案例分析 8-2

正视你的劣势

创业计划书还要阐明新创企业在开始赚取收入之前必须解决的资源匮乏问题。对于新创企业而言，掩盖或低估资源需求是相当愚蠢的事情。

创业企业寻找投资者的主要原因，就是为了雇用关键员工、深入开发产品或服务、租赁办公室或弥补运营中的其他漏洞所必需的资本。投资者很清楚这一点，而且那些经验丰富的投资者往往愿意帮助所投资的企业填补资源或能力差距。

唐·瓦伦丁是硅谷著名的风险投资家，从20世纪80年代开始到90年代末，瓦伦丁及其水杉创投公司资助了许多成功的新创企业，包括思科系统公司和雅虎。在谈到水杉创投公司如何帮助思科与雅虎填补能力差距时，瓦伦丁这样写道：这两家公司十分相似。当我们与思科公司创业团队接触时，他们仅有5位员工，令我印象深刻的地方是思科员工的聪颖，他们能正确评价自身的特长，同时也能深刻认识到自身的不足。我们合作关系的基础是，水杉创投公司提供管理支持和250万美元的资金支持，而思科分公司提供技术。

有趣的是，我们与雅虎的合作基础也是如此。我们与杨致远和大卫·费罗碰面时，他们最大的优势也是清楚地认识到自己的弱点和经验不足。我们之间建立起同样的合作方式，水杉创投公司提供管理团队和管理流程，同时提供创业资金，而他们两个则专注于他们有兴趣并擅长的事务。

思考：劣势应该掩饰吗？说明自己的劣势对获得投资是有利还是有弊。

（资料来源：https://wenku.baidu.com/view/7c98d215a2161479171128a8.html，2012/11/06）

（五）通俗易懂

好的创业计划书应当让技术上的外行也能读懂。有的创业者为了彰显自己的专业性，在计划书中使用了很多专业词汇，希望借此获得投资者的青睐。殊不知，投资者虽然看过很多的创业计划书，但毕竟熟悉的领域和既有信息都是有限的，很有可能华丽的专业词汇会让对方觉得晦涩难懂、一头雾水，影响他们的阅读兴趣，反而适得其反。因此，应尽量在语言表述上通俗易懂，或者对专业词汇进行注释或给出容易理解的释义。

（六）数据说话

比起文字描述，投资者最喜欢看的就是数字和图表，这也是最容易让人阅读理解并且留下深刻印象的方式。因此计划书中要充分利用数字的说服力，比如说明注册用户数量、活跃用户数量、粉丝多少、网站有多少浏览量、传播效果如何等。有收入的话，收入如何、利润怎样、平均客单价是否合理等。这些运营数据成为产品以外给予投资者最直观的体验。

（七）注意保密

现代社会竞争激烈，有一点需要特别注意，那就是创业计划书必须严格保密，严防落入竞争者手中。为了保密，可以限制创业计划书的复本数量，对特定对象准备特定复本。妥善保管，不用时将计划书放在保密文件柜或办公室锁好以确保安全；另外，在创业计划书的封面上要印刷"机密文件，未经许可，严禁复印"等字样以提醒注意保密事宜。

拓展阅读 8-1

创业计划书的"十要"与"三忌"

1. 十要

（1）要精简。以 2~3 页的执行大纲（Executive Summary）为绪言，主体内容以 7~10 页为佳，注重企业内部经营计划和预算的内容。

（2）要第一时间让读者知道企业的业务类型，不要在最后一页才提及企业性质。

（3）要声明企业的目标。

（4）要阐述为达到目标所制定的策略与战术。

（5）要陈述企业需要多少资金，用多久，怎么用。

（6）要有一个清晰和符合逻辑的让投资者撤资的策略。

（7）要提交企业的经营风险。

（8）要有具体资料，有根据和有针对性的数据必不可少。

（9）要将企业计划书附上一个吸引人但得体的封面。

（10）要预备额外的拷贝文件以做快速阅读之用，还要准备好财务数据。

2. 三忌

（1）忌用过于技术化的用词来形容产品或生产营运过程，尽可能用通俗易懂的条款，使阅读者容易接受。

（2）忌用含糊不清或无确实根据的陈述或结算表，如，不要仅粗略说"销售在未来两年会翻两番"，又或是在没有细则陈述的情况下就说"要增加生产线"等。

（3）忌瞒事实之真相。

（资料来源：https://wiki.mbalib.com/wiki/%E5%88%9B%E4%B8%9A%E8%AE%A1%E5%88%92%E4%B9%A6）

第二节　撰写创业计划书

创业计划书是创业企业找到投资的第一步，也是敲门砖。那些既不能给投资者以充分的信息也不能使投资者获得价值的创业计划书很容易被拒之门外。创业计划书不是简单的搬书，把教材书本的营销知识、管理知识照搬照用，也不是单纯地复制科研成果论文。要知道，创业计划书是创业思路的呈现，是创业的一份"蓝图"，但"蓝图"的绘制需要经历一个过程，需要做很多工作和准备。

一、创业计划书的撰写步骤

创业计划书的撰写步骤如图 8-1 所示。

图 8-1 创业计划书的撰写步骤

（一）前期：充分准备

准备阶段可以为后续阶段打下坚实基础，对创业计划书的成功撰写做好铺垫。创业计划书不是想出来的，而是做出来的，尤其是通过前期充分的准备、酝酿最终产生的。要准备的内容很多，包括如下几点：

1. 经验学习

写好一份创业计划书需要前期大量的学习和积累，学习内容包括：拟创业行业和产品、服务的发展情况、相关知识；前人创业成败的经验教训；认识到创业是专业的学问，并系统学习；多阅读一些其他项目的创业计划书，分析优劣，学习写作技巧和方法。

2. 明确构想

通过学习形成自己的一套创业构想，并且初步进行细化，为下一步创业计划书的具体撰写形成大致的思路和提纲。

3. 市场调研

没有调查就没有发言权，市场调查为创业计划书的撰写提供了现实和有力的支持。市场调研的方式可以是实地走访、问卷调查，或者是通过网络采集有公信力的行业数据，甚至是直接去网上搜集同行的报价和销售额。市场调研的主要内容包括：第一，首先要发现目标市场，一种是发现市场的空白点，也就是别人还没有意识到或涉足的领域，另一种是取代现有的市场，提供更有竞争力的价格替代、性能升级替代或是更优质服务替代；第二，找到合理的数据证明市场存在，而且市场规模还足够容纳一家创业公司发展，如果这个市场还在高速增长就更好了；第三，寻找和积累真实消费群体数据，为项目加分；第四，细化目标市场，细分客户群体及其具体需求。

4. 撰写时机

关于什么时候需要准备创业计划书并没有统一的定论，但有一点是明确的，不是等到快要见投资者的时候才草草准备。在招合伙人、申请某项基金，甚至是为了说服自己进行脱产创业的时候，就可以开始写创业计划书了。提前准备比临时抱佛脚好。

5. 撰写计划

有了上述准备后就可以草拟撰写计划了。撰写计划不仅包括日程安排、时间节点，更重要的是人员分工。创业团队中每个成员擅长的内容不一样，所以要发挥各自的特长，共同协作完成创业计划书的编写。当然作为核心的创业者来说，要掌控全局，熟悉创业计划书的所有内容及逻辑联系，但撰写的时候不一定都要亲自完成，在适当的时候，还可以借助外力，更有效、优质地撰写创业计划书。

（二）中期：认真撰写

准备阶段虽然不是直接呈现在创业计划书上的，但却是撰写创业计划书最重要的一个步骤，准备工作完成以后就可以进入创业计划书的具体撰写阶段了。在撰写的过程中，要按照计划书的结构框架细化每部分的内容，对前期调查到的信息进行提炼加工处理，做到数据图表化、信息可视化、重点突出化，文字精练，表述准确，逻辑清晰。写好全文以后，还要设计一个漂亮的封面，并加上内容目录和页码。

拓展阅读 8-2

创业计划书撰写的"6C"

撰写创业计划书，首先需要"6C"的规范。

(1) 概念（Concept）。就是让别人知道你要卖的是什么。

(2) 顾客（Customers）。顾客的范围要很明确，比如认为女性都是顾客，那是所有的女性吗？还是特定年龄段、特定职业、特定家庭背景等的女性？

(3) 竞争者（Competitors）。需要问：你的东西有人卖过吗？是否有替代品？竞争者跟你的关系是直接还是间接？等等。

(4) 能力（Capabilities）。要卖的东西自己懂不懂？譬如开餐馆，如果师傅不做了找不到人，自己会不会炒菜？如果没有这个能力，至少合伙人要会做，再不然也要有鉴赏的能力，不然最好是不要做。

(5) 资本（Capital）。资本可能是现金，也可能是有形或无形资产。要很清楚资本在哪里、有多少，自有的部分有多少，可以借贷的有多少。

(6) 持续经营（Continuation）。当事业做得不错时，将来的计划是什么。

（资料来源：https://wenku.baidu.com/view/70b6f5a4b0717fd5360cdc4b.html，2012/04/09）

（三）后期：仔细检查

撰写完成后一定要多次检查，千万不要有错别字或文法之类的错误，也不要有逻辑问题，否则会让投资者对创业者的创业态度和做事是否严谨产生怀疑。我们要站在受众的角度，重读计划书，并修改完善。可以从以下几个方面加以审视：

你的创业计划书是否显示出你具有管理公司的经验；你的创业计划书是否显示了你有能力偿还借款；你的创业计划书是否显示出你已进行过完整的市场分析；你的创业计划书是否容易被合作者所领会；你的创业计划书中是否有计划摘要并放在了最前面，投资者首先会看它；你的创业计划书能否打消投资者对产品或服务的疑虑等。确认无误后，打印装订成册。此外，还可以依据创业计划书做出呈现创业计划的 PPT 以及短视频等。

二、创业计划书的撰写内容

（一）封面和目录

封面应包括企业名称、地址、联系电话、日期以及核心创业者的联系方式、保密提示等内容。其中，联系信息应该包括固定电话号码、电子邮件地址和移动电话号码。封面底部可以放置警示读者保密等事项信息。如果企业有独特商标,可把它放在靠近中间的位置。目录要根据内容一一对应,方便阅读者查找。

(二)计划摘要

计划摘要并非创业计划书的前言或引言,创业计划书摘要又称为"执行摘要"(Executive Summary),最长为3~5页,最好压缩成1~2页,2 000字左右为宜,要让投资者在3~5分钟内阅读完毕。创业企业将计划摘要用于跟投资者第一次邮件沟通,或是在某些会议、论坛场合用于跟投资者简单沟通。它是整个创业计划书的"凤头",是对整个计划书的最高度的概括。从某种程度上说,如果摘要没有激发投资者兴趣,则其他部分也就付诸东流了。摘要应列在创业计划书的最前面,它是创业计划书的浓缩精华。在某些情况下,投资者可以先向企业索要摘要复本,在摘要有足够说服力时,才会要求阅读详尽的创业计划书。计划摘要应一目了然,以便投资者能在最短的时间内评审计划并做出判断。

摘要一般包括以下内容,当然视创业项目具体情况可以有所增减,突出亮点。

1. 项目总体简介

包括创业项目基本情况、经营目标、盈利模式、管理团队、企业的股东及前期投资人、项目总体规划、核心竞争力等。

2. 产品和服务介绍

包括产品和服务的内容、特色、创新点、客户群体、核心技术、实现平台等。

3. 市场分析

包括所处的行业状况、市场细分情况、市场营销策略、竞争对手分析等。

4. 资金分析

包括项目融资计划、资金使用计划、未来财务预测、创业经济价值、风险分析等。

这些内容本身就是创业计划书的组成部分,只是采取了非常精简的方式,集中放在几页纸上,通过阅读创业计划书摘要,风险投资者就可以知道创业企业项目的大概轮廓。因此,摘要虽然要放在计划书的前面部分,却要在其他部分基本完成后再写作,同时要注意应有针对性、文笔生动、秉承价值导向。

 拓展阅读 8-3

如何写一份风投喜欢的创业计划书——计划摘要

虽然计划摘要是创业计划书的"迷你版",但它并非要包含创业计划书的每个方面。基本上,只需要几句话的内容即可。

(1)用一两句话概括公司的投资亮点。你应该用最具诱惑力的话解释为什么你的项目/公司是个大买卖。通常,可以直接、简练地说你提供的是一个解决某个重大问题的方案或产品。另外,如果可以提到一些重量级的名字,就最好了——比如重量级的顾问、合作伙伴、知名的天使投资人等。

（2）用一两句话来介绍公司的产品或服务，以及它解决了用户的什么问题。你需要清楚地描述当前的或是将会出现的某个重大的问题。公司给客户提供什么产品或服务来解决这个问题？软件、硬件、服务，还是综合的？用通用语言，具体描述公司的产品或服务。不要用各种术语之类的，这只会让风投烦。另外，如果有一个客户是知名的大公司，一定要讲出来。

（3）用一两句话来清晰地描述公司的商业模式——怎么挣钱的？你需要明确公司在产业链、价值链上的位置，合作伙伴是谁，他们为什么要跟你的公司合作。如果已经有收入了，有多少？如果没有，什么时候会有？

（4）用一两句话来描述公司行业、行业细分、巨大的市场规模、成长性和驱动因素以及美好前景。不要用空洞、宽泛的语句描述美好前景。不要用空洞、宽泛的语句描述市场机会。当前规模小但处于快速成长的市场，会比相对较大稳定的市场更有吸引力。

（5）用一两句话来概括公司相对于竞争对手的优势。无论如何，你都有竞争对手，至少，你是在跟你的目标客户当前使用的产品或服务提供商在竞争。更常见的是，你正面对一些直接竞争者。不要想让风投信服你拥有的"先行优势"，想都不要想。用正面的、积极的词语来描述公司的目标和竞争优势。风投是看重你能做什么，而不是别人什么东西做不到。比如，"相对于Cisco的解决方案，我们的解决方案可以……"。

（6）用一个表格来展示公司的历史财务状况和未来的财务预测。如果是初创公司，历史财务部分可以省略，但3~5年的财务预测，要能满足风投的投资回报预期才行。另外，最好能匹配上收入的驱动因素，比如客户增长等。但财务预测如果太过离谱，让风投不相信的话，所有的工作就前功尽弃了。

（7）用一两句话来陈述公司本轮期望的融资金额及主要用来做什么。这个通常是公司发展到下一个重要阶段所需要的最少的钱。如果风投愿意多投一些，当然最好。

（8）用一两句话来展示创业者和核心管理团队的背景及"辉煌成就"。不要用一些标准的套话，比如"CEO有10年的互联网、新媒体运营管理经验"之类的，而是要具体到"CTO曾在英特尔公司从事3年数据存储方面的研究"。另外，如果你只不过在谷歌做过一个月的暑期实习，就不要说你在谷歌工作过。

（资料来源：https://www.jianshu.com/p/fe7da547d662,2014/11/23）

（三）企业介绍

建立初步印象后，创业者应该进一步说明自己企业的背景和现状，清晰明了地说出企业的全盘战略目标，挑明作为商业盈利企业的最终目的，使投资者能充分了解其所投资的创业企业，建立起必要的信任。该部分主要介绍企业的宗旨、企业简史和使命、主要发展战略目标和阶段目标、项目技术、研发等。

1. 企业介绍

企业介绍主要包括以下内容：

（1）企业的宏观介绍。包括说明创办企业的思路、思想的形成过程以及企业的目标和发展战略。

（2）交代企业现状。在这一部分中，要对企业以往的情况做客观的评述，不回避失误之处。中肯的分析往往更能赢得信任，从而使人容易认同企业的创业计划书。

（3）企业创立发展历程。企业创立是企业发展的第一个重要里程碑。企业可以通过列出创立至今所跨越的里程碑来概括企业现状。以此类推，企业未来第一个预测的里程碑是企业得到了创业计划中所需要的资金，其他预测的里程碑则是有关利用这些资金做什么，这样就能刻画出企业未来生命中事关企业发展战略和阶段的关键事件的时间曲线。

（4）企业的经营范围。主要做什么产品以及提供什么服务和服务对象等。

2. 项目和技术介绍

项目和技术介绍主要包括以下内容：

（1）技术独特性（与同类技术比较阐述更有说服力）。

（2）投入研究开发的人员和资金计划及所要实现的目标。

（3）研发人员情况。

（4）研发设备、研发产品的技术先进性及发展趋势等。

（四）产品与服务

创业计划书的核心是一项创新性的产品或服务以及它对最终客户的价值。在进行投资项目评估时，投资者最关心的问题之一就是，风险企业的产品、技术或服务能否以及在多大程度上解决现实生活中的问题，或者能否帮助顾客节约开支，增加收入。一般来说，产品或服务介绍必须要回答以下问题：

（1）顾客希望企业的产品能解决什么问题，顾客能从企业的产品中获得什么好处？

（2）企业的产品与竞争对手的产品相比有哪些优缺点，顾客为什么会选择本企业的产品？

（3）企业为自己的产品采取了何种保护措施，企业拥有哪些专利、许可证，或与已申请专利的厂家达成了哪些协议？

（4）为什么企业的产品定价可以使企业产生足够的利润，为什么用户会大批量地购买企业的产品？

（5）企业采用何种方式去改进产品的质量、性能，企业对发展新产品有哪些计划？等等。

创业者必须将自己的产品或服务创意向投资者进行介绍，具体包括下列内容：产品或服务的名称、特征及性能用途；产品或服务的生产成本、售价；产品或服务的市场前景和竞争力；产品或服务的研发过程，现处于生命周期的具体阶段、市场前景；产品的品牌和专利；发展新产品或服务、产品的技术改进和更新换代的计划和成本分析。

在这部分内容中，创业者要对产品或服务做出详细的说明，说明既要准确，也要通俗易懂，让即使不是专业人员的投资者也能明白。如果可能，产品介绍要附上产品原型、照片或其他介绍。此外，虽然夸赞自己的产品是推销所必需的，但应该注意，企业所做的每项承诺都要切合实际，并且要努力去兑现。因为创业者和投资者所建立的是一种长期合作的伙伴关系。空口许诺，只会影响双方长远利益。

（五）创业团队

投资者考察创业项目时，"人"是非常重要的因素。在某种意义上讲，创业者的创业能否成功，最终要取决于该企业是否拥有一个强有力的管理团队。关于创业团队的说明要注意两点：第一，实力强。通过团队简介能让投资者看出这个团队确实非常强，他们在各自的领域当中、在整个行业当中都是非常顶尖的人才。不需要非常多的信息，但是一定要把成员各自最强的信息凸显出来。第二，合作。要展示企业创业团队的独特性、与众不同的凝聚力和团结战斗精神，说明这个团队的能力之间是互相契合和互补的。投资者更愿意看到的是一个团队的整体核心竞争力，而不是个人单打独斗的核心竞争力。

对于创业团队的介绍主要包括以下内容：

(1) 公司的管理机构，主要股东、董事、关键的雇员名单。
(2) 核心成员的简要介绍，包括教育背景、主要成就、特殊才能、工作经历、能对公司做的贡献。
(3) 管理队伍权限及职责分工。
(4) 薪金、股票期权、劳工协议、人才战略与奖惩激励。
(5) 企业组织架构。
(6) 与企业有关的外部专业服务机构名单，包括法律公司、咨询公司和会计公司等。

拓展阅读 8-4

创业计划书中的团队介绍怎么写才能打动投资者？

投资创业团队就是看人寻人眼光的博弈。相信投资者看重的除了项目本身的优劣、价值，还有项目的团队是否能支撑起项目的发展。而团队成员的能力是投资者尤为看重的。但是在实际业务中，真的是任何团队都能够完美地推销自己吗？

1. 你的团队介绍存在什么问题：

请对照你的创业计划书，看看是不是有这样的问题：

(1) 需要展示的团队成员太多，如果通过 1 页 PPT 展示的话不够。
(2) 团队成员经历丰富，介绍文字太多。
(3) 团队经历太少，无话可写。
(4) 只管罗列团队成员名字，介绍文字太小。
(5) 什么形式的团队成员照片都有，显得不专业。
(6) 工作经历华丽，但看不到亮点。
(7) 团队优势与项目核心不匹配。

2. 如何撰写自己的团队介绍

处于创业早期或成长期的项目，可以参考图 8-2 的模板进行介绍：

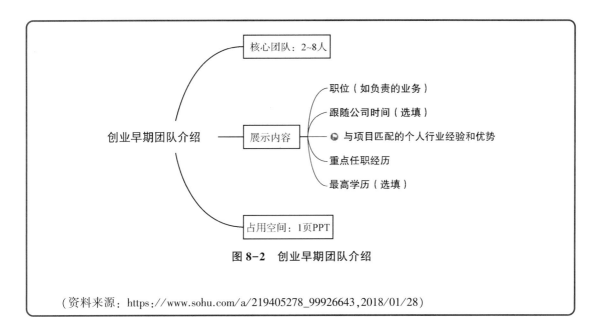

图 8-2 创业早期团队介绍

（资料来源：https://www.sohu.com/a/219405278_99926643，2018/01/28）

（六）市场与竞争分析

市场与竞争分析主要包括目标市场分析、行业分析、竞争分析、市场营销、市场壁垒等方面。

1. 目标市场分析

目标市场分析主要包括：

（1）细分市场、目标客户群。

（2）市场规模。当然也不能仅看用户数量，一些用户数少但客单价高的产品或服务也可以被认为有很大的市场空间。

（3）市场背后的商业价值。

（4）创业的目标是占有多大的市场份额（根据产品和定价来估算的真实有效的份额，而不是随意编造）。

（5）经济、地理、职业以及心理等因素对消费者选择购买企业产品或服务的影响。

2. 行业分析

行业分析主要包括：

（1）行业发展程度。

（2）对行业的理解和认知。

（3）当前的商业机会。重要的是与你的产品直接相关的行业市场数据，即微观市场、力所能及的市场，这些数据越详细越好。

（4）该行业的销售额、总收入、发展道路。

（5）经济发展对该行业的影响程度。

（6）政府对该行业的影响。

（7）进入该行业的障碍以及你将如何克服。

3. 竞争分析

竞争分析主要包括：

（1）存在的主要竞争对手是谁。

（2）自己相对于竞争对手的优势在哪里。

（3）竞争对手的产品情况，包括产品是什么、有何特点，竞争对手的产品与本企业的产品相比，有哪些相同点和不同点。

（4）竞争对手所采用的营销策略，每个竞争者的销售额、毛利润、收入以及市场份额。

（5）竞争者给本企业带来的风险以及本企业所采取的对策。

（6）能否承受竞争所带来的压力。

4. 市场营销

市场营销主要包括：

（1）营销机构和营销队伍，包括是使用外面的销售代表还是使用内部员工，企业将提供何种类型的销售培训等。

（2）营销渠道的选择和营销网络的建设，包括企业是使用转卖商、分销商还是特许商、市场网络开拓的地区等。

（3）广告策略和促销、分销策略，每项策略的预算和收益。

（4）价格策略。

5. 市场壁垒

（1）企业有没有市场壁垒。

（2）企业拥有的市场壁垒类型是什么。

（3）如何建立和保护自己的市场壁垒。

（七）生产经营计划

生产经营计划主要阐述创业者新产品的生产制造及经营过程。这部分非常重要，投资者从这部分了解生产产品的原料如何采购，供应商的有关情况，劳动力和雇员的情况，生产资金的安排以及厂房、土地等。内容要详细，细节要明确。

生产经营计划主要包括：

（1）如何生产自己的第一项产品，以及与之有关的现实可行性。

（2）产品的哪些制造工序打算自己完成，哪些准备外包完成。

（3）企业生产制造所需的厂房、厂址、设备情况如何。

（4）怎样保证新产品在进入规模生产时的稳定性和可靠性。

（5）设备的引进和安装情况，谁是供应商。

（6）供货者的前置期和资源的需求量，是否能够保证生产。

（7）生产周期标准的制定以及生产作业计划的编制。

（8）质量控制的方法和质量改进计划。

（9）合格劳动力的可得水平。

（10）废物处理和员工安全的特殊法规等。

（八）财务分析与融资需要

1. 财务分析

财务是风险投资者最为敏感的问题，所以清晰明了的财务报表是对创业者最基本的要求。投资者将会从财务分析部分来判断企业未来经营的财务损益状况，进而从中判断能否确保自己的投资获得预期的理想回报。创业者应对资金需求的额度具备足够的认识，必要时还可以请教专业人士。

财务分析主要包括：

（1）产品的生产费用。

（2）商品或服务销售所预期的成本和利润。

（3）用于评价投资效益的经济指标测算。

（4）人员成本预算。

（5）财务预测：包括3~5年的现金流量表、资产负债表和损益表等。财务预测应该建立在现实预测的基础上。

①现金流量表。流动资金是企业的生命线，因此企业在初创或扩张时，对流动资金需要有周详的计划和进行过程中的严格控制。

②资产负债表。资产负债表反映某一时刻的企业状况，投资者可以用资产负债表中的数据得到的比率指标来衡量企业的经营状况以及可能的投资回报率。

③损益表。损益表反映的是企业的赢利状况，它是企业在运作一段时间后的经营结果。

2. 融资需求

融资需求主要说明企业在未来3~5年的资金需求并对其使用计划做出解释，也就是对"需要多少钱"和"融到的钱怎么花"这两个问题进行说明，因此包括融资需求计划和资金使用计划。创业企业的融资规模和股权出让并不是创业者一拍脑袋随便说的一个数字，必须拥有合理的依据。创业企业融资规模应该以企业自身发展需要的资金为佳，需要多少资金用来发展壮大，就融多少资金。

融资需求主要对未来3~5年做营业收入和成本估算，尤其是融资成功后第一年的营业收入、成本花费和利润情况。如果创业企业不是新成立的公司，那么历史财务状况也需要说明。

拓展阅读 8-5

融资需求与股权结构

（1）早期项目的盈利不重要，投资者主要对高增长感兴趣。要表明你的融资计划，需要多少资金，准备稀释多少股份。

（2）分析自己一定时间需要用的钱，你将在接下来的3~6个月时间里做哪些事？例如团队如何组建、产品如何开发、营销推广如何开展、各个方面的费用开销大概是怎么样的，以及你希望融资的金额和出让的股份比例。特别值得一提的是，项目早期融资阶段，过高的估值或过多的股份出让，对于企业未来发展都是非常不利的。稀释的股份要少于30%，稀释太多你就变成了打工者，稀释太少投资者可能不太感兴趣。

（3）说明需融多少钱，前几轮融资是谁投的，当时怎么遇到或决定的。早期没有必要特别纠结估值的问题，首先要拿到一笔钱先把项目启动起来，这比纠结估值更重要。

（4）立场上，你的需求是估值越高越好、出让比例越低越好，而投资者正好相反。估值和出让比例可以人为调整，于是创业者和投资者有了博弈的空间。

（5）估值应该基于投资者真正支付金额的合理估算，荒谬的估值会被直接扔进垃圾桶。

（6）设定阶段目标、小步快走，并考虑好下一轮预计在什么时候启动。最后，还要考虑投资者退出战略问题。

（资料来源：https://www.sohu.com/a/444916915_120660491,2021/01/16）

（九）风险因素

此部分在于详细说明项目实施过程中可能遇到的风险，提出有效的风险控制和防范手段。创业者必须根据自身实际来描述确实存在的风险。创业计划书应该给投资者的重要印象就是创业企业管理团队非常细心，已充分认识到企业面临的关键风险。这些风险的呈现是创业者客观正视创业困难的一种表现，恰当的风险提示，不但不会降低获得融资的可能性，反而会极大地增加企业的信誉，使投资者更有信心。

常见的风险因素有如下几种：

（1）技术风险。主要是指在技术研发过程中，有可能因为技术人员的不稳定、研发经验不足、研发资金短缺、熟练程度不高等造成的风险。

（2）市场风险。主要是指在生产过程中可能会遇到的问题、市场竞争中出现的情况变化、顾客的需求改变等。

（3）管理风险。主要是指人手和资源不足、经验有所欠缺、管理遇到突发变动等产生的风险。

（4）财务风险。主要是指资金链断裂或周转不畅产生的风险，也包括说明如果企业遭遇清算是否有偿还资金的能力等。

（5）其他不可预见的风险等。主要是指政策的变动、宏观环境的变化、技术的更新迭代以及其他不可预测的风险因素。

（十）投资者退出方式

风险投资者如何摆脱某种状态是影响其投资决策的重要因素，也就是说，风险投资者在决定进入之前，一定要事先找出退身之路。他们不想长时期在企业拥有产权，他们希望其投资与其他资本共同作用一段时间后抽走，这样就要求退身之路。主要的退出方式有：

（1）企业股票上市。这样，风险资本企业可将自己拥有的该企业股权公开出售。

（2）企业整体出售。即包括风险资本企业的权益同时出售给有关企业，通常为大企业。

（3）企业、创业者个人或团队、第三方团体把风险资本企业拥有的权益买下或卖回。

以上10个部分就是一份比较完整的创业计划书的主要内容,当然,这些内容不是绝对的和固定的,这只是一个大致的框架,创业者可以根据自身项目和企业的情况,对各个部分的内容进行相应的调整或增减,总之创业计划书能够起到打动投资者,展示项目良好形象,最终获得融资资源,促进企业发展的目的。

拓展阅读 8-6

周鸿祎:教你打造十页完美商业计划书

(1) 用几句话清楚说明你发现目前市场中存在一个什么空白点,或者存在一个什么问题,以及这个问题有多严重,几句话就够了。很多人写了300张纸,抄上一些报告。投资者天天看这个,还需要你教育他吗?比如,现在网游市场里盗号严重,你有一个产品能解决这个问题,只需要一句话说清楚就可以。

(2) 你有什么样的解决方案,或者什么样的产品,能够解决这个问题。你的方案或产品是什么,提供了怎样的功能?

(3) 你的产品将面对的用户群是哪些?一定要有一个用户群的划分。

(4) 说明你的竞争力。为什么这件事情你能做,而别人不能做?是你有更多的免费带宽,还是存储可以不要钱?这只是个比方。否则如何这件事谁都能干,为什么要投资给你?你有什么特别的核心竞争力?有什么与众不同的地方?所以,关键不在于所干事情的大小,而在于你能比别人干得好,与别人干得不一样。

(5) 再论证一下这个市场有多大。你认为这个市场的未来怎么样?

(6) 说明你将如何挣钱。如果真的不知道怎么挣钱,你可以不说,可以老老实实地说,我不知道这个怎么挣钱,但是中国有一亿用户会用,如果有一亿人用我觉得肯定有它的价值。想不清楚如何挣钱没有关系,投资者比你有经验,告诉他你的产品多有价值就行。

(7) 再用简单的几句话告诉投资者,这个市场里有没有其他人在干,具体情况是怎样的。不要说"我这个想法前无古人后无来者"这样的话,投资者一听这话就要打个问号。有其他人在做同样的事不可怕,重要的是你能不能对这个产业和行业有一个基本了解和客观认识。要说实话、干实事,可以进行一些简单的优劣分析。

(8) 突出自己的亮点。只要有一点比对方亮就行。刚出来的产品肯定有很多问题,要说明你的优点在哪里。

(9) 倒数第二张纸做财务分析,可以简单一些。说说未来一年或六个月需要多少钱,用这些钱干什么。

(10) 最后,如果别人还愿意听下去,介绍一下自己的团队,团队成员的优秀之处,以及自己做过什么。

一个包含以上内容的计划,就是一份非常好的商业计划书了。

(资料来源:https://wenku.baidu.com/view/152940e5b6daa58da0116c175f0e7cd184251885,2012/10/29)

第九章　大学生创新创业大赛

【章节目标】

一、知识目标

1. 了解中国"互联网+"大学生创新创业大赛的赛道设置、参赛要求、评分标准，以及获奖项目领域。
2. 了解"挑战杯"中国大学生创业计划竞赛的基本内容、参赛要求。

二、能力目标

1. 能够准确把握相关创新创业大赛的要求，且有针对性地参赛。
2. 能够有效利用不同创新创业大赛可能获得的资源，帮助自己进行更多的实践。
3. 尝试整合日常学习和生活中的各种创新资源，实现构思的完善和落地。

三、素质目标

1. 在竞赛中保持良好心态，树立公平公正的价值观，用正确的方法参加各项比赛。
2. 珍视信用资源，积累良好的个人信用，在创新创业竞赛中做到诚实守信。
3. 在创新创业竞赛中学会团队合作，并进行有效沟通。
4. 树立良好的竞争意识，客观认识竞争的作用，学会利用竞争更好地展示自己，并实现自我提升。

第一节　中国"互联网+"大学生创新创业大赛

"互联网+"促进以移动互联网、云计算、大数据、物联网为代表的新一代信息技术与制造、能源、服务、农业等领域的融合创新，有利于发展壮大新兴产业。当前，我国已形成"政府促进创业、市场驱动创业、学校助推创业、个人自主创业"的生动局面。以互联网为依托的创新平台、创业途径和就业模式应运而生，各类与互联网相关的创新创业大赛也随之产生，全面推动大学生创新创业素养提升和创新创业实践的蓬勃开展。中国"互联网+"大学生创新创业大赛是目前我国高校规格最高、影响力最大的创新创业大赛。

一、大赛简介

为贯彻落实国务院办公厅《关于深化高等学校创新创业教育改革的实施意见》（国办发〔2015〕36号），进一步激发高校学生创新创业热情，展示高校创新创业教育成果，教育部于 2015 年 5—10 月举办首届中国"互联网+"大学生创新创业大赛。举办中国"互联网+"大学生创新创业大赛旨在深化高等教育综合改革，激发大学生的创造力，培养造就"大众创业、万众创新"的生力军；推动赛事成果转化，促进"互联网+"新业态形成，服务经济提质增效升级；以创新引领创业、创业带动就业，推动高校毕业生更高质量创业就业；重在把大赛作为深化创新创业教育改革的重要抓手，引导各地各高校主动服务创新驱动发展战略，创新人才培养机制，切实提高高校学生的创新精神、创业意识和创新创业能力。

大赛力求做到以下三点：第一，以赛促学，培养创新创业生力军。大赛旨在激发学生的创造力，激励广大青年扎根中国大地了解国情民情，锤炼意志品质，开拓国际视野，在创新创业中增长智慧才干，把激昂的青春梦融入伟大的中国梦，努力成长为德才兼备的有为人才。第二，以赛促教，探索素质教育新途径。把大赛作为深化创新创业教育改革的重要抓手，引导各类学校主动服务国家战略和区域发展，深化人才培养综合改革，全面推进素质教育，切实提高大学生的创新精神、创业意识和创新创业能力。推动人才培养范式深刻变革，形成新的人才质量观、教学质量观、质量文化观。第三，以赛促创，搭建成果转化新平台。推动赛事成果转化和产学研用紧密结合，促进"互联网+"新业态形成，服务经济高质量发展，努力形成高校毕业生更高质量创业就业的新局面[①]。

大赛采用校级初赛、省级复赛、全国总决赛三级赛制。校级初赛由各高校负责组织，省级复赛由各省（自治区、直辖市）负责组织，全国总决赛由各省（自治区、直辖市）按照大赛组委会确定的配额择优遴选推荐项目。大赛官方网址为 https://cy.ncss.cn/。

二、历届中国"互联网+"大学生创新创业大赛简介

第一届大赛以"'互联网+'成就梦想，创新创业开辟未来"为主题，在吉林大学成功举办，参赛项目主要包括"互联网+"传统产业、"互联网+"新业态、"互联网+"公共服务和"互联网+"技术支撑平台四种类型。首届"互联网+"大赛采用校级初赛、省级复赛、全国总决赛三级赛制。在校级初赛、省级复赛基础上，按照组委会配额择优遴选项目进入全国决赛。全国共产生 300 个团队入围全国总决赛，其中创意组 100 个团队，实践组 200 个团队。大赛共吸引了 31 个省份及新疆生产建设兵团 1 878 所高校的 57 253 支团队报名参加，提交项目作品 36 508 个，参与学生超过 20 万人，带动全国上百万大学生投入创新创业活动。冠军项目是哈尔滨工程大学项目"点触云安全系统"。

第二届中国"互联网+"大学生创新创业大赛由教育部、中央网络安全和信息化领导小组办公室、国家发展和改革委员会、工业和信息化部、人力资源和社会保障部、国家知识产权局、中国科学院、中国工程院、共青团中央和湖北省人民政府共同主办，总决赛由华中科技大学承办。本届大赛主题为"拥抱'互联网+'时代，共筑创新创业梦想"。大赛自 2016 年 3 月启动，吸引了全国 2110 所高校参与，占全国普通高校总数的 81%，报名项目数近 12

---

① 教育部. 关于举办第六届中国国际"互联网+"大学生创新创业大赛的通知[EB/OL]. (2020-06-03)[2021-02-01]. http://www.moe.gov.cn/srcsite/A08/S5672/202006/t20200604_462707.html.

万个,参与学生超过55万人。冠军项目为西北工业大学"翱翔系列微小卫星"。

第三届大赛由教育部、中央网信办、发改委、工信部、人力资源和社会保障部、知识产权局、中国科学院、中国工程院、共青团中央和陕西省人民政府共同主办,西安电子科技大学承办。教育部部长陈宝生、陕西省省长胡和平担任大赛组委会主任,各主办单位相关司局负责同志是组委会的成员。本届大赛主题为"搏击'互联网+'新时代、壮大创新创业主力军",增加了参赛项目类型,鼓励师生共创。冠军项目为浙江大学杭州光珀智能科技有限公司研发的"一代固态面阵激光雷达"。

第四届中国"互联网+"大学生创新创业大赛由教育部、中央网络安全和信息化领导小组办公室、国家发改委、工业和信息化部、人力资源和社会保障部、环境保护部、农业部、国家知识产权局、国务院侨务办公室、中国科学院、中国工程院、国务院扶贫开发领导小组办公室、共青团中央和福建省人民政府共同主办,厦门大学承办。本届大赛以"勇立时代潮头敢闯会创,扎根中国大地书写人生华章"为主题,于2018年3月29日在厦门全面启动。冠军项目为北京理工大学"中云智车——未来商用无人车行业定义者"项目。

第五届中国"互联网+"大学生创新创业大赛于2019年6月13日在浙江正式启动,本届大赛由教育部、中央统战部、中央网络安全和信息化委员会办公室、国家发改委、工业和信息化部、人力资源和社会保障部、农业农村部、中国科学院、中国工程院、国家知识产权局、国务院扶贫开发领导小组办公室、共青团中央和浙江省人民政府共同主办,浙江大学和杭州市人民政府承办。本届大赛共有来自全球五大洲124个国家和地区的457万名大学生、109万个团队报名参赛,参赛项目和学生数接近前四届大赛的总和。冠军项目为清华大学"交叉双旋翼复合推力尾桨无人直升机"项目。

第六届中国"互联网+"大学生创新创业大赛主题为"我敢闯、我会创"。本届大赛总决赛于2020年11月17—19日在华南理工大学闭幕,实现了既定办赛目标,打造了一场精彩惊艳、美轮美奂的全球"双创"盛会。高教主赛道省市优秀组织奖10个,高校集体奖20个,冠军1名、亚军2名、季军3名,单项奖项目4个、金奖项目104个、银奖项目214个、铜奖项目772个,入围总决赛项目112个。"青年红色筑梦之旅"赛道省市优秀组织奖8个,高校集体奖29个,单项奖项目4个,金奖项目23个、银奖项目59个、铜奖项目127个。职教赛道单项奖项目1个,金奖项目25个、银奖项目60个、铜奖项目128个,入围总决赛项目25个。萌芽版块单项奖项目1个,创新潜力奖项目20个,入围总决赛项目207个。

第七届中国国际"互联网+"大学生创新创业大赛共有来自国内外121个国家和地区、4 347所院校的228万余个项目、956万余人次报名参赛。南昌大学的"中科光芯——硅基无荧光粉发光芯片产业化应用"项目夺得冠军,北京航空航天大学的"中发天信——万米高空无人守护者"项目获得亚军,斯坦福大学的"非夕科技——新一代自适应机器人定义者"项目、浙江大学的"多功能智能打印机先行者"项目、牛津大学的"面向未来可再生能源存储的绿色氢技术"项目、哥伦比亚大学的"呼吸氧疗新力量项目"项目获得季军。

第八届中国国际"互联网+"大学生创新创业大赛是为全面深化高校创新创业教育改革、提升大学生创新创业能力、加快培养创新创业人才,纵深推进"大众创业、万众创新",于 2022 年 4 月至 10 月。本次大赛共产生 3 500 个项目入围总决赛(港澳台地区参赛名额单列),其中高教主赛道 2 000 个(国内项目 1 500 个、国际项目 500 个)、"青年红色筑梦之旅"赛道 500 个、职教赛道 500 个、萌芽赛道 200 个、产业命题赛道 300 个。

三、"互联网+"大学生创新创业大赛项目类型

(1)"互联网+"现代农业,包括农林牧渔等。
(2)"互联网+"制造业,包括先进制造、智能硬件、工业自动化、生物医药、节能环保、新材料、军工等领域的生产加工、维护、服务。
(3)"互联网+"信息技术服务,包括人工智能技术、物联网技术、网络空间安全技术、大数据、云计算、工具软件、社交网络、媒体门户、企业服务、下一代通信技术、区块链等。
(4)"互联网+"文化创意服务,包括广播影视、设计服务、文化艺术、旅游休闲、艺术品交易、广告会展、动漫娱乐、体育竞技等。
(5)"互联网+"社会服务,包括电子商务、消费生活、家政服务、养老服务、食品安全、金融、财经法务、房产家居、高效物流、教育培训、健康服务、交通、社区服务等。

参赛项目不只限于"互联网+"项目,还鼓励各类创新创业项目参赛,根据行业背景选择相应类型。参赛组别分为创意组与创业组。

四、大赛赛道设置

"互联网+"大学生创新创业大赛发展至今已举办八届,第八届中国国际"互联网+"大学生创新创业大赛设置了五种赛道,包括高教主赛道、青年红色筑梦之旅赛道、职教赛道、萌芽赛道和产业命题赛道。各赛道参赛要求与方式如下:

(一)高教主赛道

高教主赛道的参赛要求与方式包括四点。第一,大赛以团队为单位报名参赛。允许跨校组建团队,每个团队的参赛成员不少于 3 人,原则上不多于 15 人(含团队负责人),须为项目的实际核心成员。参赛团队所报参赛创业项目,须为本团队策划或经营的项目,不得借用他人项目参赛。第二,根据参赛团队负责人的学籍或学历确定参赛团队所代表的参赛学校,按照参赛学校所在的国家和地区,分为中国大陆参赛项目、中国港澳台地区参赛项目、国际参赛项目三类。国际参赛项目和中国港澳台地区参赛项目可根据当地教育情况适当调整学籍和学历的相关参赛要求。第三,所有参赛材料和现场答辩原则上使用中文或英文,如有其他语言需求,请联系大赛组委会。第四,参赛项目不得含有任何违反《中华人民共和国宪法》及其他法律、法规的内容。须尊重中国文化,符合公序良俗。

高教主赛道根据参赛项目所处的创业阶段、已获投资情况和项目特点,分为创意组、初创组、成长组、师生共创组。各组别参赛条件如下:

1. 本科生组

（1）创意组。

①参赛项目具有较好的创意和较为成型的产品原型或服务模式，在大赛通知下发之日前尚未完成工商等各类登记注册。

②参赛申报人须为项目负责人，项目负责人及成员均须为普通高等学校全日制在校本专科生（不含在职教育）。

③学校科技成果转化项目不能参加本组比赛（科技成果的完成人、所有人中参赛申报人排名第一的除外）。

（2）初创组。

①参赛项目工商等各类登记注册未满3年（2019年3月1日及以后注册）。

②参赛申报人须为项目负责人且为参赛企业法定代表人，须为普通高等学校全日制在校本专科生（不含在职教育），或毕业5年以内的全日制本专科学生（即2017年之后的毕业生，不含在职教育）。企业法定代表人在大赛通知发布之日后进行变更的不予认可。

③项目的股权结构中，企业法定代表人的股权不得少于1/3，参赛团队成员股权合计不得少于51%。

（3）成长组。

①参赛项目工商等各类登记注册3年以上（2019年3月1日前注册）。

②参赛申报人须为项目负责人且为参赛企业法定代表人，须为普通高等学校全日制在校本专科生（不含在职教育），或毕业5年以内的全日制本专科学生（即2017年之后的毕业生，不含在职教育）。企业法定代表人在大赛通知发布之日后进行变更的不予认可。

③项目的股权结构中，企业法定代表人的股权不得少于10%，参赛团队成员股权合计不得少于1/3。

2. 研究生组

（1）创意组。

①参赛项目具有较好的创意和较为成型的产品原型或服务模式，在大赛通知下发之日前尚未完成工商等各类登记注册。

②参赛申报人须为项目负责人，须为普通高等学校全日制在校研究生。项目成员须为普通高等学校全日制在校研究生或本专科生（不含在职教育）。

③学校科技成果转化项目不能参加本组比赛（科技成果的完成人、所有人中参赛申报人排名第一的除外）。

（2）初创组。

①参赛项目工商等各类登记注册未满3年（2019年3月1日及以后注册）。

②参赛申报人须为项目负责人且为参赛企业法定代表人，须为普通高等学校全日制在校研究生，或毕业5年以内的全日制研究生学历学生（即2017年之后的研究生学历毕业生）。企业法定代表人在大赛通知发布之日后进行变更的不予认可。

③项目的股权结构中，企业法定代表人的股权不得少于1/3，参赛团队成员股权合计不得少于51%。

(3) 成长组。

①参赛项目工商等各类登记注册3年以上（2019年3月1日前注册）。

②参赛申报人须为项目负责人且为参赛企业法定代表人，须为普通高等学校全日制在校研究生，或毕业5年以内的全日制研究生学历学生（即2017年之后的研究生学历毕业生）。企业法定代表人在大赛通知发布之日后进行变更的不予认可。

③项目的股权结构中，企业法定代表人的股权不得少于10%，参赛团队成员股权合计不得少于1/3。

（二）"青年红色筑梦之旅"赛道

项目如需参加"青年红色筑梦之旅"赛道的项目，第一，应符合大赛参赛项目要求，同时在推进革命老区、贫困地区、城乡社区经济社会发展等方面有创新性、实效性和可持续性。第二，以团队为单位报名参赛。允许跨校组建团队，每个团队的参赛成员不少于3人，原则上不多于15人（含团队负责人），须为项目的实际核心成员。参赛团队所报参赛创业项目，须为本团队策划或经营的项目，不得借用他人项目参赛。第三，参赛申报人须为团队负责人，须为普通高等学校在校生（可为本专科生、研究生，不含在职生），或毕业5年以内的毕业生（2015年之后毕业的本专科生、研究生，不含在职生）。企业法人代表在大赛通知发布之日后进行变更的不予认可。第四，已获往届中国"互联网+"大学生创新创业大赛全国总决赛各赛道金奖和银奖项目，不可报名参加本届大赛。第五，没有参加本届"青年红色筑梦之旅"活动的项目不得参加"青年红色筑梦之旅"赛道比赛。第六，各省级教育行政部门、各有关学校负责审核参赛对象资格。"青年红色筑梦之旅"赛道设金奖50个、银奖100个、铜奖350个。获得金奖项目的指导教师为"优秀创新创业导师"（限前5名）。

"青年红色筑梦之旅"赛道的项目可根据项目性质和特点，分为公益组、商业组。

1. 公益组

（1）参赛项目不以营利为目标，积极弘扬公益精神，在公益服务领域具有较好的创意、产品或服务模式的创业计划和实践。

（2）参赛申报主体为独立的公益项目或社会组织，注册或未注册成立公益机构（或社会组织）的项目均可参赛。

2. 创意组

（1）参赛项目基于专业和学科背景或相关资源，解决农业农村和城乡社区发展面临的主要问题，助力乡村振兴和社区治理，推动经济价值和社会价值的共同发展。

（2）参赛项目在大赛通知下发之日前尚未完成工商等各类登记注册。

3. 创业组

（1）参赛项目以商业手段解决农业农村和城乡社区发展面临的主要问题，助力乡村振兴和社区治理，实现经济价值和社会价值的共同发展，推动共同富裕。

（2）参赛项目在大赛通知下发之日前已完成工商等各类登记注册，学生须为法定代表人。项目的股权结构中，企业法定代表人的股权不得少于10%，参赛成员股权合计不得少于1/3。

(三) 职教赛道

职教赛道参赛方式和要求包括三方面。第一，职业院校（含职业教育本科、高职高专、中职中专）学生（不含在职生）、国家开放大学学历教育学生（不超过30周岁）可以报名参赛。第二，大赛以团队为单位报名参赛。允许跨校组建团队，每个团队的参赛成员不少于3人，原则上不多于15人（含团队负责人），须为项目的实际核心成员。参赛团队所报参赛创业项目，须为本团队策划或经营的项目，不得借用他人项目参赛。第三，已获往届中国"互联网+"大学生创新创业大赛全国总决赛各赛道金奖和银奖的项目，不可报名参加本届大赛。

职教赛道分为创意组与创业组。各组别具体要求如下：

1. 创意组

（1）参赛项目具有较好的创意和较为成型的产品原型、服务模式或针对生产加工工艺进行创新的改良技术，在大赛通知下发之日前尚未完成工商等各类登记注册。

（2）参赛申报人须为团队负责人，须为职业院校的全日制在校学生或国家开放大学学历教育在读学生。

（3）学校科技成果转化项目不能参加本组比赛（科技成果的完成人、所有人中参赛申报人排名第一的除外）。

2. 创业组

（1）参赛项目在大赛通知下发之日前已完成工商等各类登记注册，且公司注册年限不超过5年（2017年3月1日及以后注册）。

（2）参赛申报人须为企业法定代表人，须为职业院校全日制在校学生或毕业5年内的学生（即2017年之后的毕业生）、国家开放大学学历教育在读学生或毕业5年内的学生（即2017年6月之后的毕业生）。企业法人在大赛通知发布之日后进行变更的不予认可。

（3）项目的股权结构中，企业法定代表人的股权不得少于1/3，参赛团队成员股权合计不得少于51%。

(四) 萌芽赛道

萌芽赛道参赛对象为普通高级中学在校学生。参赛学生须为项目的实际成员，鼓励学生以团队为单位参加（团队成员原则上不超过15人），允许跨校组建团队。

参赛项目应紧密融合学习、生活、社会实践，能创造性地解决问题或提供解决思路，具有可预见的应用性与成长性，可以是教育部公布的面向中小学生的全国性竞赛活动名单中学生赛事获奖项目或作品。项目不只限于"互联网+"项目，鼓励各类创新创业项目参赛。项目须真实、健康、合法，无任何不良信息，不得借用他人项目参赛。项目立意应弘扬正能量，践行社会主义核心价值观。参赛项目不得侵犯他人知识产权；所涉及的发明创造、专利技术、资源等必须拥有清晰合法的知识产权或物权，涉及他人知识产权的，报名时须提交完整的具有法律效力的所有人书面授权许可书、专利证书等；抄袭盗用他人成果、提供虚假材料等违反相关法律法规的行为，一经发现即刻丧失参赛相关权利并自负一切法律责任。

（五）产业命题赛道

产业革命赛道旨在发挥开放创新效用，打通高校智力资源和企业发展需求，协同解决企业发展中所面临的技术、管理等现实问题；引导高校将创新创业教育实践与产业发展有机结合，促进学生了解产业发展状况，培养学生解决产业发展问题的能力；立足产业发展，深化新工科、新医科、新农科、新文科建设，校企协同培育产业新领域、新市场，推动大学生更高质量创业就业。具体参赛要求如下：

（1）本赛道以团队为单位报名参赛，每支参赛团队只能选择一题参加比赛，允许跨校组建、师生共同组建参赛团队，每个团队的成员不少于3人，不多于15人（含团队负责人），须为揭榜答题的实际核心成员。

（2）项目负责人须为普通高等学校全日制在校生（包括本专科生、研究生，不含在职教育），或毕业5年以内的全日制学生（即2017年之后毕业的本专科生、研究生，不含在职教育）。参赛项目中的教师须为高校教师（2022年7月31日前正式入职）。

（3）参赛团队所提交的命题对策须符合所答企业命题要求。参赛团队须对提交的应答材料拥有自主知识产权，不得侵犯他人知识产权或物权。

（4）所有参赛材料和现场答辩原则上使用中文或英文，如有其他语言需求，请联系大赛组委会。

五、"互联网+"大学生创新创业大赛评审规则

"互联网+"大学生创新创业大赛到如今已经历了八届，赛道增加至5种赛道，评审规则也愈发详尽。第八届中国国际"互联网+"大学生创新创业大赛评审规则如表9-1～表9-7所示。

表9-1 高教主赛道创意组项目评审要点

评审要点	评审内容	分值
教育维度	（1）项目应弘扬正确的价值观，体现家国情怀，恪守伦理规范，有助于培育创新创业精神。 （2）项目符合将专业知识与商业知识有效结合并转化为商业价值或社会价值的创新创业基本过程和基本逻辑，展现创新创业教育对创业者基本素养和认知的塑造力。 （3）体现团队对创新创业所需知识（专业知识、商业知识、行业知识等）与技能（计划、组织、领导、控制、创新等）的娴熟掌握与应用，展现创新创业教育提升创业者综合能力的效力。 （4）项目充分体现团队解决复杂问题的综合能力和高级思维；体现项目成长对团队成员创新创业精神、意识、能力的锻炼和提升作用。 （5）项目能充分体现院校在新工科、新医科、新农科、新文科建设方面取得的成果；体现院校在项目的培育、孵化等方面的支持情况；体现多学科交叉、专创融合、产学研协同创新、产教融合等模式在项目的产生与执行中的重要作用	30

续表

评审要点	评审内容	分值
创新维度	（1）项目遵循从创意到研发、试制、生产、进入市场的创新一般过程，进而实现从创意向实践、从基础研究向应用研发的跨越。 （2）团队能够基于学科专业知识并运用各类创新的理念和范式，解决社会和市场的实际需求。 （3）项目能够从产品创新、工艺流程创新、服务创新、商业模式创新等方面着手开展创新创业实践，并产生一定数量和质量的创新成果以体现团队的创新力	20
团队维度	（1）团队的组成原则与过程是否科学合理；团队是否具有支撑项目成长的知识、技术和经验；是否有明确的使命愿景。 （2）团队的组织构架、人员配置、分工协作、能力结构、专业结构、合作机制、激励制度等的合理性情况。 （3）团队与项目关系的真实性、紧密性情况；对项目的各项投入情况；创立创业企业的可能性情况。 （4）支撑项目发展的合作伙伴等外部资源的使用以及与项目关系的情况	20
商业维度	（1）充分了解所在产业（行业）的产业规模、增长速度、竞争格局、产业趋势、产业政策等情况，形成完备、深刻的产业认知。 （2）项目具有明确的目标市场定位，对目标市场的特征、需求等情况有清晰的了解，并据此制订合理的营销、运营、财务等计划，设计出完整、创新、可行的商业模式，展现团队的商业思维。 （3）项目落地执行情况；项目对促进区域经济发展、产业转型升级的情况；已有盈利能力或盈利潜力情况	20
社会价值维度	（1）项目直接提供就业岗位的数量和质量。 （2）项目间接带动就业的能力和规模。 （3）项目对社会文明、生态文明、民生福祉等方面的积极推动作用	10

表9-2　高教主赛道初创组、成长组项目评审要点

评审要点	评审内容	分值
教育维度	（1）项目应弘扬正确的价值观，体现家国情怀，恪守伦理规范，有助于培育创新创业精神。 （2）项目符合将专业知识与商业知识有效结合并转化为商业价值或社会价值的创新创业基本过程和基本逻辑，展现创新创业教育对创业者基本素养和认知的塑造力。 （3）体现团队对创新创业所需知识（专业知识、商业知识、行业知识等）与技能（计划、组织、领导、控制、创新等）的娴熟掌握与应用，展现创新创业教育提升创业者综合能力的效力。 （4）项目充分体现团队解决复杂问题的综合能力和高级思维；体现项目成长对团队成员创新创业精神、意识、能力的锻炼和提升作用。 （5）项目能充分体现院校在新工科、新医科、新农科、新文科建设方面取得的成果；体现院校在项目的培育、孵化等方面的支持情况；体现多学科交叉、专创融合、产学研协同创新、产教融合等模式在项目的产生与执行中的重要作用	20

续表

评审要点	评审内容	分值
商业维度	（1）充分掌握所在产业（行业）的产业规模、增长速度、竞争格局、产业趋势、产业政策等情况；具有明确的目标市场定位，充分掌握目标市场的特征、需求等情况；具有完整、创新、可行的商业模式。 （2）经营绩效方面，重点考察项目存续时间、营业收入（合同订单）现状、企业利润、持续盈利能力、市场份额、客户（用户）情况、税收上缴、投入与产出比等情况。 （3）经营管理方面，是否有清晰的企业发展目标；是否有完备的研发、生产、运营、营销等制度和体系；是否采用先进、科学的管理方法，以确保企业具有较强的竞争力。 （4）成长性方面，是否有清晰、有效、全方位的企业发展战略，并拥有可靠的内外部资源（人才、资金、技术等方面）实现企业战略，以建立企业的持续竞争优势。 （5）现金流及融资方面，关注项目融资情况、获取资金渠道情况、企业经营的现金流情况、融资需求及资金使用情况是否合理。 （6）项目对促进区域经济发展、产业转型升级的情况	30
团队维度	（1）团队的组成原则与过程是否科学合理；团队是否具有独特的支撑项目成长的知识、技能、经验以及成熟的外部资源网络；是否有明确的使命愿景。 （2）公司是否具有合理的组织构架、清晰的指挥链、科学的决策机制；是否有合理的岗位设置、分工协作、专业能力结构；是否有良好的内部沟通机制；是否有合理的股权结构、激励制度等。 （3）团队对项目的各项投入情况及团队成员的稳定性情况。 （4）支撑公司发展的合作伙伴等外部资源的使用以及与公司关系的情况	20
创新维度	（1）项目遵循从创意到研发、试制、生产、进入市场的创新一般过程，进而实现从创意向实践、从基础研究向应用研发的跨越。 （2）团队能够基于专业知识并运用各类创新的理念和范式，解决社会和市场的实际需求。 （3）项目能够从产品创新、工艺流程创新、服务创新、商业模式创新等方面着手开展创新实践，产生一定数量和质量的创新成果，获得相应的市场回报。 （4）项目能够从创新战略、创新流程、创新组织、创新制度与文化等方面进行设计协同，对创新进行有效管理，进而保持公司的竞争力	20
社会价值维度	（1）项目直接提供就业岗位的数量和质量。 （2）项目间接带动就业的能力和规模。 （3）项目对社会文明、生态文明、民生福祉等方面的积极推动作用	10

表 9-3 红旅赛道公益组项目评审要点

评审要点	评审内容	分值
教育维度	（1）项目应弘扬正确的价值观，体现家国情怀，恪守伦理规范，有助于培育创新创业精神。 （2）项目体现团队扎根中国大地了解国情民情，遵循发现问题、分析问题、解决问题的基本规律，将所学专业知识、技能和方法应用于解决各类社会问题，展现创新创业教育对创业者基本素养和认知的塑造力和提升创业者综合能力的效力。 （3）项目充分体现团队解决复杂问题的综合能力和高级思维；体现项目成长对团队成员创新创业精神、意识、能力的锻炼和提升作用。 （4）项目能充分体现院校在新工科、新医科、新农科、新文科建设方面取得的成果；项目充分体现专业教育、思政教育、创新创业教育的有机融合；体现院校在项目的培育、孵化等方面的支持情况	30
公益维度	（1）项目以社会价值为导向，以谋求公共利益为目的，以解决社会问题为使命，不以营利为目标，有一定公益成果。 （2）在公益服务领域具有较好的创意、产品或服务模式的创业计划和实践，追求社会效益的最大化	10
团队维度	（1）团队的组成原则与过程是否科学合理；是否具有从事公益创业所需的知识、技术和经验；是否有明确的使命愿景。 （2）团队内部的组织构架、人员配置、分工协作、能力结构、专业结构、激励制度的合理性情况；团队外部服务支撑体系完备（如志愿者团队等）、具有一定规模、实施有效管理使其发挥重要作用的情况。 （3）团队与项目关系的真实性、紧密性情况；团队对项目的各项投入情况；团队的延续性或接替性情况。 （4）支撑项目发展的合作伙伴等外部资源的使用以及与项目关系的情况	20
发展维度	（1）项目通过吸纳捐赠、获取政府资助、自营收等方式确保持续生存能力情况。 （2）团队基于一定的产品、服务、模式，通过高效管理、资源整合、活动策划等运营手段，确保项目影响力与实效性。 （3）项目对促进就业、教育、医疗、养老、环境保护与生态建设等方面的效果。 （4）项目的模式可复制、可推广、具有示范效应。 （5）项目对带动大学生到农村、城乡社区从事社会服务就业创业的情况	20
创新维度	（1）团队能够基于科学严谨的创新过程，遵循创新规律，运用各类创新的理念和范式，解决社会实际需求。 （2）项目能够从产品创新、服务创新等方面着手开展公益创业实践，并产生一定数量和质量的创新成果。 （3）鼓励将高校科研成果运用到公益创业中，以解决相应的社会问题	20
必要条件	参加由学校、省市或全国组织的"青年红色筑梦之旅"活动	

表 9-4 红旅赛道创意组项目评审要点

评审要点	评审内容	分值
教育维度	（1）项目应弘扬正确的价值观，体现家国情怀，恪守伦理规范，有助于培育创新创业精神。 （2）项目体现团队扎根中国大地了解国情民情，遵循发现问题、分析问题、解决问题的基本规律，将所学专业知识、技能和方法应用于乡村振兴和农业农村现代化、城乡社区发展，展现创新创业教育对创业者基本素养和认知的塑造力和提升创业者综合能力的效力。 （3）项目充分体现团队解决复杂问题的综合能力和高级思维，体现项目成长对团队成员创新创业精神、意识、能力的锻炼和提升作用。 （4）项目能充分体现院校在新工科、新医科、新农科、新文科建设方面取得的成果；项目充分体现专业教育、思政教育、创新创业教育的有机融合；体现院校在项目的培育、孵化等方面的支持情况	30
团队维度	（1）团队的组成原则与过程是否科学合理；团队是否具有支撑项目成长的知识、技术和经验；是否有明确的使命愿景。 （2）团队的组织构架、人员配置、分工协作、能力结构、专业结构、合作机制、激励制度等的合理性情况。 （3）团队与项目关系的真实性、紧密性情况；对项目的各项投入情况；创立创业企业的可能性情况。 （4）支撑项目发展的合作伙伴等外部资源的使用以及与项目关系的情况	20
发展维度	（1）充分了解乡村振兴、农业农村现代化、城乡社区发展的内容和要求，了解其中的痛点、难点，进而形成对所要解决问题完备的认知。 （2）在服务乡村振兴、农业农村现代化、城乡社区发展等方面有较好的创意、产品或服务模式，追求经济效益和社会效益的平衡。 （3）项目对推动乡村振兴、农业农村现代化、城乡社区发展等方面的贡献度。 （4）项目的持续生存能力，模式可复制、可推广、具有示范效应等	20
创新维度	（1）团队能够基于科学严谨的创新过程，遵循创新规律，运用各类创新的理念和范式，解决乡村振兴、农业农村现代化、城乡社区发展中遇到的各类问题。 （2）项目能够从产品创新、服务创新等方面着手开展创新创业实践，并产生一定数量和质量的创新成果。 （3）鼓励院校科研成果和文创成果在乡村或社区进行产业转化落地与实践应用。 （4）鼓励组织模式或商业模式创新，鼓励资源整合优化创新	20
社会价值维度	（1）项目直接提供就业岗位的数量和质量。 （2）项目间接带动就业的能力和规模。 （3）项目对社会文明、生态文明、民生福祉等方面的积极推动作用	10
必要条件	参加由学校、省市或全国组织的"青年红色筑梦之旅"活动	

表 9-5 红旅赛道创业组项目评审要点

评审要点	评审内容	分值
教育维度	（1）项目应弘扬正确的价值观，体现家国情怀，恪守伦理规范，有助于培育创新创业精神。 （2）项目体现团队扎根中国大地了解国情民情，遵循发现问题、分析问题、解决问题的基本规律，将所学专业知识、技能和方法应用于乡村振兴和农业农村现代化实践，展现创新创业教育对创业者基本素养和认知的塑造力和提升创业者综合能力的效力。 （3）项目充分体现团队解决复杂问题的综合能力和高级思维，体现项目成长对团队成员创新创业精神、意识、能力的锻炼和提升作用。 （4）项目能充分体现院校在新工科、新医科、新农科、新文科建设方面取得的成果；项目充分体现专业教育、思政教育、创新创业教育的有机融合；体现院校在项目的培育、孵化等方面的支持情况	20
团队维度	（1）团队的组成原则与过程是否科学合理，团队成员的教育和工作背景、创新能力、价值观念、分工协作和能力互补情况，是否有明确的使命愿景。 （2）公司是否具有合理的组织构架、清晰的指挥链、科学的决策机制；是否有合理的岗位设置、分工协作、专业能力结构；是否有良好的内部沟通机制；是否有合理的股权结构、激励制度。 （3）团队对项目的各项投入情况及团队成员的稳定性情况。 （4）支撑公司发展的合作伙伴等外部资源的使用以及与公司关系的情况	20
发展维度	（1）充分了解乡村振兴、农业农村现代化、城乡社区发展的内容和要求，了解其中的痛点、难点，进而形成对所要解决问题完备的认知。 （2）在服务乡村振兴、农业农村现代化、城乡社区发展等方面有较好产品或服务模式，追求经济效益和社会效益的平衡。 （3）项目通过商业方式推动乡村振兴、农业农村现代化、城乡社区发展等方面的贡献度。 （4）项目的持续生存能力，模式可复制、可推广、具有示范效应等	30
创新维度	（1）团队能够基于科学严谨的创新过程，遵循创新规律，运用各类创新的理念和范式，解决乡村振兴、农业农村现代化、城乡社区发展中遇到的各类问题。 （2）项目能够从产品创新、服务创新、组织创新等方面着手开展创新创业实践，并产生一定数量和质量的创新成果，获得相应的市场回报。 （3）鼓励院校科研成果和文创成果在乡村或社区进行产业转化落地与实践应用	20
社会价值维度	（1）项目直接提供就业岗位的数量和质量。 （2）项目间接带动就业的能力和规模。 （3）项目对社会文明、生态文明、民生福祉等方面的积极推动作用	10
必要条件	参加由学校、省市或全国组织的"青年红色筑梦之旅"活动	

表 9-6 职教赛道创意组项目评审要点

评审要点	评审内容	分值
教育维度	（1）项目应弘扬正确的价值观，体现家国情怀，恪守伦理规范，有助于培育创新创业精神。 （2）项目符合将专业知识与商业知识有效结合并转化为商业价值或社会价值的创新创业基本过程和基本逻辑，展现创新创业教育对创业者基本素养和认知的塑造力。 （3）体现团队对创新创业所需知识（专业知识、商业知识、行业知识等）与技能（计划、组织、领导、控制、创新等）的娴熟掌握与应用，展现创新创业教育提升创业者综合能力的效力。 （4）项目充分体现团队解决复杂问题的综合能力和高级思维；体现项目成长对团队成员创新创业精神、意识、能力的锻炼和提升作用。 （5）项目能充分体现院校在职业教育建设方面取得的成果；体现院校在项目的培育、孵化等方面的支持情况；体现多学科交叉、专创融合、产学研协同创新、产教融合等模式在项目的产生与执行中的重要作用	30
创新维度	（1）具有原始创意、创造。 （2）具有面向培养"大国工匠"与能工巧匠的创意与创新。 （3）项目体现产教融合模式创新、校企合作模式创新、工学一体模式创新。 （4）鼓励面向职业和岗位的创意及创新，侧重于加工工艺创新、实用技术创新、产品（技术）改良、应用性优化、民生类创意等	20
团队维度	（1）团队的组成原则与过程是否科学合理；团队是否具有支撑项目成长的知识、技术和经验；是否有明确的使命愿景。 （2）团队的组织构架、人员配置、分工协作、能力结构、专业结构、合作机制、激励制度等的合理性情况。 （3）团队与项目关系的真实性、紧密性情况；对项目的各项投入情况；创立创业企业的可能性情况。 （4）支撑项目发展的合作伙伴等外部资源的使用以及与项目关系的情况	20
商业维度	（1）充分了解所在产业（行业）的产业规模、增长速度、竞争格局、产业趋势、产业政策等情况，形成完备、深刻的产业认知。 （2）项目具有明确的目标市场定位，对目标市场的特征、需求等情况有清晰的了解，并据此制订合理的营销、运营、财务等计划，设计出完整、创新、可行的商业模式，展现团队的商业思维。 （3）其他：项目落地执行情况；项目对促进区域经济发展、产业转型升级的情况；已有盈利能力或盈利潜力情况	20
社会价值维度	（1）项目直接提供就业岗位的数量和质量。 （2）项目间接带动就业的能力和规模。 （3）项目对社会文明、生态文明、民生福祉等方面的积极推动作用	10

表 9-7 职教赛道创业组项目评审要点

评审要点	评审内容	分值
教育维度	（1）项目应弘扬正确的价值观，体现家国情怀，恪守伦理规范，有助于培育创新创业精神。 （2）项目符合将专业知识与商业知识有效结合并转化为商业价值或社会价值的创新创业基本过程和基本逻辑，展现创新创业教育对创业者基本素养和认知的塑造力。 （3）体现团队对创新创业所需知识（专业知识、商业知识、行业知识等）与技能（计划、组织、领导、控制、创新等）的娴熟掌握与应用，展现创新创业教育提升创业者综合能力的效力。 （4）项目充分体现团队解决复杂问题的综合能力和高级思维；体现项目成长对团队成员创新创业精神、意识、能力的锻炼和提升作用。 （5）项目能充分体现院校在职业教育建设方面取得的成果；体现院校在项目的培育、孵化等方面的支持情况；体现多学科交叉、专创融合、产学研协同创新、产教融合等模式在项目的产生与执行中的重要作用	20
商业维度	（1）充分掌握所在产业（行业）的产业规模、增长速度、竞争格局、产业趋势、产业政策等情况；具有明确的目标市场定位，充分掌握目标市场的特征、需求等情况；具有完整、创新、可行的商业模式。 （2）经营绩效方面，重点考察项目存续时间、营业收入（合同订单）现状、企业利润、持续盈利能力、市场份额、客户（用户）情况、税收上缴、投入与产出比等情况。 （3）经营管理方面，是否有清晰的企业发展目标；是否有完备的研发、生产、运营、营销等制度和体系；是否采用先进、科学的管理方法，以确保企业具有较强的竞争力。 （4）成长性方面，是否有清晰、有效、全方位的企业发展战略，并拥有可靠的内外部资源（人才、资金、技术等方面）实现企业战略，以建立企业的持续竞争优势。 （5）现金流及融资方面，关注项目融资情况、获取资金渠道情况、企业经营的现金流情况、融资需求及资金使用情况是否合理。 （6）项目对促进区域经济发展、产业转型升级的情况	30
团队维度	（1）团队的组成原则与过程是否科学合理；团队是否具有独特的支撑项目成长的知识、技能、经验以及成熟的外部资源网络；是否有明确的使命愿景。 （2）公司是否具有合理的组织构架、清晰的指挥链、科学的决策机制；是否有合理的岗位设置、分工协作、专业能力结构；是否有良好的内部沟通机制；是否有合理的股权结构、激励制度等。 （3）团队对项目的各项投入情况及团队成员的稳定性情况。 （4）支撑公司发展的合作伙伴等外部资源的使用以及与公司关系的情况	20
创新维度	（1）具有原始创意、创造。 （2）具有面向培养"大国工匠"与能工巧匠的创意与创新。 （3）项目体现产教融合模式创新、校企合作模式创新、工学一体模式创新。 （4）鼓励面向职业和岗位的创意及创新，侧重于加工工艺创新、实用技术创新、产品（技术）改良、应用性优化、民生类创意等	20

续表

评审要点	评审内容	分值
社会价值维度	（1）项目直接提供就业岗位的数量和质量。 （2）项目间接带动就业的能力和规模。 （3）项目对社会文明、生态文明、民生福祉等方面的积极推动作用	10

六、大赛成效

自 2015 年首届"互联网+"大学生创新创业大赛发展至今，历届大赛获奖项目均体现了互联网在不同行业、领域的深入发展与应用，如：各类 App、共享产品、智能制造、生物科技等，不少创意项目落地，创业项目也得到了更多投资、获得了更好成长。第八届中国国际"互联网+"大学生创新创业大赛总决赛高教主赛道中国大陆项目金奖获奖项目见表 9-8。

表 9-8 第八届中国国际"互联网+"大学生创新创业大赛总决赛
高教主赛道中国大陆项目金奖获奖项目

序号	参赛项目	学校
1	深势科技——AI for Science 新范式驱动药物和材料理性设计	北京大学
2	昆迈医疗——自主化高端脑功能影像设备引领者	北京大学
3	金羽新能——高能量密度固态电池研发和产业化	北京大学
4	微纳动力科技：磁场控制技术攻克靶向医疗	北京航空航天大学
5	飞熊——医疗智能飞行器与空中急救车研发商	北京航空航天大学
6	纳伯科技微纳米机器人系统：肿瘤靶向治疗领域的革命者	北京航空航天大学
7	沣潮科技——智能高铁废液循环技术领航者	北京交通大学
8	司莱美克——突破封锁，做震撼世界的"中国膜"	北京科技大学
9	理工飞鹰——车载无人机技术革新引领者	北京理工大学
10	弘润清源：面向洁净用水短缺的新材料空气集水解决方案	清华大学
11	分布式智慧光电关键技术研究与产业化	清华大学
12	无极电池——全球二次电池时代领军者	中国科学院大学
13	钛虎——智能机器人产品与核心零部件	中国矿业大学（北京）
14	免疫先锋——全国首创气雾免疫佐剂方案提供者	中国农业大学
15	数悦行者——AI 赋能商业设计开拓者	中国人民大学
16	中石新材集团——大规模长时储能电池全球领航者	中国石油大学（北京）
17	三生万"木"儿童榫卯拼装积木	天津大学
18	易电科技——开创高压带电作业无人化时代	华北电力大学（保定）
19	缘子之声——新型智能绝缘子检测仪	华北电力大学（保定）
20	恒特能芯——特种电源变换器行业的领航者	燕山大学

续表

序号	参赛项目	学校
21	"悬"若日月——智能化主动空气悬架	中北大学
22	林下黄金——国际领先育苗技术 打造菌根共生体系	内蒙古科技大学
23	鲲鹏科技——水下船体检测机器人领军者	大连海事大学
24	豪宇精巧装备——自动化精巧制造技术引领者	大连理工大学
25	工源三仟——AI驱动的X-Ray在线自动检测	大连理工大学
26	恩沃电子——中国高端电声产品制造商	辽宁对外经贸学院
27	吉临时——玉米无麸质健康饮食推动者	北华大学
28	回声科技——全海域全场景水声通信技术领跑者	哈尔滨工程大学
29	振声测评——全球首创船舶振动噪声测试评估系统	哈尔滨工程大学
30	光谱脉动——航空特种透明材料开拓者	哈尔滨工业大学
31	传情达意——让机器手语翻译不再冰冷	黑龙江大学
32	柔性电池革命——高性能纤维电池产业化及智能织物开发	复旦大学
33	柔化科技——高精度柔性传感器引领者	华东理工大学
34	呼吸之检	上海大学
35	徕泽丰——超高精度难熔金属3D打印批量化生产领军者	上海交通大学
36	元立方——打造新一代虚拟交互平台	上海交通大学
37	慧眼逐明——眼眶病AI人脸识别筛查系统领航者	上海交通大学
38	筑升科技——phalanx道路塌陷隐患无损检测技术	上海交通大学
39	黑智科技——先进显示技术用黑色聚酰亚胺光刻胶	上海交通大学
40	吉尼斯世界纪录保持者"小丘"——全球首款可产业化的乒乓球机器人	上海理工大学
41	交通运输与电子产品功能界面材料	同济大学
42	"试"半"工"倍——工业软件全过程自动化测试工具	常州大学
43	溧天科技——"c端精品制造"跨境电商领跑者	常州大学
44	逸刻畅行——智能车速控制系统领航者	东南大学
45	光联华夏——光子太赫兹无缝融合通信开拓者	东南大学
46	探伤专家——水利工程智能缺陷检测设备领航者	河海大学
47	智膳菌群——中国首款体外胃肠道消化系统平台	江南大学
48	鲲华生物——高纯度、纯天然Omega-3鱼油产品引领者	江南大学
49	以废治废——清风"解"泥领航生态循环经济	江南大学
50	MaxWell——打造液态食品低温瞬时杀菌的"金钥匙"	江南大学
51	稻刈有道——全球首创再生稻收割机智能割台	江苏大学
52	希目莱斯——全球第四代核电螺旋换热管领航者	江苏大学
53	神机妙栽——中国全自动蔬菜移栽机领跑者	江苏大学
54	复合新材——真空轧制特种复材全球供应商	江苏科技大学

续表

序号	参赛项目	学校
55	明雀——让甲乙方合作更明确	南京大学
56	生命"原"泉：生命科学领域上游原料专业供应商	南京大学
57	南集智创——AI自动化模拟集成电路设计工具	南京大学
58	触膜未来——智能设计新型柔性透明聚酰亚胺材料	南京大学
59	"塑弊一清"——绿色包装材料领航者	南京工业大学
60	纯之源——原油脱盐脱水行业破局者	南京工业大学
61	御腾科技——汽车分布式线控转向领军者	南京航空航天大学
62	翰接未来——智能绿色"搅拌摩擦焊接"技术解决方案引领者	南京航空航天大学
63	以简驭繁——高能效近似计算芯片	南京航空航天大学
64	抒微智能——军工级车载MEMS激光雷达引领者	南京理工大学
65	怪零科技：Z世代人文餐饮"新物种"的缔造者	南京理工大学
66	光影流转——亿像素红外智能计算成像的开拓者	南京理工大学
67	纯光净能——新型光纤光栅引领强激光时代	南京理工大学
68	睿传精密——做中国滚动功能部件专精特新科技型"小巨人"企业	南京理工大学
69	智肥巧施——国内首创植物响应型聚多巴胺肥料缓释剂	南京林业大学
70	线虫克星——国际首创松材线虫病早期精准监测救治体系	南京林业大学
71	零醛温暖——全国首创地暖地板用无醛高性能胶黏剂	南京林业大学
72	佩印鉴客——全链路式数字版权护航者	南京信息工程大学
73	汇能新材——全球镀碳铝箔开创者	南京邮电大学
74	横扫纤军——超细径保偏光纤熔接设备	南京邮电大学
75	海"纳"百川——计算机纳米液冷系统供应商	杭州电子科技大学
76	步越辰芯——国内首家全自主毫米波通信芯片供应商	杭州电子科技大学
77	云传星控——智能慧感一站式解决方案奋行者	杭州电子科技大学
78	陶行科技——车用逆变电容材料领航者	宁波大学
79	烯荧彩视——国内首家绿色低蓝光碳基量子点发光薄膜供应商	宁波大学
80	蟹亿水产——高品质海蟹种业领军者	宁波大学
81	微纳光芯——数字3D世界缔造者	宁波大学科学技术学院
82	绿蔗新材——国内领先的高韧性全降解材料供应商	宁波工程学院
83	艾美特胰岛凝胶——60天高效保存胰岛细胞新载体	温州医科大学
84	智扣未来——国内首家数字化纽扣设计研发服务商	浙江财经大学
85	动次打次——配音全流程服务供应商	浙江传媒学院
86	万物皆可光谱—微纳精光微型光谱仪	浙江大学
87	谓尔：你的数字孪生守护者	浙江大学
88	常心安——双靶点甲基化高精准肠癌检测领航者	浙江工业大学
89	创式云科技——中国智能卫浴新旗舰	浙江科技学院

续表

序号	参赛项目	学校
90	寻音觅迹——新型光子拾音器	浙江科技学院
91	ROS 科技——与细菌病毒正面交锋的利刃	浙江理工大学
92	闪火科技有限公司——争做全球卓越的半导体供应商	安徽农业大学
93	智敏科技——食品无损智检系统先行者	合肥工业大学
94	明芯科技——打造全球高端功能湿电子化学品领军者	福州大学
95	丙申皮雕——皮雕工艺赋能就业，做不将就的中国皮具	三明学院
96	瞬捷科技：开拓智能制造新"视"界	厦门大学
97	木帷 VR——全球 VR 大健康产业解决方案领跑者	江西科技师范大学
98	宫立康——世界首款"金属靶向药物"抗 HPV 抑菌产品	江西科技师范大学
99	GlareLaser——超高速便携式激光雕刻机	江西理工大学
100	道尔顿——中国蓝牙耳机出海品牌探索者	江西师范大学
101	YOOSE 有色——中国设计驱动型个人护理第一潮牌	江西师范大学
102	殖虹除余——绿色环保循环经济新思路	景德镇陶瓷大学
103	百世流"酚"——高端环保农用医用药物制备所需阻聚剂的创新者	齐鲁工业大学
104	攻坚克"镧"——高端抗癌新药关键中间体生产催化剂的创新者	齐鲁工业大学
105	微探安行——高速列车承力结构早期微损伤超声感知技术领军者	山东大学
106	"易""堵"为快——世界首创的突涌水高效封堵材料	山东大学
107	"壳笼万污"——环保可再生贝壳吸附剂开拓者	山东大学（威海）
108	芯能利——面向边缘数据中心的模块化泵驱两相型热控方案领航者	山东大学（威海）
109	秸衣锁肥——秸秆基聚氨酯包膜肥料开拓者	山东农业大学
110	测测糖——医用级无创体外微汗血糖检测贴	山东协和学院
111	壹康牛宝——体外培育牛黄中药材产业化破局者	山东中医药大学
112	"智"糖先锋——全球海洋寡糖精准制造商	中国海洋大学
113	中兴智承——让中国速度更安全	河南科技大学
114	自由绘元宇宙——5G 时代一站式数字化家居软装新零售先锋者	湖北工业大学
115	光迹融微——新一代高性能激光雷达芯片领军者	华中科技大学
116	巨安储能——全球首创自分层液流储能系统	华中科技大学
117	博济慧眼——多光谱多模态融合术中精准导航智能内镜平台	华中科技大学
118	滴血验虫——基于 YoloV5 的高通量寄生虫传染病筛查平台	华中农业大学
119	及时图——高精度实时无人机测绘系统开创者	武汉大学
120	AntiE 安急易——遥感智慧应急监测技术先行者	武汉大学
121	激光焊锡——国产首创超精密微电子装联装备	武汉工程大学
122	华控科技——超微高精度热电控温器件国产化	武汉理工大学
123	烯波科技——航空航天轻质电磁屏蔽材料领航者	武汉理工大学
124	覆兴科技——高频覆铜板核心供应商	武汉理工大学

续表

序号	参赛项目	学校
125	高效地膜回收机——专注新疆棉田"白色污染"治理	长江大学
126	"电磁哨兵"——无线电频谱监测领航者	国防科技大学
127	薪火芳华	湖南大学
128	智慧金刚石——全球高性能传感检测器件领航者	中南大学
129	高性能氧化铝弥散强化铜合金产业化	中南大学
130	锂工正极——首创低耗生产磷酸铁锂助力碳中和	东莞理工学院
131	同梦艺术——幼小初 OMO 智慧音乐课后服务领航者	东莞理工学院
132	潜力无限——国内首创水下多场景检测机器人	广州大学
133	光影慧齿——增材制造陶瓷义齿领航者	华南理工大学
134	强芯科技——5G 体声波滤波器国产化开拓者	华南理工大学
135	一鸣惊人——文化自信赋能跨文化品牌传播	华南理工大学
136	派康医疗——新型精准影像诊断技术的开拓者	华南师范大学
137	星瀚医疗科技——全肝型生物人工肝拓荒者	南方医科大学
138	纹藏——中国纹样数据库	深圳大学
139	年轻人的第一台厨房小家电	五邑大学
140	九天"缆"月——新一代冷缩电缆接头先行者	广西大学
141	闪飞——无人机自动机库引领者	广西师范大学
142	做你的"兰"朋友——全国优质血叶兰规模化种植体系开创者	海南大学
143	愈肤佳——慢性创面功能敷料的开拓者	西南大学
144	木苏新材,废液重生——减碳降塑新方案	西南大学
145	珩明科技——变电站智能化故障检测引领者	重庆大学
146	无"微"不至——远距离微波式无线输能装备	重庆大学
147	自然之眼——基于天然材料的健康智能隐形眼镜	重庆大学
148	速离科技	重庆大学
149	畅海科技	重庆大学
150	尼奥云——能源站全周期资产运营商	重庆大学
151	元创世界——元宇宙 3D 数字内容"一键"创造者	重庆大学
152	咪狐动画——数字化动画营销品牌引领者	重庆三峡学院
153	骨关节延寿专家——世界首个超润滑载药微球	重庆医科大学
154	Deinker——中国办公废纸绿色节能的先行者	电子科技大学
155	天曜国芯——国产高节能 5G 基站射频模组拓路者	电子科技大学
156	哮天犬——中国网络安全守护神	四川大学
157	节骺新生——开辟恒久关节假体高效定制新纪元	四川大学
158	黑柔科技——新型柔性显示电路板	四川大学
159	氢芯——氢能动力智能管理系统领航者	西南交通大学

续表

序号	参赛项目	学校
160	创创科技——消费级数字人生产领航者	贵州师范学院
161	Zoom 酵真——以五控三相发酵工艺革新咖啡产业的中国力量	云南财经大学
162	喜藏大院—古旧器物改造与产品研发	西藏大学
163	天和——开启军工智能制造安全数据守护的"芯"时代	陕西科技大学
164	西安迈瑞驰石油科技有限公司——油气井压裂工具的领跑者	西安交通大学
165	康谱氢能——压缩机的全生命周期健康管理者	西安交通大学
166	博志金钻——功率芯片封装器件领跑者	西安交通大学
167	知识森林——智慧教育的知识引擎	西安交通大学
168	知微传感——芯片化扫描的3D机器视觉	西北工业大学
169	陇原氢工——"新产氢"行业领跑者	兰州大学
170	印樾时代——引领光伏电站高效运维新变革	兰州理工大学
171	用于骨组织工程的矿化胶原支架（Col-CMC/nHA）	青海师范大学
172	光智科技——高效检测废水中重金属离子技术推动者	宁夏大学
173	华云管泰——中华大地油气管网的私人医生	中国石油大学（北京）克拉玛依校区
174	数智惠农．用数字赋能棉花产业高质量发展	石河子大学

自第四届大赛开始，主办方增设"青年红色筑梦之旅"赛道，该赛道主要致力于走进革命老区、偏远山区和城乡社区，聚焦脱贫攻坚，助力乡村振兴。第八届中国国际"互联网+"大学生创新创业大赛总决赛"青年红色筑梦之旅"赛道金奖获奖名单见表9-9。

表9-9 第八届中国国际"互联网+"大学生创新创业大赛总决赛
"青年红色筑梦之旅"赛道金奖获奖项目

序号	参赛项目	学校
1	大猫谷：三江源的第一次拥"豹"	北京大学
2	智农疆棉——科技捍卫新疆棉，打赢国际"贸易战"	北京科技大学
3	宇宙八音盒	清华大学
4	护花使者——鲜花品质守护者	中国农业大学
5	京硒子——富硒特色农业的引领者	中国农业大学
6	猪源动力——世界机器人化克隆先行者，中国乡村产业振兴"猪"动力	南开大学
7	黔程无忧——扶智教育助力乡村旅游的智慧发展之路	天津大学
8	红医摇篮——源自红军的人民医疗团	中国医科大学
9	樱为侬——车厘子新型栽培模式一体化服务	上海交通大学
10	源虻未来——餐厨垃圾全量资源化领跑者	南京大学
11	黄金桂——打造金箔产业振兴新范式	南京理工大学

续表

序号	项目名称	学校
10	牛角瓜——助力西南地区振兴的"瓜坚强"	苏州大学
11	黄金桂——打造金箔产业振兴新范式	南京理工大学
12	果然莓好	南京林业大学
13	厚土金田——双炭新模式助力土壤提质增效	南京林业大学
14	"渔"杰冰清——护江使者振兴先锋	南京农业大学
15	益土缘——土壤修复行业的领航者	南京师范大学
16	昆虫工场——助力碳中和：面向未来的循环经济示氾园	浙江大学
17	视界科技——以数字化重构盲文信息获取底层逻辑	浙江大学
18	聆听心声——新生儿先天性心脏病一体化筛查的AI专家	浙江大学
19	智茶科技——名优茶智能采摘机器人技术领域开拓者	浙江理工大学
20	生命相髓——赋能中国造血干细胞捐献推广公益新模式	温州医科大学
21	如果心选——利他共生的果业新生态的构建者	杭州师范大学
22	共同富郁——千年温郁金全新换代·引领乡村兴共同富裕	杭州师范大学
23	海瓯翼行——成功"讲好中国故事"，海外传播第一民聚力	温州大学
24	手有鱼香——全国首创香鱼规模化繁育	宁波大学
25	逐梦青农人——黄淮海小麦提质增效公益服务团	安徽农业大学
26	尾矿制砂——科技赋能矿区乡村振兴	江西理工大学
27	华晶优质稻——全球领先的高抗优质稻助力乡村振兴	江西农业大学
28	麦麦相承——小麦健康的守护神	山东农业大学
29	以嘀治虫：果蔬地下害虫生物防治引领者	山东农业大学
30	山农酥梨——优质晚熟梨新品种推广助力乡村振兴	山东农业大学
31	启明智能助盲信息辅具——让"视"界充满AI	华中科技大学
32	林下赋能，道地药材健康产业助力乡村振兴	华中科技大学
33	AI宝贝：让寻亲不再孤单	华中科技大学
34	智惠农耀——开创国内绿色农药创制CRO服务，助力农业绿色振兴发展	华中师范大学
35	智渔时代"兴"有鱼力，使命必达	中山大学
36	声海——讲好家国故事，"话"出湾区青年同心圆	暨南大学
37	构建"碳中和新乡村"，共育生态资源资产化的"绿金山"	华南理工大学
38	南香堂——中国药用沉香领跑者	广东轻工职业技术学院
39	硅根结蒂——新型生物硅肥开拓者	重庆大学
40	声律启蒙，启迪"心"声——AI工具辅助疗愈自闭症儿童引领者	西南大学

续表

序号	项目名称	学校
41	姜来可期——高品质菜姜托起农民致富梦	重庆文理学院
42	牧童游乡村旅游网——乡村振兴的践行者	重庆理工大学
43	Ai 笑少年——青少年正畸点亮乡村微笑	四川大学
44	癌早知——"三早"肿瘤防治新模式赋能乡村医疗振兴路	四川大学
45	一言为"啶"——捍卫国家粮食安全，农业创新药"异唑虫嘧啶"的探索与应用	贵州大学
46	一根红绳——中国视障青少年燃梦计划发起者	贵州师范学院
47	蛋为人鲜——引领鸡蛋全产业链升级变革	西北大学
48	驭光益农——西北黄土地的净水者	西安交通大学
49	共赴牧业——奶山羊智慧养殖开创者	西安电子科技大学
50	迅建科技——装配美丽乡村，打造中国现代农居新标杆	西安建筑科技大学

职教赛道参赛者为职业院校学生、国家开放大学学历教育学生，参赛项目与高教主赛道有较大区别，主要聚焦在各类技术的完善与应用上。第八届中国国际"互联网+"大学生创新创业大赛总决赛职教赛道金奖获奖项目见表 9-10。

表 9-10 第八届中国国际"互联网+"大学生创新创业大赛总决赛
职教赛道金奖获奖项目

序号	项目名称	学校
1	黄金卵——国内鱼虾苗顶级饵料磁孵化先锋	天津职业大学
2	致橡树中国高端橡苗制造专家	临汾职业技术学院
3	"粪"发有为——奶牛养殖场资源化利用开拓者	内蒙古商贸职业学院
4	巡智文化—基于数字文创的中华文化焕新破壁者	国家开放大学上海分部
5	"液"目了然——液态自变焦芯片金线检测技术开拓者	无锡职业技术学院
6	智焊大师——工匠利器	江苏海事职业技术学院
7	荣达兴科技	苏州经贸职业技术学院
8	墨北传媒	苏州经贸职业技术学院
9	特种高效"钢铁缝纫机"——窄间隙双丝焊	江苏航运职业技术学院
10	砖头侠——中国古砖供应链第一品牌	江苏电子信息职业学院
11	"孟"起江南营匠心——做守正创新的江南园林营造专家	苏州农业职业技术学院
12	"职"为有你——专注蓝领高质量就业的先行者	徐州工业职业技术学院
13	工业互联网关当先——工业智能网关领跑者	常州机电职业技术学院
14	冰溃神速高压线缆破冰先行者	扬州工业职业技术学院
15	神机妙收——叶菜全自动收获机行业新变革	扬州工业职业技术学院

续表

序号	项目名称	学校
16	歆亮科技——高精度微电机介子智能高效装配机	宁波职业技术学院
17	华冰科技——国内首创自吸水冷链保鲜冰袋供应商	浙江经贸职业技术学院
18	芸香生物科技——中草药精油原料引领者征战千亿蓝海	衢州职业技术学院
19	弥贝电气——全自动微型互感器生产线引领者	温州科技职业学院
20	护海神针——国之重器水泵行业护航方案领军者	国家开放大学宁波分部
21	净澈科技——含铜废水净水工程领航者	江西环境工程职业学院
22	赣茶1号——中国茶树菇新品种	江西应用技术职业学院
23	暗影明辉——数据流通与存储安全的破壁者	山东水利职业学院
24	爱清——非侵入式宫颈癌早筛HPV自检试纸	山东协和学院
25	小智云商	山东电子职业技术学院
26	锐泰新材——新一代巨型轮胎循环使用专家	国家开放大学青岛分部
27	易蓿——家庭教育创意学习工具引领者	国家开放大学青岛分部
28	声临其境——打造中国高端量产电子管音响轻奢品牌	河南职业技术学院
29	止轮止患——新一代智能防溜止轮器	郑州铁路职业技术学院
30	小城"菇"事:随沃种出致富路	襄阳职业技术学院
31	路桥隧坡智能防灾感知系统	湖南交通职业技术学院
32	安固子母牙防松螺纹——国际首创,颠覆美/日防松技术	广东轻工职业技术学院
33	桥帮主	深圳职业技术学院
34	膀检专家	深圳职业技术学院
35	南洋水产——中国虹苗智能培育第一品牌	广州番禺职业技术学院
36	铁巡卫士007柬铁路智能巡"线"机器人的开拓者	广州铁路职业技术学院
37	卫康小帅——大型中央空调风道清洁智能机器人领先者	国家开放大学广州分部
38	"智动"科技——磁流变液线控技术缓速先行者	柳州职业技术学院
39	智"扭"护航——国内领先的轨枕螺栓高精度智能检测与检修设备	重庆电子工程职业学院
40	当机立断——保障5G基站用电设备安全的智能无弧断路器	重庆电子工程职业学院
41	电迹云踪	重庆电子工程职业学院
42	数字"法医"——电子数据取证行业的践行者	重庆电子工程职业学院
43	最简包装——环保包装的践行者	重庆城市管理职业学院
44	新系物联——工业互联网底层数据交互领航者	重庆工程职业技术学院
45	龙莹九天——应急通信设备研发的忠诚卫士	成都职业技术学院
46	拓蜂农业——国内高密度人工养殖胡蜂解决方案的开创者	云南经济管理学院

续表

序号	项目名称	学校
47	微肥护航，绿色生态促成长——新型节肥增效专家	杨凌职业技术学院
48	"芯"移物换——动力电池梯次利用引领者	陕西国防工业职业技术学院
49	烙上花开工坊	乌鲁木齐职业大学
50	培育中国纯血马，弘扬中华马文化	国家开放大学新疆分部

第二节 "挑战杯"中国大学生创业计划竞赛

"挑战杯"中国大学生创业计划竞赛是由共青团中央、中国科协、教育部、全国学联主办的大学生课外科技文化活动中一项具有导向性、示范性和群众性的创新创业竞赛活动。

一、"挑战杯"中国大学生创业计划竞赛简介

"挑战杯"中国大学生创业计划竞赛每两年举办一届。根据参赛对象，分普通高校、职业院校两类。设科技创新和未来产业、乡村振兴和脱贫攻坚、城市治理和社会服务、生态环保和可持续发展、文化创意和区域合作五个组别。竞赛的宗旨为培养创新意识、启迪创意思维、提升创造能力、造就创业人才。竞赛方式分校级初赛、省级复赛、全国决赛。校级初赛由各校组织，广泛发动学生参与，遴选参加省级复赛项目。省级复赛由各省（自治区、直辖市）组织，遴选参加全国决赛项目。全国决赛由全国组委会聘请专家根据项目社会价值、实践过程、创新意义、发展前景和团队协作等综合评定金奖、银奖、铜奖等项目。大赛期间组织参赛项目参与交流展示活动。"挑战杯·创青春"全国大学生创业大赛前身为自1999年起举办的"挑战杯"中国大学生创业计划竞赛，2014年，"挑战杯"中国大学生创业计划竞赛改革为"创青春"全国大学生创业大赛。

二、"挑战杯"中国大学生创业计划竞赛项目参赛组别

参赛项目申报按普通高校和职业院校分类申报，每所学校限参加一类。聚焦创新、协调、绿色、开放、共享五大发展理念，设5个组别。

(1) 科技创新和未来产业：突出科技创新，在人工智能、网络信息、生命科学、新材料、新能源等领域，结合实践观察设计项目。

(2) 乡村振兴和脱贫攻坚：围绕实施乡村振兴战略和打赢脱贫攻坚战，在农林牧渔、电子商务、旅游休闲等领域，结合实践观察设计项目。

(3) 城市治理和社会服务：围绕国家治理体系和治理能力现代化建设，在政务服务、消费生活、医疗服务、教育培训、交通物流、金融服务等领域，结合实践观察设计项目。

(4) 生态环保和可持续发展：围绕可持续发展战略，在环境治理、可持续资源开发、

生态环保、清洁能源应用等领域，结合实践观察设计项目。

（5）文化创意和区域合作：突出共融、共享，紧密围绕"一带一路"和"京津冀""长三角""粤港澳大湾区""成渝经济圈"等经济合作带建设，在工艺与设计、动漫广告、体育竞技和国际文化传播、对外交流培训、对外经贸等领域，结合实践观察设计项目。

三、"挑战杯"中国大学生创业计划竞赛奖项设置

全国评审委员会对各省（区、市）报送的参赛作品进行复审，评出参赛作品总数的90%左右进入决赛。竞赛决赛设金奖、银奖、铜奖，各等次奖分别约占进入决赛作品总数的10%、20%和70%；各组参赛作品获奖比例原则上相同。全国评审委员会将在复赛、决赛阶段，针对已创业（甲类）与未创业（乙类）两类作品实行相同的评审规则；计算总分时，将视已创业作品的实际运营情况，在其实得总分基础上给予1%~5%的加分。

参加全国终审决赛的作品，确认资格有效的，由全国组织委员会向作者颁发证书，并视情况给予奖励。参加各省（区、市）预赛的作品，确认资格有效而又未进入全国竞赛的，由各省（区、市）组织协调委员会向作者颁发证书。

竞赛设20个左右的省级优秀组织奖和进入决赛高校数30%左右的高校优秀组织奖，奖励在竞赛组织工作中表现突出的省份和高校。优秀组织奖的评选主要依据为网络报备作品的数量和进入决赛作品的质量。省级优秀组织奖由主办单位评定，报全国组织委员会确认。高校优秀组织奖由各省（区、市）组织委员会提名，主办单位评定后报全国组织委员会确认。在符合"挑战杯"中国大学生创业计划竞赛章程有关规定的前提下，全国组织委员会可联合社会有关方面设立、评选专项奖。

四、"挑战杯"中国大学生创业计划竞赛的参赛资格与作品申报

"挑战杯"中国大学生创业计划竞赛参赛资格需满足以下两点：第一，凡在举办竞赛终审决赛的当年7月1日以前正式注册的全日制非成人教育的各类高等院校在校专科生、本科生、硕士研究生和博士研究生（均不含在职研究生）都可参赛。第二，参加竞赛作品分为已创业（甲类）与未创业（乙类）两类；分为农林、畜牧、食品及相关产业，生物医药、化工技术、环境科学、电子信息、材料、机械能源、服务咨询等7组。实行分类、分组申报。拥有或授权拥有产品或服务，并已在工商、民政等政府部门注册登记为企业、个体工商户、民办非企业单位等组织形式，且法人代表或经营者为符合第一条规定的在校学生、运营时间在3个月以上（以预赛网络报备时间为截止日期）的项目，可申报已创业类（甲类）。拥有或授权拥有产品或服务，具有核心团队，具备实施创业的基本条件，但尚未在工商、民政等政府部门注册登记或注册登记时间在3个月以下的项目，可申报未创业类（乙类）。

"挑战杯"中国大学生创业计划竞赛参赛形式以学校为单位统一申报，以创业团队形式参赛，原则上每个团队人数不超过10人。跨校组队参赛的作品，各成员须事先协商明确作品的申报单位。经授权的发明创造或专利技术，在报名时需提交具有法律效应的发明创造或专利技术所有人的书面授权许可、作品鉴定证书、专利证书等。对于已注册运营项目的，在

报名时需提交相关证明材料（含单位概况、法定代表人情况、营业执照复印件、税务登记证复印件、组织机构代码复印件等材料）。

参赛作品涉及下列内容时，必须由申报者提供有关部门的证明材料，否则不予评审。动植物新品种的发现或培育，须有省级以上农科部门或科研院所开具证明。

（1）国家保护动植物的研究，须有省级以上林业部门开具证明，证明该项目在研究过程中未产生对所研究的动植物繁衍、生长产生不利的影响。

（2）新药物的研究须有卫生行政部门授权机构或具有同等资质机构的鉴定证明。

（3）医疗卫生研究须通过专家鉴定，并最好附有在公开发行的专业性杂志上发表过的文章。

（4）涉及燃气用具等与人民生命财产安全有关用具的研究，须有国家相应行政部门授权机构的认定证明。

每个学校选送参加主体竞赛的作品总数不得超过3件（专项竞赛名额另计），每人（每个团队）限报1件。参赛作品须经过本省（区、市）组织协调委员会进行资格及形式审查和本省（区、市）评审委员会初步评定，方可上报全国组织委员会办公室。各省（区、市）选送全国竞赛的作品数额由主办单位统一确定①。

拓展阅读 9-1

> 2008年的一天晚上，还在上海交通大学机械与动力工程学院读硕士一年级的张旭豪和室友一边打游戏一边聊天，他突然感到饿了，打电话到餐馆叫外卖，这些餐馆要么打不通电话，要么不送。
>
> 创业就这样从不起眼的送外卖服务开始了。张旭豪和康嘉等同学一起，将交大闵行校区附近的餐馆信息搜罗齐备，印成一本"饿了么"的外送广告小册子在校园分发，然后在宿舍接听订餐电话。接到订单后，他们先到餐馆取快餐，再送给顾客。2008年9月，"饿了么"团队开始研发订餐网络平台，他们用"ele.me"（"饿了么"的汉语拼音）组成，网站订餐可按需实现个性化功能，比如顾客输入所在地址，平台便自动测算周边饭店的地理信息及外送范围，并给出饭店列表和可选菜单。
>
> 为了给网站造势，张旭豪不停地参加各种创业大赛，以扩充创业资金。2009年10月，"饿了么"网站在上海慈善基金会和觉群大学生创业基金联合主办的创业大赛中，获得最高额度资助10万元全额贴息贷款。2009年12月，网站在欧莱雅大学生就业创业大赛上，获得10万元冠军奖金……通过创业竞赛，团队总共赢得了45万元创业奖金，获得资金的"饿了么"如鱼得水。到2009年年底，订餐平台已拥有50家餐厅进驻，日均订餐交易额突破万元。2010年5月，网站2.0版本成功上线，2010年11月，手机网页订餐平台上线，到2015年，获得E轮融资，拥有几千名员工，服务范围也从上海交大周边快速扩展到全国250个城市。过去10年，张旭豪把一家叫"饿了么"的外卖服务平台，从一文不名的大学生创业公司，带到95亿美元估值并出售给阿里巴巴，这是中国互联网迄今全现金收购的最大一笔。

---

① 竞赛组委会. "挑战杯"中国大学生创业计划竞赛章程［EB/OL］.（2020-07-08）［2021-02-01］. http://www.tiaozhanbei.net/rules2.

第十章　改变我们生活的创业者

【章节目标】

素质目标

(1) 了解当代优秀创业者们的创业故事。
(2) 了解成功创业者们所具备的特征与素养。
(3) 形成对创业的正确认知,养成锲而不舍、勇于探索实践的精神。

第一节　马云:数字经济创新者

人物简介 10-1

> 马云,1964 年出生,浙江杭州人,阿里巴巴集团主要创始人,"影响中国"2017 年度教育人物、数字经济的创新者、"福布斯终身成就奖"获得者,荣获"改革先锋"荣誉称号。

2018 年 12 月 18 日,庆祝改革开放 40 周年大会在北京隆重举行,阿里巴巴创始人马云(如图 10-1 所示)获"改革先锋"荣誉称号,被誉为数字经济的创新者。马云创办过翻译社,倒腾过义乌小商品,经营过计算机公司,开办了"中国黄页"网站……在创业初期,马云曾四处碰壁。

1999 年的教师节,马云在杭州居民小区创立了阿里巴巴(阿里巴巴图标如图 10-2 所示)。起步的时候是 18 个人,50 万元资金。创业之初,阿里巴巴主攻 B2B 业务,让大量的中小企业得以第一次通过互联网寻找海外需求,达成出口业务。随着"中国制造"加速开拓海外市场,阿里巴巴也迅速成为全球最大的 B2B 平台。2003 年,阿里巴巴成立了淘宝网,开展 B2C 业务。2004 年,为了解决淘宝交易中的信任问题,阿里巴巴又创设了支付宝。从商品信息获取到支付安全,一套完整的电商服务体系开始形成,也让网购成为千家万户的生活方式。2014 年阿里巴巴在纽交所上市,成为美股史上最大 IPO。

阿里巴巴集团打造了全球最大电子商务平台,年交易额达数万亿元,成为拉动内需巨大推动力的阿里巴巴集团经营多项业务,另外也从关联公司的业务和服务中取得经营商业生态系统上的支援。公司业务和关联公司的业务包括淘宝网、天猫、聚划算、全球速卖通、阿里巴巴国际交易市场、1688、阿里云、蚂蚁金服、菜鸟网络等,打通了从网络购物平台、移动支付、物流体系到云仓的数字化电子商务体系。目前,支付宝不仅与相关电商平台进行了深度合作,实现了网上购物和支付安全;更通过与水、电、燃气等运营商的对接,实现了足不出户即可完成缴费;同时,支付宝与线下各种商业体的对接也使消费者出门不再需要携带现金;不少城市也已经实现了利用支付宝扫码支付公共交通工具的乘车费用。支付宝已经成为上至八九十岁的老人,下至四五岁的孩子都能够熟练掌握和使用的生活工具。支付宝应用场景如图10-3所示。

图 10-1　马云

图 10-2　阿里巴巴图标

图 10-3　支付宝应用场景

马云带领着他的企业,极大地改变了中国的经济形态,将传统的线下经济转变成为网络线上经济。他所创造的淘宝、天猫、支付宝等应用,直接改变了人们的消费习惯和消费模式,让无数人体会到足不出户就能享受购物的便利以及带着手机就能在绝大多数地方消费的舒适体验。

如今的阿里巴巴已发展成为一个巨大的商业体,其年营收超过5万亿元,成功跻身世界顶级企业前20名,也为无数商家、百姓创造了就业机会,就以快递行业来说,间接为快递行业创造了3 000万个就业岗位。2019年5月10日,马云等17位全球杰出人士被联合国秘书长古特雷斯任命为新一届可持续发展目标倡导者。2019年10月，马云入选2019福布斯年度商业人物之跨国经营商业领袖名单。2020年9月30日起，马云不再担任阿里巴巴集团董事。

人物说 10-1

> 在我看来有三种人：生意人，创造钱；商人，有所为，有所不为；企业家，为社会承担责任。企业家应该为社会创造环境。企业家必须有创新的精神。
>
> 创业者光有激情和创新是不够的，它需要很好的体系制度团队以及良好的盈利模式。

第二节 任正非：5G生活引领者

人物简介 10-2

> 任正非，1944年出生，贵州省安顺市镇宁县人，华为技术有限公司主要创始人兼总裁。他获评"2020年中国最具影响力的50位商界领袖"，"2020中国品牌人物500强"排名第二位，入选改革开放40年百名杰出民营企业家。

图 10-4　任正非

1944年10月25日，任正非（如图10-4所示）出生于贵州省安顺市镇宁县一个贫困山区的小村庄，家中还有兄妹6人，父亲任摩逊是乡村中学教师，即使家境贫寒，父母仍然坚持让孩子读书。1963年，任正非就读于重庆建筑工程学院（已并入重庆大学），大学毕业后入伍，1983年，随着国家整建制撤销基建工程兵，任正非复员转业至深圳南海石油后勤服务基地。1987年，43岁的任正非与几个志同道合的中年人用凑来的2万元创立了华为公司。当时，可能谁都没有想到，这家诞生在一间破旧厂房里的小公司，即将改写中国乃至世界通信制造业的历史。

创立初期，华为的主要业务是代理交换机，生意还不错。但任正非发现，交换机代理市场竞争越来越激烈，公司超过400家，故决定自主研发交换机，为此，他押上全部身家，又去借钱，利息高达20%~30%。终于在公司崩溃前，研发出拥有自主产权的交换机。后来华为快速发展，但好景不长，2000年，任正非的爱将出走，拉走大批研发人员成立新公司抢夺国内市场，员工在风险资本的鼓动下企图窃取公司技术。2002年，公司出现第一次负增长。2003年，思科起诉华为侵犯知识产权。公司内外交困，母亲又车祸身亡，但任正非没有被击垮，他联合美国3COM公司抵御住了思科的起诉，并用"零利润"击败竞争对手，华为渡过难关。2009年，华为成为全球第二大电信设备商，但很快，华为遭到全球围堵。

印度禁止进口华为产品、欧盟发起反倾销调查、华为海外收购接连失败。2010年，任正非决定，从2B走向2C，推出华为手机，并取得成功。

2016年5月30日，时任华为总裁的任正非在全国科技创新大会上发表了题为《以创新为核心竞争力为祖国百年科技振兴而奋斗》的报告，他提道："随着逐步逼近香农定理、摩尔定律的极限，而对大流量、低时延的理论还未创造出来，华为已感到前途茫茫、找不到方向。华为已前进在迷航中。"2018年3月22日，华为投资控股有限公司发布公告，任正非不再担任华为副董事长，变为董事会成员，并于2020年4月10日退出公司董事。华为的产品与业务如图10-5所示。

产品			服务	行业解决方案
联接	**云与计算**		运营商网络服务	华为云行业解决方案
运营商网络	华为云	鲲鹏通用计算产业	企业网络服务	电信行业
企业无线	计算	昇腾AI计算产业	华为云专业服务	数字政府
企业网络	数据存储			智慧园区
企业光传送与接入	机器视觉			交通行业
	智能协作			电力行业
				金融行业

图10-5 华为的产品与服务

2019年，华为帮助全球35家已商用5G的运营商打造5G精品网；华为（含荣耀）智能手机市场份额达到17.6%，稳居全球前二（IDC）；5G手机市场份额全球第一（Strategy Analytics）；华为云已上线200多个云服务以及190多个解决方案，300多万企业和开发者基于华为云进行云端开发；发布兼容ARM的处理器鲲鹏920，推出基于鲲鹏920的TaiShan系列服务器产品和云服务；发布人工智能原生（AI-Native）数据库GaussDB和业界性能第一的分布式存储FusionStorage 8.0；发布最强算力AI芯片昇腾910、全场景AI计算框架MindSpore，推出全球最快AI训练集群Atlas 900及华为云昇腾集群服务；正式发布智简全光网战略，携手上下游产业链重新定义光产业；发布下一代分布式多端智慧化操作系统鸿蒙，为消费者带来跨终端无缝协同体验，满足了全场景智慧时代对操作系统提出的新要求；全面开放HMS（华为移动服务），使全球开发者能便捷、快速地接入HMS生态进行应用创新，实现生态共享，全球集成HMS Core的应用数量已超过5.5万款；华为应用市场（AppGallery）服务于全球170多个国家及地区，全球月活用户超4亿，上架应用持续快速增长。

如今，华为约有19.4万名员工，业务遍及170多个国家和地区，服务30多亿人口，已经成长为全球领先的ICT（信息与通信）基础设施和智能终端提供商，致力于把数字世界带入每个人、每个家庭、每个组织，构建万物互联的智能世界：让无处不在的连接，成为人人平等的权利；为世界提供最强算力，让云无处不在，让智能无所不及；所有的行业和组织，因强大的数字平台而变得敏捷、高效、生机勃勃；通过AI重新定义体验，让消费者在家居、办公、出行等全场景获得极致的个性化体验。华为的使命如图 10-6 所示。

图 10-6　华为的使命

2019 年下半年，根据全球知名数据分析公司 Global Data 发布的《5G 接入网（RAN）竞争力分析报告》，华为 5G RAN 竞争力综合排名第一，独家蝉联全球"5G RAN 领导者"：华为拥有 94 款支持 5G 的射频产品，5G RAN 射频产品支持 35 个 NR 频段，5G 射频产品规格业界最全；华为 5G RAN 在传统的工程安装维度（如重量、体积等方面）具有绝对领先优势，也具备多种创新解决方案，可部署性业界最佳；华为 BBU（基带处理单元）能力业界最强，极致的 BBU 容量能力有助于确保运营商基础设施投资，可应对未来流量增长。

人物说 10-2

> 我们今天可能要碰到的问题，在 10 多年前就有预计。我们已经准备了十几年，不是完全仓促、没有准备地应对这个局面。这些困难对我们会有影响，但影响不会很大，不会出现重大问题。
>
> 任何一个国家、任何一个民族，都必须把建设自己祖国的信心建立在信任自己的基础上，只有在独立自主的基础上，才会获得平等与尊重。

第三节　张小龙：生活方式改变者

人物简介 10-3

张小龙，1969 年出生，湖南省邵阳市洞口县人，Foxmail、微信创始人，腾讯公司高级副总裁，"微信之父"，被《华尔街日报》评为"2012 中国创新人物"。2020 年 12 月 18 日入选"2020 中国品牌人物 500 强"。

时至今日，每天有 10.9 亿用户打开微信，3.3 亿用户进行视频通话；有 7.8 亿用户进入朋友圈，1.2 亿用户发表朋友圈，其中照片 6.7 亿张，短视频 1 亿条；有 3.6 亿用户阅读公众号文章，4 亿用户使用小程序。一系列数据表明，微信已不再是一个社交程序，它已融入我们的生活。张小龙（如图 10-7 所示）带着他的微信用自己的方式悄然改变着我们的生活方式。

2010 年 10 月，免费发短信的手机应用 Kik 上线，短短半个月就拥有了 100 万用户。看到这款软件后，张小龙给马化腾写了封邮件建议开发移动社交软件。经过一年多的构思和准备，以及团队的组建和策划，2010 年 11 月 20 日，腾讯微信正式立项，由张小龙全权负责。2011 年年初，微信 IOS 版上线。同时，微信开始增加一些更人性、更灵活的功能，查找附近的人、朋友圈、摇一摇……

图 10-7　张小龙

他们万万不曾想到，后来微信竟逐渐改变了人们原有的交往方式。精准定位后，张小龙开始引导与满足用户对互联网时代交往的新需求。第一，微信满足了用户对便捷通话的需求，微信 2.0 即推出了语音通信功能，并促使了用户的较快增长。第二，微信还满足了用户的交友需求，"附近的人"一上线，微信用户即迎来了爆发性增长；"摇一摇"上线后，初期每天启动量超过 1 亿次。第三，满足用户分享、反馈的需求，在用户达到 1 亿后，微信推出了"朋友圈"，目前，"朋友圈"已成为展示、分享、了解的平台，人们可以通过朋友圈关注自己的朋友近况和动态，也可以通过朋友圈分享自己的经历、心得、心情，并寻求认同或解决方案。第四，微信满足了用户实现自我价值的需求，"再小的个体，也有自己的品牌"。于是，我们在朋友圈看到了许多的商品介绍广告，并基于对朋友的信任做出消费决策；同时，微信也推出了个人和企业的"公众号"，公众号赋予了更多的功能，如发送推文、查询信息、预约服务等；微信还可以利用大数据进行针对目标人群的广告服务，各种小程序的开发也给消费者和商家提供了更多的便利。第五，微信还满足了人们对于不同形式的便利支付的需求，亲朋好友结婚无法前往，不需要对方银行卡账号，只需要添加了微信好友，可以通过转账的方式表达自己的祝贺；日常节日的时候，也可以通过微信红包表示自己对亲友的谢意；出门购物的时候，也不用带现金，因为许多线下商家都支持微信支付。2016 年 6 月，微信用户超过 8 亿。微信已不再只是一个工具，而真正成了一种生活方式，一个可以满足社交、情感、自我实现等相关需求的地方。复杂的东西都是脆弱的，极简才能不被超越——这是张小龙的理念。微信的产品和服务如图 10-8 所示。

如何才能做到极简？张小龙把自己当作傻瓜。只有傻瓜都会用的东西，才是极简的。所以微信的极简体现在两个方面。第一，不用人教你也会用；第二，把复杂功能简单化。大部分创新都是把问题复杂化，扩大事物的外延，深化其内涵，但张小龙的创新一直是化繁为简。张小龙的一句狠话是：口碑！口碑！口碑！他对微信细节的苛求令工程师们恐惧，大到一个按钮应该在左边还是右边，小到一个图像差了几个像素，都是他需要考虑很久的问题。他不允许产品出现任何瑕疵，每款产品，都经过成百上千遍修改才被允许上线。2020 年 3

图 10-8　微信的产品和服务

月，微信及 WeChat 的合并月活跃账户数 11.65 亿个，同比增长 6.1%。通过植入一些小程序，微信进一步融入了人们的日常生活，为人们的生活便利、交友购物提供了更多的服务，也得到了很好的用户反馈，人们的生活方式也在不经意间发生了很大的变化。微信应用的场景如图 10-9 所示。

图 10-9　微信应用场景

种种数据表明，微信在我们的生活中活跃着。很多人在平常的一天时不时拿起手机看看有没有新的信息，然后刷一下朋友圈，或者空闲时看看关注的公众号是否有新的文章推送。和家人、同学、同事联系，你可以不打电话，可以不发短信，但不可能不用微信。闺蜜群、兄弟群、一家亲以及各种工作群不是大家陌生的名字，连说爱你的方式也变得容易，520 足以表达你的心。微信改变着我们的沟通方式、交流方式、社交方式、营销方式、推广方式、娱乐方式、支付方式，改变着我们的生活方式。

人物说 10-3

用户价值第一位是微信平台里最重要的因素。再小的个体也有自己的品牌,我们应该尽可能让商业化存在于无形之中。好的商业化应该是不骚扰用户,并且是只触达它需要触达的那一部分用户。我们是希望建造一片森林,而不是说我们要建造一个自己的宫殿出来。

第四节 张一鸣:美好生活"记录者"

人物简介 10-4

张一鸣,1983年出生,福建省龙岩市永定区人,北京字节跳动科技有限公司创始人、CEO,今日头条创始人、原CEO。入选"改革开放40年百名杰出民营企业家",2019年上榜"福布斯全球亿万富豪榜",2020年获评"中国最具影响力的50位商界领袖",中国国内互联网行业最受关注的青年领袖之一。

2001年,张一鸣(如图10-10所示)进入南开大学,先后就读于微电子和软件工程专业。他在大四时编写的电路板自动化加工软件PCBS曾获得"挑战杯"二等奖,大学期间以创始人、合伙人等方式直接参与了多家公司的创业。2005年大学一毕业,他就组建团队开发一款面向企业的IAM协同办公系统,但产品的市场定位失误导致创业失利。2006年2月,张一鸣进入旅游搜索网站酷讯,全面负责酷讯的搜索研发工作。2008年,他离开酷讯去了微软;2008年9月,以技术合伙人身份加入饭否网,成立一年后,饭否网因为法律问题突然被停了。

2009年10月,张一鸣开始了第一次独立创业,创办垂直房产搜索引擎九九房。这个项目让张一鸣真正上了互联网的牌桌,赚到了人生第一桶金。三年时间里,张一鸣看到了移动互联网的未来,他决定把重心放在移动互联网行业。2012年3月9日,张一鸣创办了今日头条公司,开启了辉煌的财富之旅。短时间内,他开发了"内涵段子""搞笑囧途""内涵漫画"等几十款内容社区类App,在这个领域站稳了脚跟。

2016年9月20日,抖音上线(抖音图标如图10-11所示),很快火爆了整个网络。它是一个面向全年龄的音乐短视频社区平台,用户可以通过这款软件选择歌曲,拍摄音乐短视频,形成自己的作品,会根据用户的爱好,来更新用户喜爱的视频。2018年10月,张一鸣以650亿元财富位居2018年胡润百富榜第二十六位,一时风头无两。一位技术出身的"80后",成长如此之快,超过人们的想象。2020年1月8日,火山小视频和抖音正式宣布品牌整合升级,火山小视频更名为抖音火山版,并启用全新图标;6月30日,抖音位列"2020年BrandZ最具价值全球品牌100强"排行榜第七十九位;10月8日,抖音发布国庆中秋假期数据报告，苏州和东莞两个城市相关旅游视频点赞量分别达到 2 761 万和 1 784 万，播放量分别突破 10 亿和 6 亿。2021 年 1 月 26 日，抖音与央视春晚联合宣布，抖音成为 2021 年春晚独家红包互动合作伙伴。这是继 2019 年春晚后，抖音第二次与央视春晚达成合作。

图 10-10　张一鸣

图 10-11　抖音图标

地铁公交无聊怎么办，刷抖音啊！一个人吃饭无聊怎么办，刷抖音啊！周末在家不想出门怎么办，刷抖音啊！现在，刷抖音的人很多，玩抖音的人也不在少数。你上一秒默默无闻，下一秒就可能火遍全网，李佳琦、薇娅、李子柒都是因为抖音视频而爆火，并在互联网上迅速蹿红。张一鸣改变了他们的生活轨迹，也改变着其他抖音用户的娱乐方式。

以前我们了解世界各地的风土人情，都是通过图片、文字、纪录片等媒介，现在有了抖音，足不出户就可以随时看到来自世界各地不同视角的美食美景和地理文化。在抖音"记录"生活，成为生活的记录者，定格世间美好；在抖音"看见"世界，跨越生活半径，世界比想象更大。抖音的使用是便利的，一部手机就可以完成，每个人都可以在抖音中分享自己生活的点点滴滴，我们还能通过抖音听许多没听过的好歌，看没看过的电视剧、电影。这样的平台能够给一些有创作头脑但没有发布平台的人创造机会，展示自己的才华；各类直播也让我们了解到更多的商品信息和实时动态。资讯的增加和信息获得的便利拉近了人与人之间的距离。在抖音"连接"你我，一个人的美好，值得 6 亿人共享。

抖音是成功的，张一鸣是成功的，他是改变我们生活的创业者。抖音的使命如图 10-12 所示。

图 10-12　抖音的使命

人物说 10-4

什么是"Stay hungry，Stay young"？"Stay hungry"，大家都知道，就是好奇心、求知若渴、上进心。但为什么要说"Stay young"？我觉得年轻人有很多优点：做事不设条条框框，没有太多自我要维护，经常能打破常规，非常努力、不妥协、不圆滑世故。

第五节　褚时健：农产品进军电商的"排头兵"

人物简介 10-5

褚时健（1928年1月23日—2019年3月5日），云南省玉溪市华宁县人，云南红塔集团有限公司和玉溪红塔烟草（集团）有限责任公司原董事长，褚橙创始人，先后经历两次成功的创业人生，被誉为中国烟草大王、中国橙王。2012年，当选为云南省民族商会名誉理事长。2014年12月18日，荣获由人民网主办的第九届人民企业社会责任奖特别致敬人物奖。

2012年11月，褚时健（如图10-13所示）种植的橙子通过电商进京，当时的橙林有2 400亩，年产出8 000～9 000吨，褚橙每箱10斤138元，按8 000吨来算，褚橙一年的销售额就是1亿元。这位20世纪末叱咤中国烟草业的风云人物，在蛰伏10年之后，再次走进人们的视野，2012年创业励志人物的第一名相信很多人都会送给这位84岁的老人，他是励志的典范，是农产品进军电商的"排头兵"、探路者。

图10-13　褚时健

1999年，褚时健因贪污沦为阶下囚，被判无期徒刑。2002年，保外就医的褚时健承包了一片2 400亩的荒山，种起了橙子，而这一年他已经70多岁。2003年，褚时健老人在哀牢山深处的戛洒镇种下了第一批冰糖橙，命名褚橙，经过多年精心培育，褚橙以其皮薄汁多、黄金甜酸比、清甜化渣的特性赢得市场口碑，成为最受亚洲人喜爱的甜橙品牌之一，并于2017年取得单品产值近3亿元的优秀成绩。2015年，褚橙团队着手打造龙陵生产基地，占地10 000亩，新一代褚橙人奔赴前线，采用褚橙庄园的标准化管理和因地制宜的管理体系研发新品牌"云冠橙"。2017年，中国工程院院士、现代柑橘技术体系首席科学家、华中农业大学校长邓秀新主持的省属重点院士工作站正式在龙陵基地落地，以科学的种植技术助力项目推进，基地于2019年已实现产量6 000吨，精选成品3 000吨，成品率达到50%。

种植褚橙不易，运营褚橙同样更难。从最初以独具匠心的文案打造励志橙的营销能力、"B2C+O2O"生鲜模式的不断推进以保证消费者的生鲜体验，到渠道体系、防伪溯源能力，这些创新之举大力推动了农产品进军电商之路，褚时健甚至以一己之力带动了中国国产水果的再次爆发，为农产品进入电商做出了一个很好的榜样，从各方位推动了农产品电销之路。发展至今，褚橙已成为互联网时代具有象征意义的品牌产品，褚橙大热的背后不仅是产品、营销，更是"互联网+"现代农业的变革，而在变革之际，发扬并传承"褚橙精神"更是时代之需。

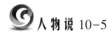

人物说 10-5

> 遇到挫折的时候，不要消极对待，要积极对待，一定要心宽，做到心宽是不容易的。我的一些老朋友，一遇到挫折就消沉下去了，这不行，越消沉就越站不起身来。人生不要有太多计较，要向前走，要相信一年比一年好。

第六节 李彦宏：话搜索奠基人

人物简介 10-6

> 李彦宏，1968年出生，山西阳泉人。百度创始人、董事长兼首席执行官，第十二届全国政协委员、中国民间商会副会长、第十一届中华全国工商业联合会副主席、第八届北京市科协副主席，获得2009年度华人经济领袖奖、《福布斯》全球最具影响力人物、首都杰出人才奖、改革开放40年百名杰出民营企业家、中国改革开放海归40年40人、"改革先锋"称号等多项荣誉。

1968年，李彦宏出生在山西阳泉一个普通的家庭，年少时着迷过戏曲。1987年，以阳泉市第一名的成绩考上了北京大学图书情报专业，从大三开始，即定下留学美国的目标，方向锁定在计算机专业。

1991年，23岁的李彦宏收到美国布法罗纽约州立大学计算机系的录取通知书。当时正值圣诞节，李彦宏背着简单的行囊踏上了海外求学的征程，在学校待了一年后，李彦宏顺利进入日本松下实习。1994年暑假前，李彦宏收到华尔街道·琼斯子公司的聘书，在华尔街的三年半时间里，李彦宏先后担任了道·琼斯子公司高级顾问、《华尔街日报》（网络版）实时金融信息系统设计人员。1997年，李彦宏离开了华尔街，前往硅谷著名搜索引擎公司Infoseek（搜信）就职。

在海外的8年时间里，中国互联网界正发生着翻天覆地的变化。1999年，李彦宏认为中国互联网环境已经成熟，启程回国，在北大资源宾馆租了两间房，连同1个会计与5个技术人员，以及合作伙伴徐勇，8个人开始创建百度公司。2001年，李彦宏在百度董事会上说服股东，将百度转型为面向终端用户的独立搜索引擎网站，并实施"闪电计划"对百度实行技术升级，使百度成为全球第二大独立搜索引擎，在中文搜索引擎中名列第一。2002年，百度搜索引擎技术真正成熟；2003年，百度流量比上一年增加了7倍；2004年，百度品牌得到网民的广泛认可；2005年，百度在美国纳斯达克成功上市。

百度是中国目前最大的以信息和知识为核心的互联网综合服务公司。在AI驱动下，百度的移动生态是中国最大的以信息和知识为核心的移动生态，以百家号、智能小程序和托管页为主要支柱。2019年百度用户规模突破10亿。百度App日活跃用户2亿，信息流位居中国第一。百家号创作者达到 260 万。百度智能小程序是国内唯一完全开源的小程序平台，月活跃用户规模破 3.16 亿。百度知道、百度百科、百度文库等 6 大知识类产品累计生产超 10 亿条高质量内容，构建了中国最大的知识内容体系。

百度在搜索服务方面有 11 项产品（如图 10-14 所示）。作为全球最大的中文搜索引擎，百度每天响应来自 100 余个国家和地区的数十亿次搜索请求，是网民获取中文信息的最主要入口。随着移动互联网的发展，百度网页搜索完成了由个人计算机向移动的转型，由连接人与信息扩展到连接人与服务，用户可以在个人计算机、平板、手机上访问百度主页，通过文字、语音、图像多种交互方式瞬间找到所需要的信息和服务。让搜索变得更便利，随时都可以完成搜一搜。百度搜索图标如图 10-15 所示。

图 10-14　百度搜索类服务

百度地图为用户提供包括智能路线规划、智能导航、实时路况等出行相关服务，作为"新一代人工智能地图"，百度地图实现了语音交互覆盖用户操控全流程，上线了 AR（增强现实）步导、AR 导游等实用功能，让我们的出行无迷路的烦恼，随时随地做自己的导游。百度地图图标如图 10-16 所示。

图 10-15　百度搜索图标

图 10-16　百度地图图标

百度贴吧目前是全球最大的中文社区，与搜索紧密结合，准确把握用户需求，搭建别具特色的"兴趣主题"互动平台，其图标如图 10-17 所示；百度百科是一个内容开放、自由的网络百科全书平台，旨在创造一个涵盖各领域知识的中文信息收集平台，强调用户的参与和奉献精神，充分调动互联网用户的力量，汇聚上亿用户的头脑智慧，积极进行交流和分享，其图标如图 10-18 所示；百度文库是百度发布的供网友在线分享文档的知识平台，是最大的互联网学习开放平台，百度文库用户可以在此平台上上传文件、在线阅读与下载文档，堪称移动的资料库，其图标如图 10-19 所示。

图 10-17　百度贴吧图标

图 10-18　百度百科图标

图 10-19　百度文库图标

　　小度是百度旗下人工智能助手，内置 DuerOS 对话式人工智能系统，让用户以自然语言对话的交互方式，实现影音娱乐、信息查询、生活服务、出行路况等 800 多项功能的操作。同时，借助百度 AI 能力，小度不断学习进化，了解用户的喜好和习惯，变得越来越"聪明"。2020 年 3 月，小度助手语音交互次数超过 65 亿次。小度在一定程度上便捷了我们的生活，解放了我们的双手。小度图标如图 10-20 所示。

　　百度手机输入法是由百度（中国）有限公司推出的一款安装于手机和平板中的人工智能输入法工具，旨在帮助用户快速、精准地完成内容输入。"世界很复杂，百度更懂你"，百度手机输入法支持拼音、笔画、五笔、手写、注音、智能英文等多种输入方式，在满足用户快捷、精准输入的同时，提供智能语音输入、多媒体输入两大全新输入方式。百度手机输入法图标如图 10-21 所示。

　　百度以"用科技让复杂的世界更简单"为使命，不断坚持技术创新，致力于"成为最懂用户，并能帮助人们成长的全球顶级高科技公司"。2020 年第一季度，百度营收 225 亿元，净利润 31 亿元，同比增长 219%。各项数据傲人的百度，也在其业务上结出了可观的果实，并改变着人们的生活。活的搜索，改变生活，百度真正做到了。

图 10-20　小度图标

图 10-21　百度手机输入法图标

人物说 10-6

> 　　如果把财富看得更广义一点的话，它应该意味着幸福才对。金钱不是最重要的，重要的是你是不是在做你喜欢做的事情，是不是有一个幸福的生活。在我看来，幸福是更重要的。很多人在温饱线上挣扎的时候不见得能够理解这种想法，但是一旦有一个相对稳定的生活时，仔细想想，这个是非常重要的。

> 认准了就去做，不跟风不动摇。人生是可以走直线的，这条"直线"在自己心中。但我们的妥协、分心和屈从让我们往往偏离了原来的轨道，浪费了很多时间。信念是强大的，一定要做自己喜欢并且擅长做的事，不要跟风。

第七节　王兴：团购生活先行者

人物简介 10-7

王兴，1979年出生，福建龙岩人，人人网（原校内网）创始人，饭否网总裁，美团创始人兼CEO，获70年70企70人"中国杰出贡献企业家"称号，2020年，入选"最具影响力的25位企业领袖"，位列"2020中国品牌人物500强"第十四位。

王兴（如图10-22所示）中学毕业于福建龙岩一中，被保送至清华大学，大学毕业获得奖学金前往美国读书。2004年年初，25岁的他中断了在美国特拉华大学电子与计算机工程系的博士学业，从美国回国创业。他做的第一个项目叫"多多友"，在"多多友"之后又做了第二个项目"游子图"。

2005年秋，王兴研究和学习美国在这一方面的成功案例脸书，综合之前在SNS领域的经验和教训，并结合国情，开发出了校内网，发布3个月就吸引

图 10-22　王兴

了3万用户。2006年，校内网用户量暴增，但王兴没有钱增加服务器和带宽，只能饮恨将校内网卖给千橡互动集团CEO陈一舟。

2007年5月，王兴创办饭否网；2009年7月，饭否网因故被关闭；2010年1月，饭否网依然开张无望，于是他萌发了创建一个类似Groupon网站的念头。2010年3月，王兴的美团网上线，立即引起广泛关注。美团网不是国内首家团购2.0网站，但却是第一家引起较大关注的团购网站。美团网有着"吃喝玩乐全都有"和"美团一次美一次"的服务宣传宗旨，获得天使投资人王江的种子投资，先后在上海、武汉、西安站、广州等城市上线，后又获得了红杉资本1 200万美元A轮投资，并继续在各大城市扩张。

2015年10月，美团与大众点评合并。2016年1月，美团点评完成首次融资，融资额超33亿美元，融资后新公司估值超过180亿美元。2017年1月，美团点评双平台同时推出海外酒店；2月14日，美团在南京推出"美团打车"服务；4月12日，美团点评推出"榛果民宿"主打整租业务；4月20日，美团点评加码酒旅业务，发布旅行品牌美团旅行；6月16日，美团点评上线"掌鱼生鲜"还要开线下店。

2018年，美团旅行与银联国际达成深度合作，在技术、大数据与购物体验方面加深探

索，让旅行购物更加优惠、便捷，双方共同打造的银联国际品牌馆正式登陆美团旅行；4月，美团以35%美团股权、65%的现金收购摩拜单车。2019年5月，美团点评正式推出新品牌"美团配送"，并宣布开放配送平台；6月，美团点评宣布品牌变色，从蓝色变为黄色；7月，美团点评单日外卖交易笔数超过3 000万笔。2020年1月7日，美团与法雷奥合作推出首款电动无人配送原型车；1月9日，胡润研究院发布"2019胡润中国500强民营企业"，美团点评以市值5 500亿元位列第六位；2020年8月，美团单日外卖交易笔数超过4 000万笔。

美团提供的服务如图10-23所示。发展至今，美团推出了美团App、大众点评、美团外卖、美团优选和美团买菜等产品，从身边的吃喝玩乐改变着人们的生活。美团作为生活服务线上交易平台，以客户为中心，为消费者提供美食、旅游、酒店、外卖、电影等吃喝玩乐全都有的一站式生活服务；为消费者推荐多种优质且物超所值的本地生活服务，同时致力于帮助消费者发现好玩、新鲜的生活方式。美团外卖则提供即时配送服务。作为全球领先的餐饮外卖服务提供商，2019年4月，美团外卖日完成订单量突破2 500万单。2018年，美团外卖的年度交易金额为2 828亿元，美团外卖收入达381.4亿元，日活跃配送骑手数量超60万。从数据中可以看出人们的使用频率，美团外卖改变了人们的就餐方式。

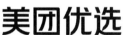

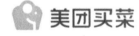

图10-23 美团服务

人物说 10-7

> 创业并不简单，但也并不痛苦，除非你干的事情很不适合你。对有些人来说跑步或举重是需要用巨大毅力才能坚持下去的痛苦的事，但对另一些人来说这些活动本身就充满乐趣。

附　　录

附录一

四川省大学生就业创业扶持政策清单
（2020年完整版）

一、就业扶持政策

（一）大学生毕业前

1. 求职创业补贴

对学籍在省内高校的城乡低保家庭毕业生、贫困残疾人家庭毕业生、建档立卡贫困家庭毕业生、残疾毕业生、已获得国家助学贷款的毕业生，一次性给予每人1 500元的求职创业补贴。同时符合两个及以上条件的，不重复享受。由高校会同校区所在市（州）人社部门和财政部门负责办理，毕业学年10月底前发放到位。

2. 职业培训和技能鉴定补贴

大学生在校期间参加职业培训和技能鉴定，可以享受一次培训补贴和鉴定补贴。由校区所在地人社部门负责办理。

3. 家庭经济困难和就业困难毕业生帮扶补助

对家庭经济困难和就业困难毕业生，离校前给予一次性就业帮扶补助600元。由高校和教育厅负责办理。

4. 机关招录公务员、事业单位招聘工作人员

应届毕业生毕业学年可报考市（州）及以下机关公务员。国家统一组织的政法体改生专项招考项目单设名额，定向招录应届毕业生。艰苦边远地区基层机关招录高校毕业生，可适当放宽学历、专业等条件，降低开考比例，可设置一定数量的职位面向具有本市、县户籍或在本市、县长期生活的高校毕业生招考。民族地区、艰苦边远地区、贫困县和革命老区县、乡事业单位考核招聘专业技术人员的学历条件，可结合实际分别放宽到本科、大专。公务员公招考试中，特殊困难家庭毕业生免收公共科目笔试考务费用。省属、市属事业单位可结合岗位特点和实际，公开招聘无基层工作经历的高校毕业生，聘用后5年内须安排到基层锻炼两年。

5. 鼓励应征入伍服义务兵役

对参军入伍的大学生（包含毕业生）发放一次性入伍奖励。应征入伍的大学生（含新生），服役期间保留学籍或入学资格，退役后2年内允许按学期复学或入学。入伍时，对其在校期间缴纳的学费实行一次性补偿或获得的国家助学贷款实行代偿，退役后自愿复学或入学的，实行学费减免。标准：本专科生（含高职、第二学士学位）每生每年最高不超过8 000元，研究生每生每年最高不超过12 000元。入伍经历可作为毕业实习经历和基层工作经历。高职在校生（含新生）应征入伍，退役后在完成高职（专科）学业的前提下，免试入读普通本科，或根据意愿入读成人本科，自2022年"专升本"招生期执行。面向退役大学生士兵硕士研究生实行专项招生，重点向"双一流"建设高校倾斜；将服兵役情况纳入推免生遴选指标体系；在部队荣立二等功及以上的退役人员，符合研究生报名条件的可免试（指初试）攻读硕士研究生；将考研加分范围扩大至在校生（含新生），在继续实行普通高校应届毕业生退役后按规定享受加分政策的基础上，允许在完成本科学业后3年内参加全国硕士研究生招生考试，初试总分加10分，同等条件下优先录取。放宽退役大学生士兵复学转专业限制，退役后复（入）学，经本人申请、学校同意并履行相关程序，可转入本校其他专业学习（特殊类型招生等除外）。

6. 建立大学生实训基地

支持高校实行校企对接，鼓励和支持各类企业接纳大学生实习，建立相对稳定的大学生实习基地。组织开展"逐梦计划"大学生实习活动。拓展就业实习、见习基地的领域和功能，积极培育、认定一批学科门类齐全、基础条件完备且集实习、见习功能于一体的实训基地。相关补贴按现行政策规定执行。由高校创办及高校与企业联办的大学科技园、电商基地，纳入实训基地认定范围。对认定的实训基地实行动态管理。

（二）大学生毕业后

1. 就业见习补贴

离校2年内未就业毕业生，可参加3~12个月的就业见习，并享受就业见习补贴和人身意外伤害保险。就业见习补贴标准按当地最低工资标准的80%执行。其中，国家级见习基地补贴标准可上浮20%，省级见习基地补贴标准可上浮10%。对留用的毕业生，见习期应作为工龄计算。

2. 社保补贴和岗位补贴

对离校2年内未就业的毕业生灵活就业后缴纳社会保险费，给予最长不超过2年、标准不超过其实际缴费2/3的社保补贴。小微企业、新型农业经营主体和社会组织吸纳离校2年内未就业高校毕业生，签订1年以上劳动合同并为其缴纳社会保险费，给予最长不超过1年的社保补贴（不包括个人应缴纳部分）。用人单位招用认定为就业困难人员的大学生，可给予最长不超过3年的社保补贴（不包括个人应缴纳部分）和岗位补贴（标准不低于当地最低工资标准）。

3. 基层和艰苦边远地区工资待遇激励

到县以下机关事业单位工作的毕业生，新录用为公务员的，试用期工资可直接按试用期满后工资确定，试用期满考核合格后的级别工资，在未列入艰苦边远地区或国家扶贫开发工作重点县的地区高定一档，在三类及以下艰苦边远地区或国家扶贫开发工作重点县的高定两档，在四类及以上艰苦边远地区的高定三档；招聘为事业单位正式工作人员的，可提前转正定级,转正定级时的薪级工资,在未列入艰苦边远地区或国家扶贫开发工作重点县的地区高定一级,在三类及以下艰苦边远地区或国家扶贫开发工作重点县的高定两级,在四类及以上艰苦边远地区的高定三级。按规定执行乡镇工作补贴、艰苦边远地区津贴。

4. 基层单位就业学费补偿和国家助学贷款代偿

中央部门所属高校应届毕业生,自愿到中西部地区和艰苦边远地区县以下基层单位工作、服务期在3年以上(含3年)的,可分年度向就读高校申请学费补偿和国家助学贷款代偿,资助标准为:本专科生(含高职、第二学士学位)每生每年最高不超过8 000元、研究生每生每年最高不超过12 000元。省级部门所属高校应届毕业生,到我省艰苦边远地区(国家规定的77个县市区)县以下基层单位,连续不间断服务满3年及以上的,可向就业所在地县(市、区)教育局申请学费奖补。奖补金额按在校期间实际缴纳的学费计算(享受了部分减免的应予以扣除),每生每年最高不超过6 000元。

5. 专业技术职称评定

到中小企业就业,在职称评定方面,享受国有企事业单位同类人员同等待遇。对在基层工作的高校毕业生,除有特别规定外,首次申报评审职称可提前1年,对论文、科研、外语和计算机应用能力等不作为统一或硬性要求。对任现职以来在艰苦边远地区连续工作4年以上且考核合格的,在申报评审高一级职称资格时,其任职年限可放宽1年。

6. 鼓励参加"三支一扶"项目

从年龄不超过30周岁的全日制专科及以上学历的毕业生中,招募到农村基层从事支教、支农、支医和扶贫服务。服务期间,享受工作生活补贴(参照本地乡镇事业单位从高校毕业生中新聘用工作人员试用期满后工资收入水平确定,在艰苦边远地区工作的,发放艰苦边远地区津贴),参加社会保险(在建立补充医疗保险制度的地方,办理补充医疗保险),新招募且服务满6个月以上给予一次性安家补贴3 000元;支医人员在乡镇卫生院的服务时间,计算为城市医生在晋升主治医师或副主任医师前到基层累计服务的时间;"三支一扶"服务年限计算为专业技术工作年限,在乡镇工作的,对论文、科研、外语和计算机应用能力等不作为统一或硬性要求。服务期满考核合格,可报名参加服务基层项目人员中定向考录公务员的考试;结合服务县乡镇事业单位岗位空缺情况和岗位基本聘用条件,可通过考核方式直接聘用为乡镇事业单位工作人员[在民族地区、艰苦边远地区和贫困县服务的人员,可招聘到服务所在县(市、区)的县、乡事业单位];报考事业单位工作人员时,在乡镇及以下每服务满1周年,笔试总成绩加2分,最高加6分;进入事业单位工作,不再约定试用期;服务期满后3年内报考硕士研究生的,初试总分加10分,同等条件下优先录取;高职(大专)毕业生可免试入读成人高等学历教育专科起点本科;已被录取为研究生的应届高校毕业生参加"三支一扶"计划,学校为其保留学籍;考录为公务员或事业单位工作人员后,其服务期计算工龄;按规定享受学费和助学贷款代偿政策。经服务单位所在县"三支一扶"办同意,按省"三支一扶"办统一安排,可续期服务2年。

7. 鼓励参加"农村义务教育阶段学校教师特设岗位"项目

从具有相应的教师资格条件、年龄在30岁以下、本科及以上或高等师范专科应往届毕业生中,招聘到项目实施县的乡村学校任教。聘期3年,其间执行国家统一的工资制度和标准，其他津补贴由各地根据当地同等条件公办教师年收入水平和中央补助水平综合确定。享受当地相应社会保障待遇。服务期满、每年年度考核合格，且自愿留在本地学校的，在编制和岗位总量内，经县教育部门审核，县人社部门批准，由县教育部门办理事业单位人员聘用手续。期满报考硕士研究生的，3年内享受"初试总分加10分，同等条件下优先录取"的优惠政策。推荐免试攻读教育硕士，三年聘期视同"农村学校教育硕士师资培养计划"要求的3年基层教学实践。

8. 鼓励参加"大学生志愿服务西部计划"

从普通高等院校应届毕业生或在读研究生中选拔招募，实施基础教育、服务三农、医疗卫生、基层青年工作、基层社会管理等专项服务。服务期为1~3年，服务协议一年一签。服务期间，享受生活工作补贴（省项目办每月发放1 600元，服务地每月发放不低于800元），艰苦边远地区补贴根据国家政策标准予以发放，在当地参加社会保险，统一为其购买综合保障险。志愿者依实际服务年限计算服务期及工龄；服务期满，可报名参加从服务基层项目大学生中定向考录公务员的考试；服务2年以上且考核合格，服务期满3年内报考硕士研究生的，初试总分加10分，同等条件下优先录取；报考事业单位工作人员时享受相关优惠政策。

9. 鼓励应征入伍服兵役（含义务兵和志愿兵役）

入伍时，对其在校期间缴纳的学费实行一次性补偿或对获得的国家助学贷款实行代偿，标准与在校大学生一致。高职（专科）毕业生应征入伍，退役后可免试入读普通本科，或根据意愿入读成人本科，自2022年"专升本"招生起执行。设立"退役大学生士兵"专项研究生招生计划，专门面向退役大学生士兵招生。应届毕业生应征入伍服义务兵役，退役后1年内可同等享受离校未就业毕业生就业扶持政策，退役后3年内参加全国硕士研究生招生考试，初试总分加10分，同等条件下优先录取。报考川内高校和研究生培养单位并通过全国硕士研究生招生考试（指初试）的，同等条件下优先复试和录取。服役5年以上的（含退役后复学完成学业的），退役后可报考基层机关（单位）面向服务基层项目人员定向考录的职位，同服务基层项目人员共享公务员定向考录计划。国家统一组织的政法体改生专项招考项目中，单设名额定向招录。各级党政机关在组织开展选调生工作时，注意选调有服役经历的优秀大学生，参军入伍经历可作为选调生报考条件之一，且年龄相应放宽2~3岁。专职人民武装干部职位出现空缺时，优先定向招录（聘），比例不低于录（聘）用专职人民武装干部计划的50%。事业单位可按规定拿出一定岗位面向符合条件的退役大学生士兵进行专项招聘。退役大学生士兵按规定享受笔试总成绩加2分，被旅（团）级及以上单位评为优秀义务兵、优秀士官或荣立三等功的另加2分，立二等功及以上的另加4分、累积不超过6分。国有、国有控股和国有资本占主导地位的企业在新招录职工时，原则上拿出10%的工作岗位，在符合岗位所需条件的退役大学毕业生士兵中择优录取。注重从退役大学生士兵中培育村级后备力量，将表现优秀的选拔进村（社区）"两委"班子。

10. 鼓励到社区就业

支持社区服务类企业、社会组织吸纳高校毕业生就业或组织见习。支持高校毕业生到城乡社区服务领域创业和灵活就业。社区工作者队伍出现空缺岗位优先招用高校毕业生。

11. 鼓励继续升学和报考第二学位

落实"专升本"政策。对未就业本科毕业生，鼓励参加各类继续教育。对本科毕业并获得学士学位的应届毕业生，鼓励报考原本科专业分属不同学科门类的第二学士学位专业，或与原本科专业属于同一学科门类、但不属于同一本科专业类的第二学士学位专业，学制2年，全日制学习，纳入高校学籍管理系统，教学内容主要包括专业基础课和专业课，原则上不安排专业实习。

12. 鼓励科研项目单位吸纳就业

高校、科研机构和企业，在所承担的民口科技重大专项、重点研发计划、国家自然科学基金以及省级各类科技计划等重大重点项目实施过程中，通过签订项目聘用合同聘用优秀毕业生为研究助理或辅助人员参与研究工作，聘用毕业生的劳务性费用和有关社会保险费补助可从项目经费中列支。合同期满后根据工作需要可以续聘或到其他岗位就业，就业后工龄与参与研究期间的工作时间合并计算，社会保险缴费年限合并计算。

13. 一次性吸纳就业补贴

中小微企业和社会组织招用毕业年度高校毕业生并签订1年以上劳动合同，按每人1 000元的标准给予一次性吸纳就业补贴。

14. 创业担保贷款及贴息

小微企业当年（申请贷款前12个月内）新招用包括大学生在内的符合创业担保贷款申请条件的人员，数量达到企业现有在职职工人数15%（超过100人的企业达8%），并与其签订1年以上劳动合同的，可申请最高不超过300万元的创业担保贷款。符合创业担保贷款贴息条件的，各级财政按规定及时足额予以贴息。

15. 税收优惠

自2019年1月1日至2021年12月31日，企业招用建档立卡贫困人口，以及在人力资源和社会保障部门公共就业服务机构登记失业半年以上且持就业创业证或就业失业登记证（注明"企业吸纳税收政策"）的高校毕业生等人员，与其签订1年以上期限劳动合同并依法缴纳社会保险费的，自签订劳动合同并缴纳社会保险当月起，在3年内按实际招用人数予以定额依次扣减增值税、城市维护建设税、教育费附加、地方教育附加和企业所得税优惠。定额标准为每人每年7 800元。纳税人在2021年12月31日未享受满3年的，可继续享受至3年期满为止。

16. 公开国有企业招聘应届高校毕业生信息

国有企业要建立公开招聘应届高校毕业生制度，在企业官方网站和四川公共招聘网、四川人才网上联合发布公开招聘信息。除涉密等不适宜公开招聘的特殊岗位外，坚持公开、平等、竞争、择优的原则，普遍实行公开招聘，扩大选人用人范围，切实做到信息公开、过程公开、结果公开。

二、创业扶持政策

（一）扶持创业大学生

1. 扶持对象

省内普通高等学校全日制在校大学生和毕业5年内、处于登记失业状态的普通高等学校全日制毕业生（含国家承认学历的留学回国人员）。服务基层项目的大学生同等享受大学生创业培训补贴和创业补贴。大学生村官、服务期满"三支一扶"人员可按规定享受创业担保贷款政策。省内高校就读的港澳台学生，以及毕业5年内、国家承认学历、在川创业的港澳台大学生，同等享受创业扶持政策。

2. 创业培训补贴

大学生在常住地（在校生可在就读高校）参加创业培训并取得培训合格证的，可享受培训补贴。在校大学生可以利用周末、节假日和晚自习等时间，在40天内完成规定的培训内容。

3. 创业补贴

对大学生创业实体和创业项目，给予1万元补贴。领办多个创业项目，最高不超过10万元。创办家庭农场和农民合作社达到财政项目扶持条件的，优先纳入支持范围。

4. 科技创新苗子补助

采取"人才+项目"的方式，对大学生创新创业给予支持，其中，重点项目每个补助10万元，培育项目每个补助2万~5万元。

5. 省级创业大赛获奖项目前期孵化补助

对省级及以上相关部门（单位）组织的创业大赛获奖项目，进入前期孵化，可享受5万~20万元的补助。对参加"创客中国"四川省中小企业创新创业大赛暨"创客天府"创新创业大赛的获奖项目，除获得相应资金外，同时享受"投贷服"联动机制等帮扶措施。

6. 创业吸纳就业奖励

大学生创业实体吸纳就业并按规定缴纳社会保险费的，可向创业所在地公共就业服务机构申请一次性奖励。招用3人（含3人）以下的按每人2 000元给予奖励，招用3人以上的每增加1人给予3 000元奖励，总额最高不超过10万元。

7. 创业担保贷款贴息

大学生创业可申请贷款额度最高不超过20万元、贷款期限最长不超过3年的创业担保贷款。自2020年4月15日起，新发放创业担保贷款利率应适当下降，具体标准为：贫困地区（含国家扶贫开发工作重点县、全国14个集中连片特殊困难地区）贷款利率上限不得比贷款市场报价利率高2.5个百分点，其余地区贷款利率上限不得比贷款市场报价利率高1.5个百分点。对非贫困地区符合条件的个人创业担保贷款执行差异化的贴息政策；对贫困地区2021年1月1日前发放的符合条件的个人创业担保贷款，由各级财政部门在贷款期限内给予全额贴息，2021年1月1日起新发放的个人创业担保贷款，贷款市场报价利率扣减1.5个百分点的利息，由借款人承担，剩余部分由财政部门给予贴息，各级财政具体分担比例均与非贫困地区一致。

8. 青年创业贷款

创业大学生可向创业所在地市（州）团委申请额度不超过10万元、期限不超过3年的免息、免担保青年创业基金贷款，并配备一名志愿者导师"一对一"帮扶。在蓉在校大学生创业，可向省大学生创新创业活动中心申请。

9. 创业提升培训

对创办企业或从事个体经营的大学生，以及在大学生创新创业园区（孵化基地）内有创业项目的大学生,每年组织一定数量的人员免费参加全省"我能飞"大学生成功创业者提升培训。

10. 高素质农民培育

在项目区域内,将符合政策条件的从事农业就业创业的大学生纳入高素质农民培育计划。

11. 税费减免

自2019年1月1日至2021年12月31日,在人力资源和社会保障部门公共就业服务机构登记失业半年以上且持就业创业证(注明"自主创业税收政策"或"毕业年度内自主创业税收政策")或就业失业登记证(注明"自主创业税收政策")的高校毕业生人员,从事个体经营的,自办理个体工商户登记当月起,在3年(36个月,下同)内按每户每年14 400元为限额依次扣减其当年实际应缴纳的增值税、城市维护建设税、教育费附加、地方教育附加和个人所得税。纳税人在2021年12月31日未享受满3年的,可继续享受至3年期满为止。

(二)扶持创业服务平台和创业指导专家

1. 创新创业服务平台补助

对评定为省级大学生创新创业园区(孵化基地)的,由所在地人社部门给予30万元补助;对每年复核合格的省级大学生创新创业园区(孵化基地),由所在地人社部门给予15万元补助。支持民族地区依托"飞地"产业园区建设大学生创新创业园区(孵化基地)。被人社部认定为全国创业孵化示范基地的,由所在地人社部门参照省级大学生创新创业园区(孵化基地)的补助标准,给予补助。

对绩效评价优秀的国家级和省级科技企业孵化器、大学科技园、创新创业众创空间和农业科技园区,分别给予每个不超过100万元、50万元的奖励性补助。

2. 创业指导补贴

县级以上人社部门认定的创业专家、顾问,为大学生创业提供指导服务的,给予一定补贴。

(三)扶持创业服务活动

3. 创业活动补贴

县级以上人社部门和省级相关部门为增强大学生创业意识,提高大学生创业能力,举办创业讲座、报告、大赛、表彰、宣传等活动,可给予创业活动补贴。

三、综合扶持政策

1. 取消户籍限制

农村户籍、异地户籍离校未就业高校毕业生,可凭本人居民身份证、毕业证、居住证(暂住证),在常住地公共就业服务机构办理失业登记,领取《就业创业证》,享受相关扶持政策。

2. 简化体检手续

各高校可根据实际情况决定是否安排毕业体检,有条件的地方可建立入职定点体检和体检结果互认机制。除国家和我省有特别规定外,高校毕业生取得我省二级以上医疗机构、3个月以内健康体检证明的,用人单位或其主管部门、人事综合管理部门应予认可。超过3个月未到半年需重新体检的,无须再做X线检查,尽量避免重复体检。

3. 享受公共就业创业服务

公共就业人才服务机构为大学生提供免费的就业失业登记、职业指导、职业介绍、就业见习、人事档案管理等公共就业服务,以及项目选择、开业指导、投(融)资等公共创业服务。对延迟离校的应届毕业生,相应延长报到接收、档案转递、落户办理时限。离校未就业毕业生,可根据本人意愿,将户口、档案在学校保留2年或转入生源地公共就业人才服务机构。各地将符合当地住房保障条件的稳定就业创业的大学生纳入住房保障和住房公积金缴存范围,支持使用住房公积金贷款购房。

4. 就业创业指导教师队伍建设

建设职业化、专业化、专家化的就业创业指导工作队伍,建立相关专业教师、创新创业教育专职教师每2年至少2个月到行业企业挂职锻炼制度。高等学校、园区对做出贡献的导师,在工作量认定、职称评定、待遇报酬等方面给予激励,支持就业创业指导教师到机关、企事业单位实践,建立完善符合职业指导教师特点的职称评价标准,同等条件下优先评审职称。专职就业指导教师和专职工作人员,与应届毕业生的比例原则上不低于1∶500。鼓励机关、企事业单位相关人员兼任高校就业创业工作义务辅导员。

5. 学分管理

高校将就业创业课程列入必修课或必选课,纳入学分管理。建立创新创业档案和成绩单,实施弹性学制、保留学籍休学创新创业等具体措施,优先支持参与创新创业的学生转入相关专业学习。设置合理的创新创业学分,建立创新创业学分积累与转换制度,设立创新创业奖学金。创业经历可作为实习经历,并可折算为实习学分。在符合学位论文规范要求的前提下,允许本科生用创业成果申请学位论文答辩。

附录二

天津市人力社保局、市财政局
关于印发促进大学生就业创业扶持政策的通知

为鼓励、引导和支持大学生就业创业，推动实现更高质量和更充分就业，根据《天津市人民政府办公厅关于进一步做好新形势下就业创业工作的实施意见》（津政办发〔2015〕73号）和《天津市人民政府关于做好当前和今后一段时期就业创业工作的实施意见》（津政发〔2017〕28号）精神，结合工作实际，制定促进大学生就业创业的相关政策措施如下。

一、拓宽大学生就业渠道

（一）鼓励企业吸纳

(1) 对小微企业吸纳本市生源和本市院校外地生源毕业2年内高校毕业生，并与其签订1年以上劳动合同的，按照本市当年社会保险最低缴费基数给予1年的社会保险补贴。

"小微企业"的具体划分标准，按照工业和信息化部、国家统计局、国家发展改革委、财政部《关于印发中小企业划型标准规定的通知》（工信部联企业〔2011〕300号）规定执行。

(2) 对初创期科技型中小企业吸纳本市生源和本市院校外地生源毕业2年内的高校毕业生，并与其签订1年以上劳动合同的，给予1年岗位补贴和社会保险补贴。

"初创期科技型中小企业"是指主要从事高新技术产品研究、开发、生产和服务，成立期限在5年以内的非上市公司。

(3) 对各类企业吸纳经认定的零就业家庭、单亲家庭、低保家庭以及需赡养患有重大疾病直系亲属家庭中的本市生源高校毕业生，并签订1年以上劳动合同的，给予1年岗位补贴和3年社会保险补贴。

(4) 各类企业招用毕业1年后未就业的高校毕业生，签订1年以上劳动合同的，给予1年社会保险补贴。

岗位补贴标准为本市最低工资标准的40%；社会保险补贴标准按照本市当年社会保险最低缴费基数确定。

（二）实施"三支一扶"计划

(1) 建立工作生活补贴标准动态调整机制。市财政和区财政按照乡镇机关或事业单位从高校毕业生中新聘用工作人员试用期满后工资收入水平，确定"三支一扶"人员工作生活补贴标准，建立工作生活补贴标准动态调整机制。

(2) 全面落实社会保险政策。市"三支一扶"办加强指导协调和督促检查，确保为每名"三支一扶"人员落实各项社会保险。鼓励有条件的区为"三支一扶"人员办理补充医疗保险，重大疾病、人身意外伤害等商业保险。

(3) 缴纳住房公积金。按照本市的相关规定为"三支一扶"人员缴纳住房公积金。

(4) 发放安家费补贴。从2016年起,中央财政按照每人2 000元标准,给予每名新招募且在岗服务满6个月以上的"三支一扶"人员一次性安家费补贴。

(5) 支医人员扶持政策。支医"三支一扶"人员实行试用期制度,按照市人力社保局、原市卫生局《关于支医"三支一扶"大学生实行试用期的通知》(津人社局发〔2010〕21号)有关规定执行。

(三) 支持灵活就业

在本市各级公共就业服务机构办理实名登记、实现灵活就业并按规定缴纳社会保险费的我市院校和具有本市户籍在外地就学毕业2年内的高校毕业生,按照当年灵活就业人员最低缴费基数计算,给予养老保险、大病统筹医疗保险、失业保险个人缴费总额2/3的社会保险补贴,期限为2年。

对经认定的零就业家庭、单亲家庭、低保家庭以及需赡养患有重大疾病直系亲属家庭中的本市生源高校毕业生,从事灵活就业的,给予养老保险、大病统筹医疗保险、失业保险个人缴费总额75%的社会保险补贴,期限为3年。

(四) 开展就业见习

对经认定的就业见习基地,组织年龄不超过28周岁,无就业经历,且具有高职及以上学历的本市生源或本市院校外地生源高校毕业生以及毕业学年在校生参加3~12个月的就业见习,可按规定申请就业见习补贴。

见习补贴包括本市最低工资标准70%的生活费补贴、每人每月200元标准的带教费补贴、每人每月10元标准的人身意外伤害保险费补贴。同时,对见习期满留用率达到50%以上的见习基地,每留用1人给予2 000元的奖励。

(五) 给予求职创业补贴

对本市高等院校中享受城乡居民最低生活保障家庭毕业生、建档立卡贫困家庭高校毕业生、残疾毕业生;本市院校或本市生源获得国家助学贷款的离校未就业毕业生(不含生源地信用助学贷款毕业生);零就业家庭、单亲家庭、父母患有重大疾病家庭本市生源离校未就业毕业生,给予3 000元的一次性求职创业补贴。

(六) 鼓励参加职业技能培训

鼓励有培训需求的普通高校学生积极参加职业技能培训,符合规定的,可按照《天津市职业培训补贴办法》(津人社局发〔2015〕84号)享受培训费、鉴定费、生活费补贴。

(1) 培训费补贴。普通高校(不含职业院校)学生参加《职业市场需求程度目录》(以下简称《目录》)内职业和等级技能培训,取得技师、高级技师证书的,享受培训成本100%培训费补贴;取得高级工及以下等级证书的,按照非常紧缺、紧缺、一般紧缺不同程度,分别享受培训成本100%、90%和80%的培训费补贴。

(2) 鉴定费补贴。普通高校学生参加"市场紧缺职业需求程度目录"内职业和等级技能鉴定,根据鉴定人数、职业类别、资格等级和鉴定成本,给予100%鉴定费补贴。

(3) 生活费补贴。普通高校(不含职业院校)学生参加《目录》内职业和等级全日制培训并取得证书的,根据国家职业标准规定的课时享受生活费补贴。

(七) 扩大扶持范围

对高级技工学校、技师学院高级工班和特殊教育院校职业教育类毕业生，参照高校毕业生享受相关就业补贴政策。

二、鼓励大学生创业

(一) 创业扶持对象

大学生创业扶持对象为全日制普通高等院校毕业前2年内的在校生和毕业后5年内的毕业生。

(二) 支持参加创业培训

对毕业前3个学期的大学生参加创业培训取得合格证书的，按照每人500元的标准给予创业培训机构培训费补贴，对参加培训后半年内成功创业的，按照成功创业人数再给予创业培训机构每人1 000元的补贴。

(三) 提供创业贷款支持

自主创业大学生在企业注册所在地可申请最高30万元的创业担保贷款，贷款期限不超过3年，按规定给予贷款贴息；对已成功创业且带动就业5人以上、经营稳定的创业者，可给予最高不超过50万元贷款再扶持。鼓励有条件的区建立大学生创业贷款信用担保机制。

(四) 给予岗位补贴和社会保险补贴

对成功创业的高校毕业生，给予1年的岗位补贴和3年的社会保险补贴。

对大学生创办企业吸纳毕业2年内的高校毕业生并按规定缴纳社会保险费的，给予1年的岗位补贴和3年的社会保险补贴。

(五) 给予房租补贴

大学生领取工商营业执照且租赁房屋生产经营的，按照每月1 800元的标准给予房租补贴，最长不超过24个月。

将在校大学生房租补贴政策的办理权限和补贴发放一并下放到各区。当前正在享受房租补贴的在校大学生仍按原规定执行。

(六) 扩大创业扶持范围

对外地及港澳台高校毕业生来津创业的，享受同等创业扶持政策。

(七) 给予大学生创业孵化基地补贴

对在本市有固定的孵化场所，有依法建立的管理服务团队，创业孵化基地建筑面积不少于200平方米，吸纳大学生创业企业10户（每户至少招用2人），可认定大学生创业孵化基地，对符合条件的给予30万元资金扶持。在此基础上，每新增1户大学生创业企业，再补贴2万元；对新增企业招用2人以上的，每新增1人按照每人5 000元的标准再给予补贴。每个大学生创业孵化基地补助在自然年度内最高不超过500万元。

"大学生创业企业"是指企业法定代表人为经人社部门认定的大学生，企业法定代表人应在该企业名下进行就业登记。

（1）孵化基地内大学生创业企业法定代表人和招用人员，需按相关规定进行就业登记和依法缴纳社会保险。

（2）大学生创业孵化基地提供给大学生创业企业的孵化面积，每户不少于3平米。

（3）大学生创业孵化基地内新增大学生创业企业是指纯增数量。经认定的大学生创业孵化基地，首次申请新增企业补贴时，应以认定时的10户企业为申请补贴基准。

对企业自申报补贴之日起正常经营满2年的，可列入申请补贴基准数不需再补入；不足2年的，需补足申请补贴基准数后，才能申请新增企业补贴。

对再次申请新增企业补贴的，以最近一次发放补贴后的实有企业户数为基准，并依照以上标准和程序发放补贴。

（4）大学生创业孵化基地内新增大学生创业企业补贴发放。每新增1户即发放补贴2万元；对新增企业招用2人以上的，待稳定就业满6个月后，再依据申请补贴人员名单中的当月实际就业人员，按照每新增1人补贴5 000元的标准据实发放。

（5）对已认定的大学生创业孵化基地，因发展规模扩大需变更经营场地的，符合以下标准的，可继续享受相关政策：

①申报单位名称没有变化。

②有产权证明或产权房屋租赁协议。

③经营场地变更情况在市场监督管理部门已登记备案。

（八）实施创业导师授业计划

按照自愿申请、择优选取的原则在全市遴选大学生创业导师。鼓励创业导师与有创业意愿和条件的大学生通过双向选择，按照最高1∶3的比例，签订不低于6个月的创业导师授业协议，通过创业导师"传、帮、带"方式，使大学生了解创业经验，学习管理方法，掌握专业技术，提高创业成功率。协议履行完毕后，按照每人2 000元的标准给予创业导师授业补贴；对半年内大学生成功创业的，每成功创业一人再给予创业导师3 000元的一次性奖励。

（九）大学生创业企业待遇享受期限

自该企业被认定之日起至该企业法定代表人毕业满5年之日止（以毕业证书载明的日期为准）。

三、强化就业创业管理

（一）大学生创业企业变更情况处理

已认定的大学生创业企业变更法定代表人，该企业不再视为大学生创业企业，所有涉及补贴待遇自变更之时全部自动停止享受。

大学生创业企业应及时向辖区内的区人社保局报告企业法定代表人变更等情况。区人社局定期对辖区内大学生创业企业进行监督指导，核查相关情况。

（二）调整大学生创业孵化基地申报审核流程

符合申报条件的单位，向辖区内的区人社部门申报，区人社部门负责初审，市人力社保部门委托市创业服务指导中心进行复核。

(三) 建立大学生创业孵化基地退出机制

市人社部门每年组织对全市已认定的大学生创业孵化基地实施集中核查（年度内认定的参加下一年度核查），集中核查时，对不符合大学生创业孵化基地认定条件的，取消其天津市大学生创业孵化基地称号。

(四) 抓好政策落实和资金监管

各区人社局、市创业服务指导中心要严格落实责任，做好大学生创业孵化基地审核工作，强化资金审核发放，确保政策及时兑现，资金运行安全。市人社部门要加强事中和事后监管。

对大学生创业企业、大学生创业孵化基地以虚报、冒领等手段骗取补贴资金的，一经查实，取消扶持资金申报资格，由补贴发放经办机构追回被骗取的补贴资金，对涉嫌违法犯罪的，由相关部门依法追究当事人法律责任。

(五) 落实实名登记制度

对离校未就业的应届高校毕业生全部纳入实名登记范围，提供就业服务。各级公共就业人才服务机构以及街道（乡镇）、社区（村）的服务窗口都要面向高校毕业生开放。对前来求职的办理求职登记或失业登记的高校毕业生免费发放就业创业证，核对实名信息，由基层平台主动联系，提供职业指导、就业信息等"一对一"的就业服务。

(六) 提升就业服务水平

各区人社部门、财政部门要牢固树立以人民为中心思想，认真履职尽责，强化就业指导，提供资金保障，依托"互联网+"，在面向大学生的就业创业服务中，引入微博、微信、App软件包等现代信息手段，打通线上与线下、窗口与网络、前台与后台的对接通道，运用信息化手段提供优质高效服务。

附录三

贵州省促进2020年高校毕业生就业创业十条措施

一、扩大基层就业机会

鼓励和引导高校毕业生面向基层一线就业。招聘、招募"教师特设岗位计划"10 000人,"贵州省万名大学生志愿服务西部计划基层项目"10 000人,"三支一扶计划"1 000人,"选调生"1 000人,"面向脱贫攻坚一线计划"1 000人,"青年见习计划"10 000人。

二、开发设置公益性岗位

鼓励各地针对就业困难的高校毕业生开发设置非营利性公共管理和社会公益性服务岗位20 000个。资金渠道中,10 000个按规定从就业补助资金中列支,10 000个由各级地方财政保障。

三、盘活编制岗位存量

进一步充实基层农技岗位、医疗卫生岗位、文化教育等岗位,重点面向全省脱贫攻坚主战场,面向基层乡镇一线。全省各级各类机关事业单位要在原年度用编计划的基础上,再增加5 000个用编计划,定向招录招聘2020年应届高校毕业生。

四、支持毕业生自主创业

全省扶持5 000名高校毕业生自主创业,高校毕业生申办个体工商户、民营企业的,按规定享受注册登记改革制度政策、创业担保贷款扶持政策、创业补贴政策、税收优惠政策、创业培训政策等专项政策扶持。鼓励和引导高校毕业生参与农村产业革命,到12个农业特色优势产业领办、创办农业企业,发展电子商务,培育新型职业农民队伍,重点围绕农村经纪人、农产品流通、农业种养殖、科研及深加工等领域创业,按规定给予一次性10 000元创业补贴。外省高校毕业生在黔创业享受同等相关政策。

五、鼓励企业吸纳毕业生

国有企业、千亿级工业产业的企业、12个农业特色优势产业的企业、现代服务业的企业、优强民营企业、中小微企业要积极吸纳高校毕业生,在年度用人计划中单列一定比例专项招聘应届高校毕业生,为企业发展储备人才。小微企业、民营经济组织和社会组织吸纳离校2年内未就业的高校毕业生就业的按规定给予社会保险补贴;中小微企业吸纳高校毕业生就业符合相关条件的,按规定享受财政扶持、贷款扶持和各类奖励补助。

六、增加毕业生再教育机会

争取国家支持,扩大硕士研究生招生规模,招生计划增加到9 000人。挖掘我省高校办学潜力,扩大"专升本"招生规模,招生计划增加到10 000人,努力增加应届本科毕业生和专科毕业生的升学机会。

七、扩大"订单班"毕业生就业规模

压实"订单班"毕业生就业出口,充分发挥东西部协作机制作用,挖掘省内企业吸纳定向毕业生就业的潜力,实现今年"订单班"就业人数不少于10 000人(其中"精准脱贫班"订单就业人数不少于1 000人)。

八、解决困难群体就业

对城镇零就业家庭、享受城乡居民最低生活保障家庭、建档立卡贫困家庭高校毕业生,在校期间申请并获得国家助学贷款的高校毕业生,父母双方(单方)持残疾人证且全部或部分丧失劳动能力或本人持残疾人证的高校毕业生,享受特困人员救助供养待遇的高校毕业生以及孤儿高校毕业生在按每人1 000元标准发放求职创业补贴基础上再追加500元。鼓励全省各级各类事业单位在2020年事业单位公开招聘中,拿出不少于1 000个岗位面向12个脱贫攻坚挂牌督战县等贫困地区的建档立卡贫困户和易地扶贫搬迁户家庭高校毕业生招聘。对农村建档立卡贫困户高校毕业生按照"重点关注、重点推荐、重点服务、重点落实"的原则,开展"一对一"就业帮扶和就业指导,精准推送就业岗位。确保农村建档立卡贫困户高校毕业生初次就业率达90%以上。

九、激励毕业生应征入伍

切实加强组织领导,强化协同配合,建立健全征兵工作常态化运行机制,落实和兑现激励大学生应征入伍的政策和措施。各地各部门要进一步加强高校毕业生应征入伍政策探索和创新,激励更多高校毕业生应征入伍,确保征集数量和质量双提高。征集高校毕业生入伍1 500人。

十、做好就业服务保障

各级党委宣传部门要进一步加大舆论引导力度,大力宣传高校毕业生在农村产业革命中就业创业,带动农民群众脱贫致富的先进典型,营造在农村产业革命中建功立业,决战决胜脱贫攻坚的良好氛围。加大财政投入,从就业补助资金中列支1 000万元支持高校毕业生就业创业工作。各地各部门、各用人单位要创造条件,开设高校毕业生就业绿色通道,在做好我省毕业生就业创业工作的同时,大力引进省外优秀大学毕业生到我省就业创业,满足各产业、各领域发展的人才需求,积极打造人才集聚新高地。各高校要简化和优化就业手续,进一步转变就业服务观念,积极开展网上就业服务,提前做好疫情防控中的就业工作方案,鼓励毕业生灵活就业,适当延长择业时间。对延迟离校毕业生推迟报到、落户等时限,对离校未就业毕业生提供2年户口和档案托管,按应届毕业生办理就业手续。

参 考 文 献

[1] 杰弗里·蒂蒙斯,小斯蒂芬·斯皮内利. 创业学 [M]. 周伟民,吕长春,译. 北京:人民邮电出版社,2008.

[2] 乔治·豪尔,马克斯·冯·泽德维茨. 从中国制造到中国创造 [M]. 许佳,译. 北京:中信出版社,2017.

[3] 托马斯·库恩. 科学革命的结构 [M]. 金吾伦,译. 北京:北京大学出版社,2003.

[4] 巴林杰. 创业计划:从创意到执行方案 [M]. 陈忠卫,译. 北京:机械工业出版社,2009.

[5] 布鲁斯·R. 巴林格,R. 杜安. 爱尔兰. 创业管理:成功创建新企业 [M]. 杨俊,薛志红,译. 北京:机械工业出版社,2010.

[6] 库洛特克,霍志茨. 创业学:理论、流程与实践 [M]. 北京:清华大学出版社,2006.

[7] 杰弗里·蒂蒙斯,小斯蒂芬·斯皮内利. 创业学案例 [M]. 周伟民,吕长春,译. 北京:人民邮电出版社,2005.

[8] 莫尔斯. 创业学案例 [M]. 上海:格致出版社,2012.

[9] 陈文化. 技术创新论 [M]. 长沙:湖南大学出版社,2000.

[10] 初明利,于俊如. 创业学导论 [M]. 北京:经济科学出版社,2009.

[11] 高建伟,丁德昌. 就业指导与创业教育 [M]. 北京:中国传媒大学出版社,2007.

[12] 胡长健,孙道胜. 大学生就业创业教育教程 [M]. 合肥:安徽大学出版社,2007.

[13] 贺尊. 创业学概论 [M]. 北京:中国人民大学出版社,2011.

[14] 何传启,张凤. 知识创新 [M]. 北京:经济管理出版社,2001.

[15] 胡珍生. 创造性思维方式学 [M]. 长春:吉林人民出版社,2010.

[16] 贺善侃. 创新思维概论 [M]. 上海:东华大学出版社,2006.

[17] 刘平,李坚. 创业学 [M]. 北京:清华大学出版社,2009.

[18] 李时棒,常建坤. 创业学:理论、流程与实务 [M]. 北京:中国人民大学出版社,2011.

[19] 林嵩,谢作渺. 创业学:原理与实践 [M]. 北京:清华大学出版社,2008.

[20] 刘平. 创业学原理与应用 [M]. 大连:东北财经大学出版社,2008.

[21] 李淑文. 创新思维方法论 [M]. 北京:中国传媒大学出版社,2006.

[22] 卢明森. 创新思维学引论 [M]. 北京：高等教育出版社，2005.
[23] 牛长松. 英国高校创业教育研究 [M]. 上海：学林出版社，2009.
[24] 彭行荣. 创业教育：21世纪高等专科·高等职业学校适用教材 [M]. 北京：中国科学技术出版社，2003.
[25] 王跃新. 创新思维学 [M]. 长春：吉林人民出版社，2010.
[26] 王天成. 创造思维论 [M]. 长春：吉林教育出版社，1989.
[27] 席升阳. 我国大学创业教育的观念、理念与实践 [M]. 北京：科学出版社，2008.
[28] 邢鸰. 职业指导与创业教育 [M]. 北京：清华大学出版社，2007.
[29] 肖胜萍. 中小企业创业与经营·人力资源 [M]. 北京：中国纺织出版社，2010.
[30] 夏徐迁. 创业企业财务管理 [M]. 北京：中国劳动社会保障出版社，2011.
[31] 杨名声. 创新与思维 [M]. 北京：教育科学出版社，1999.
[32] 尤登弘. 创业之初：你不可不知的财务知识 [M]. 北京：机械工业出版社，2008.
[33] 张涛. 创业教育 [M]. 北京：机械工业出版社，2007.
[34] 张玉利，李新春. 创业管理 [M]. 北京：清华大学出版社，2006.
[35] 赵延忱. 中国创业学 [M]. 北京：中国人民大学出版社，2010.
[36] 张耀辉. 创业学导论：原理、训练与应用 [M]. 北京：机械工业出版社，2011.
[37] 张文松，裘晓东，陈永东. 创业学 [M]. 北京：机械工业出版社，2012.
[38] 赵延忱. 中国创业学 [M]. 北京：中国人民大学出版社，2010.
[39] 张晓芒. 创新思维方法概论 [M]. 北京：中央编译出版社，2008.
[40] 朱长超. 创新思维 [M]. 哈尔滨：黑龙江人民出版社，2000.
[41] 陈晓阳. 高新技术企业营运资金管理研究 [D]. 北京：首都经济贸易大学，2007.
[42] 权慧. 创业者创业模式实证研究：以扬州市为例 [D]. 扬州：扬州大学，2007.